Gabriele Wensky / Sandra Hänsch

Das Weihnachts-Aktionsbuch

2. Auflage

Anmerkung des Verlages:
Wir danken den Verlagen und Rechteinhabern für die Abdruckgenehmigungen.
Bei einigen Texten war es trotz gründlicher Recherchen nicht möglich, die
Inhaber der Rechte ausfindig zu machen. Honoraransprüche bleiben bestehen.

Gedruckt auf umweltfreundlichem, chlorfrei gebleichtem Papier

Umschlaggestaltung: R•M•E Roland Eschlbeck/Rosemarie Kreuzer
Illustrationen: Christiane Pieper, Wuppertal
Layoutentwurf und Produktion: art und weise, Freiburg
Druck und Bindung: fgb • freiburger graphische betriebe 2005
www.fgb.de

ISBN 3-451-28428-6

Gabriele Wensky / Sandra Hänsch

Das Weihnachts-Aktionsbuch

HERDER

FREIBURG · BASEL · WIEN

Inhaltsverzeichnis ★★★★★★★★★★★★★★★★★

Die Weihnachtszeit in Kindergarten und Kita

Aktionen und Ideen für die Weihnachtszeit

Rund um die Weihnachtszeit

Vorwort

Dieses Buch ist als Einladung gedacht. Mit Ideen, Anregungen und Informationen über die Advents- und Weihnachtszeit wollen wir interessierte Pädagoginnen und Pädagogen auf eine Entdeckungsreise schicken. Eine Entdeckungsreise, die dazu anregt, die ganze lebendige Vielfalt des Weihnachtsfestkreises neu zu gestalten.

Darüber hinaus möchten wir Sie aber auch dafür gewinnen, neu über den Sinn und die Traditionen dieses Festes nachzudenken: Viele Menschen werden mit Weihnachten groß, ohne eigentlich zu wissen, was es bedeutet. Unserer Meinung nach haben Kinder jedoch ein Recht darauf zu erfahren, was Weihnachten ist und warum wir es feiern.

Dieses Buch ist der Versuch eines Balanceaktes zwischen den Erlebnisweisen der modernen Medienkultur und den Werten einer religiösen und kulturellen Tradition, die wir in einer zeitgemäßen pädagogischen Arbeit bewahren und mit neuem Leben erfüllen möchten. Dabei haben vor allem Rituale ihren pädagogischen Wert. Denn sie geben den Kindern die Sicherheit, die sie in unserer schnelllebigen Zeit besonders brauchen.

Wir hoffen, dass wir Ihnen mit diesem Buch einige nützliche Anregungen und Tipps geben können, und so dazu beizutragen, dass die Kinder und Sie diese besondere Zeit auch besonders genießen werden.

Wir wünschen Ihnen und Ihren Kindern eine stimmungsvolle und fröhliche Advents- und Weihnachtszeit.

Die Weihnachtszeit in Kindergarten und Kita

1. Weihnachten kommt immer so plötzlich

Kaum ist der Sommer vorbei, schon beginnt mit der Herbstzeit und der Zeit der Laternen- und Lichterfeste die Vorbereitung auf Weihnachten. Alle Jahre wieder geraten wir unter Erwartungsdruck, um das Fest der Feste angemessen zu feiern. Dabei hatten wir uns doch ganz fest vorgenommen, diesmal passiert so was nicht. Kennen Sie das auch?

Sicher trägt dazu bei, dass die Vorweihnachtszeit außerhalb der Einrichtung noch viel gestresster daher kommt. Und schließlich enden dann viel zu oft die Weihnachtstage im Familienkreis in einem Familiendrama. Wieso ist das Jahr für Jahr eigentlich so? Manche sagen vielleicht: „Weil es alle machen."

Auch für uns Erzieherinnen stellt sich immer wieder die Frage, wie wir die Adventszeit mit den Kindern erleben und gestalten wollen. In vielen Kitas ist diese Zeit mit genauso viel Stress verbunden wie zu Hause. Warum ist das so? Kann man diesen Druck vermeiden? Die Adventszeit im Kindergarten kann eine für Kinder und Erzieherinnen fröhliche und stimmungsvolle Zeit werden, wenn Sie sich über den Ablauf und Ihr eigenes Verhalten Gedanken machen. Alle anderen Punkte sind Nebensächlichkeiten und können wie eine Checkliste abgehakt werden. Was wollen wir kochen, backen und trinken? Mit wem wollen wir feiern? Wem schenken wir was? Muss der Stress wirklich sein oder gibt es eine Möglichkeit, sich dem Fest zu nähern und die Vorweihnachtszeit als Zeit in der Kita einmal richtig zu genießen?

Wichtig ist, wie Sie sich den anderen „schenken". Denn wenn Ihnen Ihre eigenen Erwartungen klarer werden, können Sie auch besser auf andere zugehen und das Fest wirklich genießen. Mit dieser inneren Einstellung entfliehen Sie der allgemeinen Hektik und dem Stress, so dass die Adventszeit tatsächlich die schönste Zeit im Jahr werden kann. Schließlich werden Sie mit dieser Einstellung auch den Bedürfnissen Ihrer Kinder am ehesten gerecht werden: Kinder brauchen eine Einstimmung auf das Weihnachtsfest, mit der nötigen Vorfreude, mit den vielen kleinen und größeren Geheimnissen, mit gemeinsamem Singen, Backen und Geschenke basteln ...

Sie können also durch Ihre Arbeit dazu beitragen, mit den Kindern eine schöne Adventszeit zu erleben, diese gemeinsam zu gestalten und somit unvergessen zu machen. Sie werden feststellen, dass die gemeinsamen Stunden bei Kerzenschein Ihnen und Ihrer Gruppe viel Gemeinsamkeit und Zueinanderfinden schenken können. Natürlich wäre es auch wünschenswert, wenn der eigentliche Sinn des Festes, Christi Geburt, den Kindern in einer Form, die Sie für sich vertreten können, nahe gebracht werden würde.

Lassen Sie sich in der Adventszeit von der Verzauberung der Kinder anstecken. Als Dank werden Sie die leuchtenden Augen Ihrer Kinder beobachten können. Ein schöneres Geschenk gibt es nicht. In diesem Sinne lassen Sie uns alle ein Beispiel an den Kindern nehmen: Nicht aus der Ruhe bringen lassen und die Vorfreude auf Weihnachten einfach genießen!

2. Woher kommt Weihnachten eigentlich?

Advent, Zeit der Vorbereitung

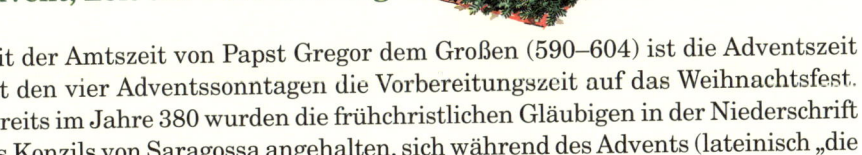

Seit der Amtszeit von Papst Gregor dem Großen (590–604) ist die Adventszeit mit den vier Adventssonntagen die Vorbereitungszeit auf das Weihnachtsfest. Bereits im Jahre 380 wurden die frühchristlichen Gläubigen in der Niederschrift des Konzils von Saragossa angehalten, sich während des Advents (lateinisch „die Ankunft") auf die Geburt Jesu Christi vorzubereiten.
Allerdings richteten sich die Menschen damals noch nicht am 24. Dezember als dem Tag der Geburt des Heilands aus, sondern am 6. Januar, dem Tag der Erscheinung des Herrn. Damit ist der Zeitpunkt gemeint, wo erstmals eine größere Öffentlichkeit von seiner Ankunft Notiz nahm.
Die Adventszeit beginnt mit dem 1. Sonntag nach dem 26. November bzw. mit dem 4. Sonntag vor dem 25. Dezember. Sie endet immer mit dem 25. Dezember und enthält somit die 4 Sonntage vor Weihnachten. Mit dem 1. Adventssonntag beginnt das Kirchenjahr.
Während der Adventszeit zeugen viele Bräuche von den vielgestaltigen Einflüssen, denen dieser Festkreis im Laufe der Zeit, durch regionale Eigenarten verstärkt, ausgesetzt war. Einige Traditionen entstammen nicht nur dem Christentum, sondern in ihnen leben alte germanische Vorstellungen der Glaubenswelt unserer heidnischen Vorfahren fort. Viele dieser alten Sitten beinhalten das Licht, das durch Kerzen und andere Feuer symbolisiert wird.

☞ Warum feiern wir Weihnachten am 24. und 25. Dezember?

Dass wir Weihnachten am 24. und 25.Dezember feiern, hat seinen Grund. Allerdings liegt der weniger darin begründet, dass Jesus Christus an diesem Tag geboren sein soll. Dieser Tag ist bereits vor den Anfängen des Christentums von besonderer Bedeutung gewesen. Es ist der Tag der Wintersonnenwende. Ab diesem Datum beginnen die Tage wieder länger zu werden. Fast alle Völker und Religionen feierten diesen Tag in besonderer Weise. Am 25. Dezember gibt es diese Wende in der „Natur des Himmels", der Tag beginnt zu wachsen, das Licht gewinnt wieder an Stärke.

Bei den Gebräuchen um die Feiern dieses Tages mischten sich die verschiedensten Kulte. Das Christentum war dabei gerade im Mittelmeerraum in den ersten Jahrhunderten nur eine Religion unter vielen:

So wurde bei diesem Fest beispielsweise im alten Griechenland Dionysos als Gott der Fruchtbarkeit und des Wachstums verehrt. Das „Wachsen" der Tage machte seinen Einfluss deutlich. Anhänger des Mithras-Kultes dagegen verehrten einen – ursprünglich indischen – Lichtgott. Während der Ausbreitung des römischen Reiches wanderte dieser Glaube aus Mesopotamien und Vorderasien ein. Zu Beginn des vierten Jahrhunderts wurde er zur römischen Staatsreligion erklärt. Seitdem galt die Wintersonnwende als Geburtstagsfeier der „unbesiegbaren Sonne" und als offizieller Feiertag.

Im ägyptischen Kulturkreis wurde an diesem Tag das Fest der Göttin Isis und die Geburt des Horuskindes gefeiert.

Es war also nicht leicht, für die dagegen vergleichsweise junge Religion des Christentums sich unter den etablierten Kulten und Gebräuchen zu behaupten. Die ersten Christen feierten die Geburt Jesu noch nicht, sie kannten nur das Osterfest als Fest der Auferstehung und einzigen Feiertag. Erst als sich das Christentum als neue Religion weiter verbreitet hatte, gab es Versuche der Kirchenfürsten, die Ereignisse im Leben Christi und seinen Geburtstermin zu berechnen. Es wurde auch der erste Versuch gestartet, nach diesen Ereignissen einen Festkalender anzulegen.

Zunächst kursierten Termine am 28. März, 2. oder auch am 19. April oder 20. Mai, da der Legende und den Berechnungen zufolge Christus auf keinen Fall mitten im Winter geboren worden sein konnte. Dies war die Zeit, in der sich die Hirten Judäas mit ihren Herden überhaupt draußen aufhielten.

Allerdings konnte sich dieser Termin nicht gegen die etablierten Feste der unterschiedlichen Kulte durchsetzen. Im Jahr 354 setzte sich Papst Liberius für den 25. Dezember als Tag von Christi Geburt ein. Er hoffte, so die „heidnische" Bedeutung dieses Tages langsam mit christlichen Inhalten zu unterwandern. Jetzt breitete sich das Christentum immer weiter aus und begann, sich zu etablieren.

Um 330 erklärte Kaiser Konstantin offiziell das Christentum zur römischen Staatsreligion und der alte Sonnengott wurde zum Christengott umfunktioniert. Es dauerte allerdings noch einige Jahrhunderte, bis sich das neue Christfest gegen die germanischen und keltischen Sonnen- und Fruchtbarkeitskulte zur Wintersonnwende durchsetzte. Im deutschen Sprachraum wurde der 25. Dezember von einer Synode sogar erst im Jahr 831 als allgemeiner kirchlicher Feiertag anerkannt.

Weihnachten, ein Winterfest

Zu allen Zeiten hat das Feiern im Winter den Menschen besonderes Vergnügen bereitet. Es war und ist ein menschliches Bedürfnis, sich den winterlich-grauen Alltag mit Festen zu erhellen, um so einen Ausgleich für das fehlende Licht, die Wärme, die Sonne und die sommerliche Lebensfreude zu erlangen.

Schon unsere Vorfahren trafen sich während der langen Nächte zu ausgelassenen Feiern mit üppigen Speisen und Getränken. Das romantische Kerzenlicht ist auch heutzutage ein nicht wegzudenkender, wichtiger Bestandteil in der Adventzeit. Es ersetzt uns einerseits das fehlende Sonnenlicht und dient aber andererseits auch dazu, besinnlich zu werden und nach innen zu schauen.

Und damit kommt ein Hauptmerkmal dieser Jahreszeit in den Blick, die unser Gefühlsleben auch noch heute nachhaltig prägt: den Blick auf sein Inneres zu richten, zu ruhen und neue Kräfte zu sammeln. Weihnachten als Fest in den Winter zu legen war also auch deshalb eine weise Entscheidung, weil so die Adventszeit als Zeit der Besinnung auf eine entsprechende emotionale Situation eingeht. Zugleich hat die christliche Kirche die lebendige Kraft alter Bräuche und Traditionen genutzt, um eine eigene Festkultur zu etablieren:

Die Griechen orientierten sich in dieser Zeit auf den Tag der Wintersonnenwende (21. Dezember) hin. Sie feierten diesen mit einem großen Fest, weil er die zu erwartende Wiedergeburt der Natur und die Aussicht auf ein neues Leben ankündigte.

Die Kelten feierten am Tag der Wintersonnenwende den Tod des alten und die Geburt des neuen Jahrs. Aus dem so genannten Julfest entstand auch unser Weihnachtsfest. Sogar die Kerzen am Weihnachtsbaum stammen noch von diesen alten Bräuchen her. In Skandinavien verschenken die Menschen heute noch „Julböcke" aus geflochtenem Stroh. Sie stehen für das Sinnbild des gehörnten Gottes, der an diesem Tag aus dem Schoß der Göttin wieder geboren wird.

Bei uns ist Weihnachten zum wichtigsten Familienfest überhaupt geworden. Auch wenn man kein Weihnachtsfreund ist, kann man sich dem Trubel und dem ganzen Drumherum nur schwer entziehen. Weihnachten als das zentrale Winterfest ist

ein Teil unserer Kultur. Kein anderes christliches Fest ist so beliebt und berührt Kinder und Erwachsene emotional so tief wie dieses Fest. Das ist jedoch auch der Grund, weshalb die vor allem im Winter verbreiteten Depressionen sich besonders rund um die Weihnachtszeit häufen. Weihnachten umfasst die ganze Bandbreite menschlicher Empfindungen. Während manche Menschen gerade an Weihnachten Dunkelheit und Kälte, Einsamkeit und Verlassenheit spüren, empfinden andere Licht und Wärme, Geborgenheit und Glück im Zusammensein mit der Familie.

Weihnachten ist das Fest in der kalten Jahreszeit, an dem sich die Familien zusammenfinden, gemeinsam feierlich essen und trinken, miteinander sprechen, gemeinsam singen und Musik hören. Die Menschen nehmen sich füreinander Zeit. Die meisten Menschen nutzen die Zeit auch für sich, um in sich das Kind wieder aufleben zu lassen. Damit gehen eigene Sehnsüchte, Hoffnungen und die Vorfreude auf das Fest einher. In der Weihnachtszeit dürfen sie das tun, wofür sie sonst spöttische Kommentare erhalten würden. Wann sonst darf man die Wohnung mit Kitsch ausschmücken und erhält dafür sogar noch Lob und Anerkennung. An Weihnachten dürfen wir uns einfach so freuen: Weil es dunkel ist, weil Schnee fällt, weil Kerzen unser Haus in eine angenehme Stimmung versetzen, weil Kinder lachen, weil der Nachbar sich wieder an der Blockflöte erprobt.

3. Was kommt da auf das Team zu?

Weihnachten und seine Rituale

Die Advents- und Weihnachtszeit ist wahrscheinlich die Zeit im Jahresablauf, die so vielseitig an Ritualen ist, wie keine andere. Viele Menschen erinnern sich an bestimmte Rituale aus ihrer Kindheit. Sei es der Duft von Zimt oder selbst gemachten Plätzchen. Die verschlossenen Türen, die Spannung und Vorfreude ins Unermessliche steigen ließen und die immer wieder Anlass gaben, das dahinter steckende Geheimnis zu lüften. Oder das gemeinsame Aussuchen eines schön gewachsenen Weihnachtsbaumes, der anschließend feierlich geschmückt wurde. Jeder trägt in sich persönliche Erinnerungen an die eigenen familiären Weihnachtsrituale. Oft sind sie verbunden mit dem Gefühl von Wärme und Geborgenheit und gehören zu den kostbarsten Erfahrungen unseres Lebens.

Doch leider stehen die gesellschaftlichen Rahmenbedingungen unserer schnelllebigen Kultur den traditionellen Advents- und Weihnachtsritualen oft diametral gegenüber. Die Erwartungen an Weihnachten sind verbunden mit dem Wunsch

nach Harmonie, mit wehmütigen Kindheitserinnerungen, Hoffnungen und einem Bedürfnis nach ungetrübter Gemeinschaft. Doch kaum jemand spricht seine Sehnsüchte deutlich und klar aus. Hier beginnt bereits für viele der Konflikt.

Immer wieder ist der Satz von Erwachsenen zu hören: Weihnachten war früher ganz anders. Wahrscheinlich erinnern sie sich an ihre eigene Kindheit, in der sie mit Freude und Spannung – und nicht in Stress und Hektik – die Advents- und Weihnachtszeit erlebt haben. Auch wenn die kindliche Sicht immer schon eine ganz andere ist als die der Erwachsenen, steckt hinter dieser Aussage ein wahrer Kern. Besonders die älteren Menschen haben die Zeit noch anders erfahren. Nikoläuse, Adventkalender, Stollen, Dominosteine, Zimtsterne und andere weihnachtliche Schleckereien z.B. gab es tatsächlich nur in der Weihnachtszeit.

Heutzutage können wir dies alles schon im Herbst im Handel erwerben. Ebenso erfüllen weit vor dem 1. Advent Weihnachtsschmuck und Weihnachtsmusik die Kaufhäuser und Geschäftsstraßen. Nicht selten erschöpft sich die eigentliche Vorweihnachtszeit dann für viele in absolutem Stress. In den Geschäften geht es hektisch zu, lange Schlangen überall. Die Überlegungen und Kosten für immer aufwändigere Geschenke strapazieren Konto und Nervenkostüm gleichermaßen. Ehrlich betrachtet müssen wir uns fragen, warum wir uns das Jahr für Jahr eigentlich antun, wenn wir es doch im Grunde genommen gar nicht wollen. Wenn wir uns umhören, sind für viele Menschen die besinnlichen Momente die eigentlichen Inhalte des Fests und nicht der Konsum. Dennoch hetzen wir uns alle Jahre wieder ab, um das Fest der Feste zu feiern. Doch wir fühlen uns dadurch nicht gut, sondern spüren meistens große Unzufriedenheit.

Auch die Medien tragen ihren Teil dazu bei, dass viele Menschen des Weihnachtsfestes schon oftmals lange vorher nahezu überdrüssig sind. Dadurch, dass

die Medien Weihnachten zum Höhepunkt des Jahres hoch puschen, zu dem jeder Mensch die nötige Weihnachtsstimmung in sich tragen muss, schaffen sie einen hohen Leistungs- und Erfolgsdruck. Dieser bewirkt dann den Zwang, alles wie erwartet zu schaffen und nicht die erforderliche ruhige und besinnliche Einstellung bei den Vorbereitungen zum Fest.

Sogar einige Kirchengemeinden haben sich von diesem Druck schon anstecken lassen. Oft finden Weihnachtsbasare schon im November und Weihnachtsfeiern fast immer in der Adventszeit statt.

Indem die Symbole von Weihnachten aber schon lange vorher eingesetzt werden, verliert das Fest selbst seine tiefe Dimension. Es verliert seine Möglichkeit, Sinn zu stiften, „Einmaliges" erleben zu lassen. Rituale und Feste können nicht beliebig inszeniert werden. Sie verlieren dadurch ihre Dynamik und ihre Wirkung. Rituale und Feste stehen dafür, dass sie besondere Orte und Zeiten haben, die sich wiederholen, auf die die Menschen sich verlassen können.

Deshalb sollten wir, die um die immense Bedeutung von Ritualen für Kinder wissen, diese auch in der Weihnachtszeit bewusst in die Arbeit mit einbeziehen.

Vermittlung von christlichen Werten?

Gerade in der Zeit vor Weihnachten erleben Erzieherinnen in den Kindertagestätten besonders große Widersprüche. Unterschiedlichste Erwartungshaltungen von Seiten des Trägers, der Eltern und Kinder wirken auf ihre Arbeit ein.

Wie sieht es mit Ihren eigenen Vorbehalten aus? Fragen Sie sich auch, wie Sie Weihnachten feiern sollen? Welche Werte Sie vermitteln können? Wie Sie den ausländischen oder nichtchristlichen Kindern und denen aus anderen Religionen gerecht werden, ohne ihre Kultur zu verletzen? Ist es nicht in erster Linie Aufgabe des Elternhauses, die religiöse Erziehung ihrer Kinder zu übernehmen? Ist ein unbeschwerter Umgang mit diesem Fest überhaupt möglich oder erschweren wir uns durch zu viele Gedanken und Vorbehalte ein Fest, von dem es heißt, es sei das schönste Fest im Jahr?

In einem kirchlichen Kindergarten ist es noch relativ klar, wie mit dieser Frage umgegangen wird. Zumal hier auch der Träger selbst das Weihnachtsfest feiert und die Verbindung zur Kirche auch für die Eltern klar erkennbar ist.

Wie stehen Sie aber dazu, wenn Sie in einer kommunalen Kindertagesstätte oder der eines anderen freien Trägers tätig sind? Können Sie es überhaupt vereinbaren, Kindern ohne religiöse Vorerfahrungen die Bedeutung des Weihnachtsfestes zu vermitteln? Haben Eltern ihre Einrichtung gerade deshalb ausgewählt,

weil sie keine religiöse Erziehung wollen? Sind aber möglicherweise andere darunter, die von Ihnen erwarten, dass Sie bei den Kindern die Wissenslücken schließen, die sie ihren Kindern selbst nicht vermitteln wollen oder können?

Wenn Sie alle diese Punkte bedenken, müssten Sie eigentlich konsequenterweise zu dem Schluss kommen, dieses Fest ausfallen zu lassen. Aber würden Sie damit den Kindern gerecht werden? Die Arbeit mit den Kindern ist doch Schwerpunkt Ihrer Arbeit. Wenn Sie nun von der Arbeit mit den Kindern ausgehen, dann werden Sie um dieses Fest in Ihrer Kindertagesstätte nicht herumkommen, egal wie alternativ auch ihr Anspruch sein mag. Wie Sie im privaten Bereich damit umgehen, ob Sie das Fest ganz ausfallen lassen oder sich nur auf bestimme Bräuche beschränken, im Kindergarten oder der Kindertagesstätte wird dies schwer möglich sein.
Weihnachten und die Vorfreude auf dieses Fest ist nun einmal ein wichtiger Bestandteil und auch ein wichtiges Schlüsselerlebnis für die meisten Kinder. Als Erzieherin müssen Sie es einfach als Thema aufgreifen. Die Kinder haben ein Recht darauf, in Kindertagesstätte und Schule, neben dem überlieferten Brauchtum, auch die christlichen Traditionen kennen zu lernen. Dies ist ein Teil der Bildungsarbeit, die eine Kindertagesstätte leisten muss.

Annäherung im Team

Fragen Sie innerhalb Ihres Teams, welche Bedeutung dieses Fest für jeden hat. Machen Sie Interviews mit dem Team. Bedenken Sie dabei, dass jeder andere Vorstellungen zur Advents- und Weihnachtszeit hat, die sich z.B. in der religiösen Betrachtungsweise und dem eigenen Erleben unterscheiden. Bedenken Sie, nicht jeder ist ein Weihnachtsfreund. Dennoch sollte jeder sich bei diesem Thema angenommen fühlen und erst genommen werden.
Fragestellungen hierzu könnten sein:

* Was bedeutet für Sie/dich Weihnachten?
* Warum meinen Sie/ meinst du, dass Weihnachten oft für so viele zur Enttäuschung wird?
* Sehen Sie/ siehst du Weihnachten eher mit positiven oder negativen Gefühlen? Warum?
* Was war Ihr/dein schönstes Weihnachtserlebnis?
* Was ist Ihnen/ dir an Weihnachten besonders wichtig?

Anhand der durchgeführten Interviews können Sie sich und Ihr Team eine Vorstellung über die verschiedenen Sichtweisen machen. Diese können als Grundlage für Diskussionen dienen, die grundlegend für weitere Vorgehensweisen sein könnten.

3. Was kommt da auf das Team zu?

Dokumentation für das Team

Auch für das Team darf dies in ansprechender Form dokumentiert werden. Eine Idee dazu könnte sein, dass Sie die Aussagen der Kolleginnen und Kollegen in einem kleinen Heft aufschreiben. Wenn dieses Heft weihnachtlich gestaltet ist, animiert es dazu, hin und wieder mal hineinzusehen und dabei im Team immer mal wieder über die eigenen Befindlichkeiten ins Gespräch zu kommen.

Die Adventszeit in der Kita gestalten – aber wie?

Das Fest der Liebe soll als ganzheitliche Erfahrung und Botschaft bei Kindern ankommen. Besinnlich, friedlich, ja „kuschelig" soll es in dieser Zeit zugehen.
In der christlichen Tradition feiert man Advent und Weihnachten, weil man an das Kommen Gottes in dem Menschen Jesus von Nazareth erinnern will. Weihnachten ist in diesem Verständnis zunächst ein christliches Fest.
In einem weiteren Verständnis liegt ein tiefer, allgemein menschlicher Sinn dieses Festes im Mitfeiern. Und daraus lässt sich eine Qualität für Ihre Arbeit mit den Kindern entwickeln: Feiern vermittelt mehr als die reine Information über eine Sache. Feiern heißt essen, trinken, singen, tanzen, spielen, lachen, schenken und glücklich sein. Da sind alle Sinne im vollen Einsatz.
Ermöglichen Sie Kindern die Gelegenheit, die Adventszeit mit Freude, Glück und Begeisterung zu erleben. Später werden sie selbst herauszufinden haben, ob die erfahrenen Möglichkeiten für sie in anderen Lebensphasen tragfähig und glaubhaft sind.
Die Adventszeit bietet Ihnen aber auch die Möglichkeit, sich mit Ihren ganz persönlichen Einstellungen zum Fest ehrlich auseinander zu setzen.
Sie dürfen den Kindern ruhig ehrlich sagen, wenn auch Sie auf bestimmte Fragen keine Antworten wissen. Lassen Sie offene Fragen stehen. Schließlich gibt es auch für Erwachsene genug strittige Fragen und Aussagen in der Bibel, mit denen sie nicht zurechtkommen. Dies sollte aber nicht Ihre Freude am Weihnachtsfest trüben. Erklären und Verstehen dürfen auch mal dem Feiern nachgeordnet werden. Natürlich können die Fragen der Kinder auch eine gute Gelegenheit sein, sich mit Unverstandenem vertieft so auseinander zu setzen, dass kindgemäße Antworten möglich werden. Wenn Sie selbst keiner christlichen Kirche angehören und wenn Sie von den Kindern gezielt angesprochen werden, sollten Sie sich auch den Kindern gegenüber ruhig ehrlich dazu äußern. Von sich aus und ungefragt sollten Sie jedoch eine solche Distanz nicht zum Ausdruck bringen.

Grundsätzlich sollte es Ihnen möglich sein, ein religiöses Fest (auch das einer anderen Religion) mit vorzubereiten und zu feiern. Dazu gehört aber, das Fest und die Menschen, zu deren Tradition es gehört, zu achten und ernst zu nehmen. Man sollte ein solches Fest als eine für andere wichtige und sinnvolle Form anerkennen. Das ist nicht der Fall, wenn die andere Religion als eine „falsche" (im Gegensatz zur eigenen „richtigen") Form des Glaubens verstanden wird oder wenn man überhaupt alles, was in irgendeiner Form mit Religion zu tun hat, ablehnt. Das heißt, eine Erzieherin muss im Laufe der Beschäftigung mit einem Fest auch eine Beziehung dazu entwickeln, die nicht nur aufgesetzt ist. Natürlich muss sie keine spezifisch religiösen Rituale vollziehen, z.B. ein Gebet sprechen, wenn sie das mit ihrer Einstellung nicht vereinbaren kann.

Aber insgesamt sollte man bei dem, was man im eigenen pädagogischen Alltag unternimmt, auch mit ganzem Herzen dabei sein, nicht zuletzt weil man weiß, dass es für die Kinder wichtig ist. Und Weihnachten ist für Kinder, die hier aufwachsen, wichtig. Darum sollten Sie sich bemühen, selbst wenn Sie mit diesem Fest privat Schwierigkeiten haben, den Kindern einen sinnvollen und dem Fest gerecht werdenden Zugang zu ermöglichen.

Ein religiöses Fest hat immer eine Botschaft, sonst ist es bloße Folklore. Hier ist es die Aufgabe im Team, Formen des Feierns zu entwickeln, die es gerade erlauben, dass Menschen – Kinder wie Erwachsene – unterschiedlichen Glaubens und Einstellung miteinander ein Fest begehen können, ohne dass jemand das Gefühl hat, etwas mitmachen zu müssen, das ihm nicht behagt. Mit ausreichend Verständnis und Feingefühl werden Sie es so hinbekommen, dass sich niemand vereinnahmt oder gar verletzt und alle einbezogen fühlen (nach Birgit Deiss-Niethammer).

Kinder sind grundsätzlich offen und fähig, sich mit dem Vorhandensein und den Ausdrucksformen anderer Religionen auseinander zu setzen, ohne diese inhaltlich hinterfragen zu wollen. Sie gehen wesentlich unbefangener damit um, als wir Erwachsene dies tun. Sie haben noch nicht dieses Hintergrundwissen, bestimmte Vorerfahrungen oder gar Vorurteile, die auf religiöse Rituale und Kulte bezogen sind. Wichtig ist, dass Sie als Erzieherin behutsam und sensibel mit Eltern anderer Religionen umgehen, wenn beispielsweise ein muslimisches Kind eine Rolle in einem Krippenspiel übernehmen möchte.

Holen Sie sich ggf. eine Zustimmung der Eltern ein. Sie ersparen sich so mögliche Vorwürfe von Intoleranz und Vereinnahmung. Für das Kind könnte es ansonsten auch zu einer schweren Enttäuschung werden, wenn die Eltern seine Rolle nicht verstehen und tolerieren können.

Respekt vor den jeweiligen Religionen beinhaltet auch, dass sie nicht der Versuchung der Gleichmacherei unterliegen. Jesus wird zwar in den verschiedenen Religionen auch als Prophet anerkannt, im Christentum wird er zudem aber auch als Erlöser und Gottes Sohn verehrt – und das ist ein entscheidender Unterschied.

Seien Sie mutig und lassen Sie sich auf einen verantwortlichen Dialog mit anderen Kulturen und Religionen ein. Das kann hilfreich und bereichernd sein. Mit jedem neuen Jahrgang von Kindern in den Kindertagesstätten besteht die Chance, dass das Wissen um Traditionen von Weihnachten erweitert wird. Im Mittelpunkt sollte daher immer die Vorfreude auf das Fest stehen und all das Geheimnisvolle mit allen Sinnen erforscht und entdeckt werden dürfen.

Wann endet die Zeit des Feierns?

Wann endet bei Ihnen in der Kindertagestätte die Weihnachtszeit? Wahrscheinlich wird die Realität so aussehen, dass die Geburt Jesu schon vor dem 24./25. Dezember stattfindet und das Kind schon in der Krippe liegt.
Viele pädagogische Fachleute haben an sich den Anspruch, die Adventszeit, mit allem was dazu gehört, in Form einer schönen Feier zu Beginn der Weihnachtsferien abzuschließen. Diese innere Einstellung verursacht den Druck, alles bis dahin optimal gemanagt zu haben. Wenn Sie auch zu den Menschen gehören, dann nehmen Sie sich diesen Stress. Lassen Sie sich Zeit, denn die Weihnachtszeit geht offiziell im Kirchenjahr bis Mitte Januar zum Fest der Taufe Christi. Nutzen Sie die Möglichkeit für die Kinder und sich, die Weihnachtszeit im Januar zu erleben und nicht alles im Dezember schon vorwegzunehmen. Versuchen Sie die Adventszeit nicht schon als Weihnachtszeit zu gestalten, sondern als Zeit des Nachdenkens, des Rückzugs, des Wartens, des Stillen und Wenigen. Legen Sie das Kind erst in die Krippe, wenn die Kinder wieder in Ihre Kindertagesstätte zurückkommen. Am 6. Januar kommen die Heiligen Drei Könige bei dem Jesus-Kind in der Krippe an. Feiern Sie in dieser Zeit mit den Kindern im Kindergarten auch noch einmal den Geburtstag Jesu.

4. Wie beziehen wir die Eltern ein?

Weihnachten ist ein Fest der Besinnung und auch der Erneuerung und als solches müssen wir es betrachten. Weihnachten beinhaltet nicht zuletzt das Gebot zur Toleranz gegenüber anderen Menschen, Meinungen und Ansichten, z.B. die persönlichen Einstellungen zu Weihnachten zu respektieren. In diesem Sinne müssen wir die unterschiedlichen Bedeutungen akzeptieren lernen, die dieses Fest inzwischen in den verschiedenen Familien gewonnen hat.

Beziehen Sie auch deshalb die Eltern mit ein. Sie werden mit Sicherheit besonders in der Weihnachtszeit daran interessiert sein, einen Einblick in den Alltag Ihrer

Einrichtung zu bekommen. Die weihnachtliche Stimmung mit ansprechender Dekoration, leckeren Keksdüften und die strahlenden Augen der Kinder wird sie bestimmt häufig zum Verweilen anregen. Nutzen Sie die Möglichkeit, um z.B. mit ihnen ins Gespräch zu kommen, mit ihnen und ihren Kindern ein paar Lieder zu singen oder sie zu einer kleinen gemütlichen Adventsfeier einzuladen. Möglichkeiten gibt es viele. Durch Umfragen oder einen Elternabend werden Sie einen Einblick in die persönlichen Sichtweisen der Eltern über Weihnachten bekommen, die Sie anschließend in Ihrer Arbeit mit den Kindern entsprechend verwerten können.

Familien-Rituale

Selbstverständlich gibt es in einer pluralen und mul-tikulturellen Gesellschaft wie der unseren eine Vielzahl ganz unterschiedlicher Rituale. Darum ist es von besonderem Interesse, diese für die einzelne Familie typischen Rituale – wenn möglich – etwas näher kennen zu lernen. Die Ausprägung dieser Rituale kann vom Essen an Heilig Abend und an den Weihnachtsfeiertagen über besondere Bedeutungen von Musik bis zu gemeinsamen Erlebnissen in den Familien gehen. Wenn sich zum Thema Weihnachten mit Eltern ein ungezwungenes Gespräch ergeben hat, können Sie sich vielleicht davon berichten lassen. Eine interessante Mischung ist Ihnen sicher.

Interviews mit den Eltern

Sie können aber auch gezielt Befragungen bei den Eltern durchführen, vorausgesetzt die Bereitschaft der Eltern ist dazu vorhanden. Evtl. sind sogar Ihre Trägervertreter bereit, sich an einem solchen Interview zu beteiligen. Dazu könnten Sie einen kurzen Fragebogen ausarbeiten und ihnen zum Ausfüllen mitgeben. Damit die Fragen ehrlich beantwortet werden, geben Sie die Möglichkeit, den Bogen anonym auszufüllen und in einen extra dafür vorgesehenen Briefkasten hineinzustecken.
Interessant wäre es für alle Beteiligten, wenn Sie die Fragebögen auswerten und eine Zusammenfassung erstellen würden. Diese hängen Sie als Wandzeitung aus. Als Ergänzung könnten auch Aussagen der Kinder, die Sie ebenfalls interviewt haben, dazu gehängt werden.

Adventskalender für die Eltern

Haben Sie schon einmal daran gedacht, für die Eltern der Kinder einen Adventskalender zu gestalten? Laden Sie die Eltern ein, in der Adventszeit morgens,
mittags oder am Nachmittag in die Gruppe zu kommen und ein Päckchen zu
ziehen. In den Päckchen könnten Gutscheine sein, z.B.:

* ✯ eine Betreuungsstunde extra für Weihnachtseinkäufe ohne Stress,
* ✯ ein Lied, das den Eltern dann gemeinsam von der Gruppe vorgesungen wird,
* ✯ ein Gedicht, das vorgetragen wird,
* ✯ ein Spiel, das gemeinsam gespielt wird …

Elternabend zum Thema Advent/Weihnachten

Eine weitere Möglichkeit wäre die Planung und Durchführung eines Elternabends
zum Thema „Advent und Weihnachten". Bei diesem gemeinsamen Treffen stellen
Sie Ihre Vorstellungen, Ideen und Ziele vor, die Sie im Team erarbeitet haben.
Auf diese Weise beziehen Sie die Eltern in Ihre Pläne ein und machen Ihre Arbeit transparent. Vielleicht ist es auch der erste Schritt, die Eltern aktiv an der
Adventszeit zu beteiligen. Außerdem erfahren Sie vielleicht in den entstehenden Gesprächen und Diskussionen etwas über die persönlichen Sichtweisen, Einstellungen und Herangehensweisen der Eltern zu Weihnachten.
Legen Sie den Termin am besten Mitte November, um die häufig anfallende Ter-
minfülle im Dezember nicht noch zu erhöhen.

Vorbereitung: Backen Sie mit den Kindern Kekse für die Eltern. Bereiten Sie
mit ihnen gemeinsam die Raum- und Tischgestaltung für den Elternabend vor.
Die Kinder erleben, dass sie aktiv mit einbezogen werden. Sie erfahren, etwas
für andere bzw. für ihre Eltern zu machen. Sie lernen dadurch auch, anderen
eine Freude zu machen, was wiederum sie mit Freude erfüllen wird. Es wird sie
stolz machen, bei der Planung und Vorbereitung des Elternabends mitzumachen.
Mit Sicherheit werden sie es auch als wichtig erachten, dass ihre Eltern auch
bei dem Abend anwesend sind.

☞ Ideen für einen Ablauf des Elternabends

1) Allgemeine Begrüßung und kurzer Abriss des Elternabends

2) Austausch über die verschiedenen Vorstellungen zur Weihnachtszeit
Geben Sie jedem Elternteil drei Karten, auf denen sie aufschreiben sollen, welche drei Kriterien ihres Erachtens ihren Kindern am wichtigsten für die Weihnachtszeit sind. Lesen Sie diese im Anschluss vor und sortieren Sie sie gemeinsam mit den Eltern nach Gemeinsamkeiten. Hängen Sie die Karten parallel dazu auf.
Besonders originell ist es, wenn Sie im Anschluss daran den Eltern die Statements ihrer Kinder zu diesem Thema präsentieren würden. Das erfordert von Ihnen eine vorherige Befragung der Kinder, die Sie am besten einzeln interviewen. Dokumentieren Sie die Aussagen der Kinder schriftlich. Falls Sie eine Videokamera zur Verfügung haben, filmen Sie die Kinder beim Interview. Für die Eltern wird es bestimmt interessant sein, ihre Kinder zu sehen und ihre Aussagen auf diese Weise zu hören.
Bei dieser Gegenüberstellung der Aussagen werden alle Eltern wahrscheinlich schnell feststellen, inwieweit ihre Vorstellungen von den Meinungen ihrer Kinder mit den tatsächlichen Einstellungen der Kinder übereinstimmen. Wahrscheinlich wird sich daraus eine Diskussion ergeben. Diese könnte eine gute Überleitung für den nächsten Tagesordnungspunkt sein.

3) Informationen zu den Vorhaben in der Weihnachtszeit
Vermitteln Sie den Eltern, welche Ziele und Methoden Sie verfolgen, den Kindern Symbole, Bräuche etc. für Advent und Weihnachten nahe zu bringen. Erläutern Sie ihnen auch, welche Haltungen und Verhaltensweisen Sie damit bei den Kindern fördern möchten. Einige Beispiele:

✱ Weihnachten ist mehr als das Fest der Geschenke, sondern Advent und Weihnachten sind eine Zeit der Freude, der Familie, des Lichtes, der Liebe. Deshalb sollen die Kinder durch verschiedene Angebote die Bedeutung der Vorweihnachtszeit kennen lernen und verstehen:
  - Die Kinder lernen, Wünsche für sich und andere auszusprechen und damit anderen zu sagen, was sie brauchen. Sie erfahren, geben zu können und nicht nur haben zu wollen.
  - Kinder erleben Geborgenheit in einer Atmosphäre zum Wohlfühlen und zum sich Entfalten
✱ Erzählen Sie den Eltern, ob die Inhalte vorwiegend christlich aufgebaut sein werden, z.B. durch Geschichten über Jesus oder auf gemeinschaftliche Aktionen hin orientiert sind. Egal, welchen pädagogischen Schwer-

punkt Sie haben – heben Sie hervor, dass es für die Kinder wichtig ist, dass sich das Fest und seine Vorbereitung vom Alltag abheben, dass es Freude macht und alle miteinbezogen werden.

✴ Führen Sie einige Vorhaben und Bildungsangebote an, z.B. Angebote, welche die Sinne berühren, Rituale zum Adventskalender, die Weihnachtswerkstatt, Lieder, Geschichten, Festabläufe etc.

✴ Erzählen Sie ihnen, dass die Kinder den Zauber des Lichts durch bewusstes Erleben kennen lernen sollen und dabei erfahren, wie faszinierend Licht sein kann und wie wir Licht weiterschenken können.

✴ Lassen Sie die Eltern selbst einige Angebote zur Weihnachtszeit erleben, z.B. erarbeiten Sie mit den Eltern einen kleinen Lichtertanz, singen Sie gemeinsam ein Weihnachtslied oder gestalten Sie zusammen ein Mandala.

4) Miteinander etwas für die Gruppe gestalten sowie gemütlicher Ausklang
Die Gemeinsamkeit mit und zwischen den Eltern fördert und intensiviert ein Elternabend in gemütlicher Atmosphäre, bei dem sie etwas für ihre Kinder bzw. für die Gruppe gestalten. Nachdem die Eltern erlebt und gesehen haben, was die Kinder für sie geschmückt und gebacken haben, werden sie bestimmt gern auch etwas für ihre Kinder „herstellen".
Dazu einige Beispiele:

✴ Adventskalender mit anfertigen und füllen,
✴ einen Nikolausschuh gestalten und füllen,
   den die Kinder bei der Nikolausfeier bekommen,
✴ Variation: Eltern basteln etwas für einen
   Weihnachtsbasar.

Hilfen für Eltern und Kinder

Weihnachten ist nicht für alle Menschen schön. Da es ein Fest ist, das die Gefühle und das Gemüt besonders anspricht, kann es für Menschen, die von Scheidung und Alleinsein betroffen sind, ein Problem werden, mit dem Traum der heilen Familie konfrontiert zu werden.
Besonders Kinder aus geschiedenen Ehen können Weihnachten in Konflikte geraten, weil und wenn nur ein Elternteil bei der Feier anwesend ist. Seien Sie behutsam und geben Sie evtl. den Eltern Unterstützung im Umgang mit diesem Problem: Vielen Kinder ist es dann ein Trost, wenn Geschenke von beiden Eltern unterm Christbaum liegen. Hilfreich ist auch ein Anruf oder ein E-Mail des abwesenden Elternteiles, so dass das Kind sich trotz allem geliebt fühlen kann. Eltern, die beschließen, trotz unüberwindbarer Schwierigkeiten miteinander wegen der

Kinder eine heile Welt vorzutäuschen, müssen oft die Erfahrung machen, dass es dann zum Streit kommt. Harmonie lässt sich einfach nicht erzwingen.

Für Elternteile, die am Fest allein zurückbleiben, kann es hilfreich sein, jemanden zu haben, an den Sie sich an den Festtagen wenden können. Manchmal genügt auch die Veröffentlichung einer angebotenen Hilfe oder eines Ansprechpartners der Telefonseelsorge. Hängen Sie diese Infos ggf. an einer allgemeinen Pinwand in Ihrer Kita aus. Die Telefonnummern der Telefonseelsorge lauten: 08 00/1 11 01 11 (ev.) oder 08 00/1 11 02 22 (kath.)

5. Was bedeutet Weihnachten für die Kinder?

Zunächst einmal sollten wir uns über Folgendes klar werden: Die meisten wollen einmal im Jahr all das tun, wofür man sich als Erwachsener sonst spöttischen Kommentaren stellen muss. In der Weihnachtszeit geht es um das Kind, nicht zuletzt aber auch um das Kind in uns. Das voller Sehnsucht, Hoffnung und Vorfreude dem schönsten Fest des Jahres entgegenfiebert. Antoine de Saint-Exupéry schrieb dazu: „Und man sagt dir, die Gesichter in dieser Nacht seien anders als sonst. Denn sie erwarten ein Wunder." (aus: Der Schatz des Kindes, Karl Rauch Verlag: Düsseldorf)

Kinder sehen die Welt noch aus einer ganz anderen Sicht. So hat Weihnachten für sie noch eine ganz andere Bedeutung als für uns Erwachsene. Damit Sie sich besser in ihre Gefühls- und Gedankenwelt hineinversetzen können, müssen Sie versuchen, sie zu verstehen. Durch Beobachtungen, Gesprächsrunden und gezielte Interviews erfahren Sie mehr über ihre Vorstellungen und Wünsche. Bauen Sie darauf Ihre Angebote auf und intensivieren Sie so die Vorfreude auf das Fest.

Ein Fest ist erst dann ein Fest, wenn jeder einzelne etwas dazu beiträgt. Ein wesentlicher Sinn eines Festes ist das Geben. Beziehen Sie deshalb die Kinder in die Vorbereitung, Durchführung und auch in die Nachbereitung mit ein. Je mehr innere Beteiligung von jedem einzelnen eingebracht wird, desto harmonischer und gelungener wird es auch von allen empfunden werden. Lassen Sie die Kinder Aufgaben übernehmen, die sie sich am besten selbst aussuchen dürfen. Jüngere Kinder könnten z.B. beim Tischdecken und dekorieren mithelfen, die älteren könnten beim Fest selbst die Gestaltung übernehmen, z.B. ein Gedicht vortragen, auf der Blockflöte etwas spielen usw.

Welche Erfahrungen bringen die Kinder mit?

Sammeln Sie Informationen über Weihnachten. Schauen Sie sich die Kinder und Eltern Ihrer Gruppe einmal genau unter dem Gesichtspunkt des bevorstehenden Festes an. Gibt es etwas, was Sie noch nicht kennen oder noch nirgends gefunden haben. Gibt es familiäre Besonderheiten?

Weihnachten ist nicht das einzige Thema für die Kinder

Beobachten Sie die Kinder unter dem Kriterium, welche Schlüsselsituationen für die Kinder in dieser Zeit von Bedeutung sind. So können Sie die Themenschwerpunkte bereits frühzeitig erkennen und zur Weihnachtszeit ausbauen. Vielleicht machen Sie ein richtig tolles Projekt daraus. Themen, die an Weihnachten wichtig werden könnten:

* ✯ Zeit
* ✯ Heimlichkeiten und Geheimnisse
* ✯ Ernährung
* ✯ Licht und Dunkelheit, auch Angst vor der Dunkelheit
* ✯ Tag und Nacht
* ✯ Wetter
* ✯ Beziehungen zueinander
* ✯ Familie
* ✯ Arm und Reich
* ✯ Schenken – Geben und Nehmen
* ✯ Bescheidenheit, Konsum- und Suchtverhalten

Wo kommt Weihnachten eigentlich her?

Überlegen Sie mit den Kindern, wo das Fest, das uns jedes Jahr so wichtig ist, eigentlich herkommt. Vielleicht wissen einige Kinder etwas darüber.
Notieren Sie die Aussagen der Kinder.
Fragen Sie die Kinder, wie sie an weitere Informationen über dieses Fest kommen können. Sicher haben sie die unterschiedlichsten Ideen, vom Erkunden in Büchern bis zum Führen von Interviews.
Notieren Sie insbesondere auch die Fragen der Kinder. Vielleicht wollen die Kinder verschiedene Interviews führen, z.B. mit Oma und Opa: Wie haben sie als Kinder Weihnachten erlebt? Oder sie möchten ein Interview mit dem Pastor, Pfarrer oder Küster führen.

Kinder interviewen

Interviewen Sie die Kinder zu Weihnachten. Am besten ist es, wenn Sie jedes Kind einzeln befragen. Je nachdem wie die praktische Arbeit bei Ihnen gestaltet ist und wie das Vertrauensverhältnis in der Zusammenarbeit mit den Eltern entwickelt ist, kann es sein, dass Sie sich für die Durchführung verschiedener Interviews möglicherweise das Einverständnis der Eltern geben lassen sollten. Bedenken Sie bei der Durchführung eines Interviews auch, dass es bei diesem sensiblen Thema auf keinen Fall dazu kommen darf, dass die Eltern sich bloß gestellt fühlen.

Notieren Sie sich parallel dazu die jeweiligen Aussagen. Interviewfragen können sein:

* Was ist Weihnachten für dich?
* Was findest du das Schönste an Weihnachten?
* Wie feierst du mit deiner Familie Weihnachten bzw. was macht Ihr am Heiligen Abend?
* Gehst du Weihnachten mit deiner Familie in die Kirche?

Sammeln Sie die unterschiedlichen Aussagen zu den einzelnen Fragen und stellen Sie für sich eventuelle Gemeinsamkeiten zusammen. Aus den Ergebnissen ersehen Sie die Sichtweisen und Erfahrungswerte der Kinder und können darauf die weiteren Angebote aufbauen.
In einer gemeinsamen Runde lesen Sie den Kindern die Ergebnisse vor. Überlegen Sie zusammen, welche Kinder ähnliche Aussagen gemacht haben. Für die Kinder wird es interessant sein, die verschiedenen Antworten zu hören.
Dazu einige Tipps:

* Schreiben Sie die Aussagen der Kinder auf und gestalten Sie daraus eine Wanddokumentation für die Eltern.
* Schreiben Sie Ihre Fragen sowie die Aussagen der einzelnen Kinder separat auf Briefpapier auf. Die Kinder rollen es auf und binden ein Band drum herum. Die Rolle hängen sie an das Weihnachtsgeschenk für die Eltern. Für die Eltern ist es bestimmt spannend, die Interviewfragen und -antworten ihrer Kinder zu lesen.

Kinder führen Interviews

Suchen Sie mit den Kindern zusammen einige Fragen zu Weihnachten heraus. Diese dienen als Interviewfragen. In Kleingruppen gehen die Kinder mit Diktiergerät los und interviewen Kolleginnen und Eltern.

Üben Sie vorweg mit den Kindern, wie das Interview durchgeführt werden soll und wie sie das Diktiergerät bedienen. Sprechen Sie mit ihnen durch, wer das Diktiergerät bedienen möchte und wer die Frage stellt. Wenn sich die Kinder sicher fühlen, ziehen sie los.

Beim späteren Austausch stellen die Kinder den anderen ihre Interviews vor. Tauschen Sie sich im Anschluss daran gemeinsam über die Interviewinhalte aus. Am nächsten Tag darf eine andere Kleingruppe mit dem Diktiergerät losziehen und weitere Leute interviewen.

Wie haben Oma und Opa als Kinder Weihnachten erlebt?

Weihnachten wurde früher bestimmt anders gefeiert als heutzutage. Damit die Kinder die Unterschiede erfahren, laden sie ihre Großeltern ein. Schreiben Sie auf die Einladung dazu, dass Sie die Gäste bitten, etwas zu ihren Kindheitserlebnissen in der Weihnachtszeit zu erzählen.

Da Sie vielleicht eine große positive Resonanz erhalten, sollten Sie bereits im Vorfeld überlegen, mehrere Treffen einzuplanen. Für die Kinder können sonst die Erzählrunden zu lang werden.

Kinder und die Vorfreude auf die Geschenke

Obwohl viele Menschen dem Konsumdenken skeptisch gegenüberstehen, gehören Geschenke nach unserem Verständnis zum Gelingen des Weihnachtsfestes einfach dazu. Besonders für Kinder ist die Bescherung der am sehnsüchtigsten erwartete Höhepunkt des ganzen Weihnachtsfestkreises. Wochen vorher überlegen sie sich schon, was sie alles auf ihrem Wunschzettel malen oder schreiben wollen. Je kürzer dann der Zeitabstand zum Fest wird, desto größer wird die Aufregung, Spannung und Erwartungsfreude der Kinder, was letztendlich tatsächlich unter dem Tannenbaum liegt. Kinder zu beschenken macht auch den Erwachsenen meistens viel Freude, besonders solange die Kinder klein genug

sind, um noch ans Christkind oder den Weihnachtsmann zu glauben. Darin zeigt sich der eigentliche Wert des Schenkens am deutlichsten, denn der Schenkende bleibt so anonym.

Für Sie in der Einrichtung bedeutet diese Zeit der Erwartung, mit dieser immer größer werdenden inneren Spannung der Kinder umzugehen. Statt Ruhe und Besinnung, die Sie vielleicht anstreben, steht das Bedürfnis der Kinder evtl. eher nach Bewegung oder danach, ausgelassen miteinander Quatsch zu machen. Versetzen Sie sich in die emotionale Verfassung der Kinder. Richten Sie Ihre Angebote so aus, dass Sie die Bedürfnisse und Interessen der Kinder einbeziehen. Auf diese Weise lenken Sie auch die freigewordenen Energien, statt sie einzuschränken.

Weihnachten ist eine Einladung, sich darauf zu besinnen, was man von Kindern lernen kann. Machen Sie sich bewusst, dass wir Erwachsene Vorbilder für die Kinder sind. Deshalb sollten Sie gemeinsam mit ihnen die Advents- und Weihnachtszeit genießen. Weihnachten ist ein Teil unserer abendländischen Tradition. Das Fest sollte mit seinen Ritualen in uns die Bereitschaft zum friedlichen Miteinander mit Kindern, Kolleginnen und Eltern wecken.
Nutzen Sie die Anregungen in diesem Buch, um die Kinder an das bewusste und besinnliche Erleben der Weihnachtszeit heranzuführen. Machen Sie Weihnachten den Kindern mit allen Sinnen erfahrbar und besinnen Sie sich gemeinsam ganz bewusst auf den Ursprung des Weihnachtsfestes.

Aktionen und Ideen für die Weihnachtszeit

1. Weihnachtliche Spurensuche

Woran erkennen die Kinder Weihnachten? Gibt es überhaupt die typischen Weihnachtsmerkmale? Machen Sie sich mit den Kindern zusammen auf die Suche nach Weihnachten und entdecken Sie gemeinsam, wo Weihnachten zu finden ist, ob es bestimmte Merkmale gibt und wie die unterschiedlichen Sichtweisen der Menschen zu Weihnachten aussehen.

Sprechen Sie mit den Kindern über Weihnachten und dessen Symbole und unverkennbare Merkmale. Welche weihnachtlichen Kennzeichen sind ihnen bekannt? Tauschen Sie sich mit ihnen aus. Vielleicht hat ein Kind schon im Supermarkt Schokoladenweihnachtsmänner gesehen oder irgendwo ist schon etwas weihnachtlich dekoriert.

Wo finden wir Weihnachten?

In dem Gespräch sind vielleicht auch einige Orte von den Kindern genannt worden, wo sie Zeichen von Weihnachten gesehen haben. Überlegen Sie mit den Kindern, ob es bestimmte Orte gibt, an denen sie Weihnachten nachspüren können. Machen Sie sich mit den Kindern auf Erkundungstouren zu diesen Orten. Mit diesen Touren sensibilisieren Sie die Kinder, die Umwelt bewusster wahrzunehmen und stimmen sie auf Weihnachten ein.

Material: Fotoapparat, Notiz- bzw. Malblock

Durchführung: Um das Gesehene festzuhalten, können die Kinder die weihnachtlichen Symbole oder Dinge fotografieren oder aufmalen. Deshalb wird auf jeder Entdeckungstour ein Fotoapparat mitgenommen. Eine andere Möglichkeit ist, dass jedes Kind ein kleines Notizbuch bei sich trägt, in dem es erst den Ort und dann die jeweiligen weihnachtlichen Zeichen einmalt.

Zurück in der Kindertagesstätte führen Sie eine kurze Reflektionsrunde mit den Kindern durch, damit sie das Erlebte bzw. Gesehene noch einmal erzählen und ihre Wahrnehmung bewusster verarbeiten können. Je mehr Ausflüge Sie gemacht haben, desto größer wird vielleicht auch die Bandbreite an weihnachtlichen Zeichen sein, die die Kinder entdecken. Hier einige Orte, an denen möglicherweise Weihnachten zu finden ist:

* in der Kirche
* in der Familie
* im Kindergarten
* auf der Straße
* im Geschäft
* auf dem Markt ...

Fortführung: Natürlich würde es sich besonders anbieten, mit den Kindern Besuche in unterschiedlichen Kirchen zu vereinbaren, etwa damit sie sich die verschiedenen Krippen ansehen können. Versuchen Sie, für die Kinder einen Aufgang in den Glockenturm zu organisieren, um dort zu sehen und vielleicht auch zu hören, welche Glocken wann läuten.
Manchmal bieten in der Weihnachtszeit Museen auch Sonderausstellungen zum Thema an, die Sie mit den Kindern besuchen können.

Hinweis: Sensibilisieren Sie die Kinder für die Besonderheiten, die in dieser Zeit vor sich gehen. Sprechen Sie mit ihnen über Veränderungen, die sie in ihrem Umfeld in dieser Zeit erleben. Fragen Sie sie, ob ihnen Veränderungen in ihren Familien auffallen oder was vielleicht im Kindergarten anders ist und was in den Straßen, in den Geschäften oder auf dem Markt passiert.

Wie klingt Weihnachten?

Material: diverse Klanggegenstände, Kassettenrekorder, Kassette

Durchführung: Nach einem Spaziergang benennen und beschreiben die Kinder die Advents- und Weihnachtsgeräusche, die sie gehört haben – z.B. den pfeifenden Wind, die Kirchenglocken, Weihnachtsmusik. Gemeinsam mit den Kindern überlegen Sie, wie die Geräusche im Gruppenraum nachgespielt werden können. Wer eine Idee dazu hat, holt die dafür benötigten Materialien. Geben Sie den Kindern nacheinander die Möglichkeit, die unterschiedlichen Geräusche selbst auszuprobieren. Nehmen Sie im Anschluss daran die von den Kindern gemachten Töne auf Tonband auf.
Nun wird die Aufnahme gemeinsam abgehört. Hören sich die Geräusche so an, wie die Kinder sie beim Spaziergang gehört haben?

2. Weihnachtswichtel unterwegs

Das Überschreiten der Wirklichkeitsgrenzen macht Kindern oft sehr viel Spaß. Vielleicht sind die Kinder ihrer Gruppe sehr empfänglich für fantasievolle Unternehmungen und Sie haben Lust, mit ihnen zusammen dieses Interesse aufzugreifen. Dann erleben Sie die Zeit doch einmal so, dass Sie die Kinder durch fantasievolle Kurzgeschichten in eine besondere Adventswelt versetzen.

Suchen Sie mit den Kindern Weihnachtswichtel, denn schließlich muss der Weihnachtsmann doch Helfer haben. Diese können Sie überall finden, besonders in der freien Natur. Schon das Suchen der Weihnachtswichtel wird für die Kinder ein aufregendes und spannendes Erlebnis werden. Vertiefen Sie die Themen anhand von Beobachtungen und Untersuchungen mit den Kindern in der Natur.

Setzen Sie sich zu Beginn der Adventzeit mit den Kindern zusammen und fragen Sie die Kinder, was ihnen alles zu Advent und Weihnachten einfällt und ob sich in dieser Zeit etwas ändert – bei den Menschen, in den Wohnungen, Häusern und Kaufhäusern und auch in der Natur. Nach der Sammlung, sagen Sie ihnen, dass Sie noch etwas kennen, was zu dieser Zeit gehört.

Erzählen Sie den Kindern von den Weihnachtswichteln. Sagen Sie, dass es ganz viele unterschiedliche gibt, die sogar tagsüber entdeckt werden können. Betonen Sie, dass Weihnachtswichteln harmlos sind und die Kinder keine Angst vor ihnen zu haben brauchen. Es sind liebevolle, kleine Gnome, die dem Weihnachtsmann behilflich sind, Geschenke verpacken oder Kekse backen. Schaffen Sie eine Atmosphäre, die die Kinder neugierig macht, die Weihnachtswichtel zu suchen. Je nach Situation beginnen Sie mit einer für die Kinder bedeutungsvollen Situation bzw. einen bestimmten Ort in der Kita oder in ihrer Nähe.

Erkundungstour

Durchführung: Was haben die Weihnachtswichtel vor? Erkunden Sie mit den Kindern, was die Weihnachtswichtel möglicherweise alles verändern oder selbst in Erfahrung bringen oder beobachten. Vielleicht sitzen Sie in den Bäumen oder spielen mit dem Schnee.

Wenn das Wetter noch nicht so frostig ist, könnte es auch sein, dass sie Sachen finden, die die Weihnachtswichtel als Spielzeug oder Gestaltungsmaterial nutzen, z.B. Blätter, Bucheckern, Kastanien, Tannenzapfen. Wenn Sie dies mit einer Sammelaktion verbinden, können die Kinder aus den gefundenen Naturmaterialien später Dekorationen für die Gruppe basteln.

Tipp: Achten Sie bei allen Erkundungstouren in der Natur auf sachgerechte Kleidung, damit die Kinder und auch Sie nicht schon nach ein paar Metern durch den Wald durchnässt oder durchgefroren sind. Weisen Sie die Eltern in Gesprächen, Aushängen oder auch Elternbriefen auf die benötigte wetterfeste Kleidung hin. Es empfiehlt sich, die Eltern zusätzlich auf die Notwendigkeit von Wechselsachen hinzuweisen, die die Kinder an ihrem Garderobenhaken haben sollten, damit sie sich im Anschluss an die Touren ggf. umziehen können.

Forscherkoffer

Für die Weihnachtsexpeditionen brauchen die Kinder, wenn sie als Forscher unterwegs sind, die richtige und geeignete Ausrüstung. Legen Sie sich mit den Kindern einen Forscherkoffer an, welchen sie gemeinsam bestücken und immer auf den Entdeckungstouren mitnehmen. Hier einige Beispiele für den Inhalt:

* Kassettenrekorder
* Mikrofon
* Fotoapparat
* Diktiergerät
* Kreide
* Lupen
* feine große Pinsel
* ein selbst gemachtes Forscherbuch
* Papier
* Stifte
* Erste-Hilfe-Tasche/Verbandszeug

Das selbst gemachte Forscherbuch

Material: Ringbuch mit weißen Blättern, Malstifte, ggf. Kleber, Schere

Durchführung: Stellen Sie mit den Kindern ein Forscherbuch selbst her, in das alle Entdeckungen eingetragen werden, die die Forscher bei den Expeditionen machen. Dazu eignet sich ein Ringbuch mit weißen Blättern. Ein Kind malt die gefundene Besonderheit auf einer Seite auf.
Schreiben Sie dazu, wie es heißt, falls es bekannt ist. Ebenfalls notieren Sie Erkennungsmerkmale, und auch was die Kinder beobachtet haben und wann und wo es war. Ggf. können Sie für die Angaben auch eine Tabelle entwerfen.

Variation: Jedes Kind bekommt sein eigenes Forscherbuch, in das es Dinge oder Aussagen malt oder Bilder klebt, die es in der Weihnachtszeit besonders interessieren. Ergänzen Sie die Zeichnungen, falls möglich, mit den entsprechenden Namen und Begriffen.

Weihnachtswichtel-Dia-Schau

Material: Fotoapparat, Dia-Film, Projektor, Leinwand, Kassettenrekorder, Kassette

Durchführung: Wenn Kinder schon öfter fotografiert haben und die Ergebnisse als Fotos kennen, geben Sie ihnen mal eine andere Aufgabe. Die Kinder bekommen bei einem Spaziergang von Ihnen die Aufgabe Zeichen und Spuren der Weihnachtswichtel aufzuspüren und zu fotografieren. Diesmal aber nicht mit einem normalen Film, sondern mit einem Diafilm.
Geben Sie den Kindern verschiedene Tipps, wie sie die Phänomene am Besten fotografieren, z.B. wie sie den Fotoapparat halten können, um viele unterschiedliche Eindrücke zu bekommen.
Die Kinder werden selbst beim Ausprobieren weitere Möglichkeiten finden, denn der Fantasie sind hierbei keine Grenzen gesetzt. Sie erfahren dabei, dass jede Veränderung „neue" Perspektiven sichtbar macht.

Fortführung: Wenn die Dias entwickelt sind, werden die Kinder bei der anschließenden Dia-Schau sicher ihre Eindrücke benennen. Schreiben Sie die Aussagen der Kinder mit oder dokumentieren Sie diese zunächst mit einer Aufnahme auf dem Kassettenrekorder, damit keine Aussage verloren geht.

Auf den Spuren der Weihnachtswichtel

Gehen Sie mit den Kindern in die Natur und suchen Sie dort nach Spuren der Weihnachtswichtel. Immer dort, wo die Weihnachtswichtel gewesen sind, hinterlassen sie etwas. Ob es eine merkwürdige Fußspur oder ein ungewöhnlich abgeknickter Ast ist, alles ist möglich. Besonders gern schlüpfen sie durch Büsche und Pflanzen, die am Boden wachsen.

Durchführung: Suchen Sie mit den Kindern diese Spuren. Wo waren die Weihnachtswichtel überall? Machen Sie die Kinder anfangs evtl. noch auf die Spuren aufmerksam, z.B. auf flach getretene Blätter. Nach kurzer Zeit wird dies wohl nicht mehr nötigt sein, da der Entdeckergeist der Kinder geweckt ist. Die Kinder werden ihre Phantasie ausleben und Sie werden erstaunt sein, welche Ideen die Kinder entwickeln.

Der Blick der Weihnachtswichtel

Weihnachtswichtel haben einen außergewöhnlichen Blick. Sie müssen nicht ihren Kopf bewegen, um nach oben zu schauen.

Material: Spiegelkachel für jedes Kind

Durchführung: Mit Hilfe von Spiegeln erleben die Kinder den Weihnachtswichtelblick. Dazu bekommt jedes Kind eine Spiegelkachel. Wählen Sie ein Waldstück aus, das eine abwechslungsreiche Wegstrecke beinhaltet, z.B. mit alten Bäumen und mit tief hängenden Ästen.
Alle Kinder stellen sich in eine Reihe hintereinander auf. Eine Hand legen sie auf das Kind, das vor ihnen steht. Die andere Hand halten sie den Spiegel waagerecht mit der Spiegelfläche waagerecht nach oben an die Nasenspitze. Jedes Kind sollte in seinem Spiegel nur noch die Baumkronen sehen können. Bilden Sie die Spitze dieser Karawane und führen Sie die Kinder langsam über die ausgesuchte Wegstrecke.

Variation: Es ist auch möglich, dass sich die Kinder nicht mit einer Hand beim vorderen Kind festhalten, sondern dass jeder einzeln geht.

Die Weihnachtswichtellupe

Die Weihnachtswichtel halten sich überall auf, sie können mit den Pflanzen und Käfern genauso reden, wie mit den Bäumen. Alles ist ihnen bestens vertraut. Um den Blick der Weihnachtswichtel kennen zu lernen, machen die Kinder eine Entdeckungsreise durch den Wichtelwald.

Material: leere Toilettenpapierrolle oder Lupe

Durchführung: Jedes Kind bekommt eine Toilettenpapierrolle bzw. eine Lupe, durch dass es die ganze Zeit bei der Entdeckungsreise schauen muss. Außerdem heißt es für jeden, sich auf die Größe eines Weihnachtswichtels zu verkleinern. Dazu bewegen sich die Kinder in der Hocke. Wenn das Wetter trocken ist, können Sie natürlich auch auf allen vieren über den Waldboden krabbeln. Die Kinder halten die Papprolle stets vor den Augen und versuchen besondere Kleinigkeiten zu erkennen.
Lassen Sie die Kinder den Wald auf diese Art und Weise erkunden. Geben Sie ihnen zwischendurch immer kleine Anweisungen, worauf sie achten sollen:

⭐ Was kann man als Weihnachtswichtel alles sehen?
⭐ Trifft er andere Weihnachtswichtel?
⭐ Welche Hindernisse sind im Weg?
⭐ Was kann man als Weihnachtswichtel alles riechen?
⭐ Welche Tiere trifft der Weihnachtswichtel?
⭐ Welche Pflanzen sieht der Weihnachtswichtel?

Variation: Markieren Sie einen Weg mit einem Seil. Die Kinder krabbeln daran entlang. Setzen Sie sich anschließend mit den Kindern zusammen, damit sie sich über ihr Erlebtes austauschen können. Wie ist es ihnen ergangen? Was haben sie gesehen und erlebt? Möchten sie immer als Weihnachtswichtel leben?

Weihnachtswichtelgesichter in Bäumen finden

Durchführung: Die Natur bietet viele Möglichkeiten, die die Phantasie und Kreativität der Kinder anregen. Bäume können durch das Zusammenspiel von Licht und Schatten geheimnisvoll wirken. Die Kinder betrachten beim Erkundungsgang ganz genau die Bäume, die Rinden und die Stämme. Besonders alte knorrige Bäume haben bizarre Formen. Astlöcher werden mit ein wenig Vorstellungskraft als Augen, Nasen oder Mund erkannt.
Welches Kind findet Baumfratzen oder vielleicht sogar Weihnachtswichtelgesichter? Schauen Sie die Gesichter zusammen an. Die Kinder beschreiben, wie der Baum auf sie wirkt. Guckt das Gesicht böse und macht es ihnen Angst? Schaut es fröhlich oder erstaunt?
Beobachten Sie die Kinder. Welches Baumgesicht löst am meisten Interesse aus? Bei welchem Baum verweilen die Kinder länger und betrachten ihn?
Finden Sie einen solchen Baum, dann ist es eine gute Gelegenheit stärker darauf einzugehen. Fragen Sie die Kinder, wie das Gesicht aussieht, z.B. ob es fröhlich aussieht, ob es traurig wirkt. Ermuntern Sie die Kinder zu überlegen, warum der Baum so aussieht. Vielleicht hat er etwas erlebt? Gehen Sie auf die Antworten ein und greifen Sie besondere Stichwörter der Kinder auf, um weitere Details zu erfragen.
Auf diese Weise bekommt der Baum tatsächlich ein „Gesicht". Er ist nicht mehr einer von vielen, sondern er hat eine Geschichte. Vielleicht geben die Kinder ihm auch noch einen Namen.

Material: Fotoapparat

Fortführung: Wenn Sie noch einmal mit den Kindern in diesen Wald gehen, besuchen Sie den Baum.
Machen Sie Fotos von den Weihnachtswichtelgesichtern, die die Kinder im Wald erkannt haben. Ob sie sie auch noch erkennen, wenn sie die Fotos später sehen?
Eine andere Variante wäre, dass Sie Fotos von Bäumen, Wäldern und Zapfen oder auch Wolken machen und mit den Kindern gemeinsam versuchen, auf den Fotos Weihnachtswichtel zu entdecken.

Weihnachtswichtel hören

Durchführung: Im Wald gibt es viele Geräusche. Jedes Kind sucht sich einen Platz in der näheren Umgebung von Ihnen aus, an dem es allein sitzt. Wenn es mag, kann es die Augen schließen. Lassen Sie den Kindern ungefähr zwei Minuten Zeit, um die Geräusche zu sammeln. Wenn die Kinder schon öfter im Wald waren, lassen Sie sie besonders darauf achten, ob der Wald in dieser Zeit vor Weihnachten anders klingt als sonst.
Danach kommen alle wieder zusammen und berichten von ihren Advents- und Weihnachtsgeräuschen.

Fortführung: Fragen Sie die Kinder, ob man Weihnachtswichtel hören kann. Überlegen Sie gemeinsam, an welchen Stellen und wie sie das überprüfen können. Nach dem Sammeln der Ideen überprüfen die Kinder ihre Vermutungen. Vielleicht sind Weihnachtswichtel im Baumstumpf oder unter der Erde? Möglicherweise halten sie sich in Erdlöchern auf? Oder befinden sie sich eher in den Baumkronen?
Nachdem alle Möglichkeiten ausgeschöpft wurden, treffen alle Kinder wieder zusammen, um über ihre Ergebnisse zu berichten.
Die Kinder überlegen, welche Geräusche Weihnachtswichtel machen. Kann man Weihnachtswichtel hören, wenn diese sich auf einen Ast setzen? Wie hören sich die Schritte von den Weihnachtswichteln an, wenn die über Laub oder über Schnee gehen?
Die Kinder, die Ideen dazu haben, versuchen nacheinander mit den umliegenden Waldmaterialien einen Klang der Weihnachtswichtel zu erzeugen. Die anderen Kinder schließen die Augen und versuchen zuerst zu erkennen, ob es sich um ein Geräusch der Weihnachtswichtel handelt. Das Kind verrät anschließend, was der Weihnachtswichtel gerade macht, z.B. der Wichtel klettert an einem Stamm hoch.

Tipp: Welche Geräusche hören die Weihnachtswichtel täglich und wo ist eigentlich ihre Heimat?
Jedes Kind bekommt ein Blatt festes Papier und einen oder mehrere Stifte und sucht sich in der näheren Umgebung einen Platz. Die Orte sollen so gewählt werden, dass sich jedes Kind für sich auf die Geräusche der Natur besinnen kann. In der Mitte des Papiers markieren die Kinder ihre eigenen Standorte. Ringsherum malen sie die wahrgenommenen Geräusche mit ihrem Entstehungsort. Erkennen die Kinder alle Geräusche? Können sie einschätzen, aus welcher Richtung sie kommen?
Am Ende hat jedes Kind eine eigene Landkarte der Geräusche entworfen.

Riechen wie die Weihnachtswichtel

Material: Filmdose für jedes Kind

Durchführung: Erzählen Sie den Kindern, dass Weihnachtswichtel ganz feine Nasen haben und sehr gut riechen können. An allem, an dem sie vorbeikommen, schnuppern die Wichtel erst einmal. Sie riechen an Moos, an Tannenzapfen, Baumrinden. Sagen Sie den Kindern, dass Sie mit ihnen nun auch einen Schnuppergang durch den Weihnachtswald machen wollen. Dabei sollen sie an allem riechen, was sie interessant finden.
Geben Sie jedem Kind eine Filmdose mit auf den Weg. Darin packt jeder den Duft hinein, der ihm beim Schnupperungsgang am besten gefallen hat. Das kann z.B. Erde, ein Tannenzapfen oder ein kleines Stück Rinde sein.
Nach dem Schnuppergang kommen alle Kinder mit ihrer Duftprobe wieder zusammen. Die Kinder setzen sich in einen Kreis und schließen die Augen. Ein Kind geht mit seinem Duft herum und hält diesen den anderen Kindern behutsam unter die Nase. Danach stellt ein anderes Kind seinen Lieblingsduft aus dem Weihnachtswald vor.
Möglicherweise haben zwei oder mehrere Kinder den gleichen Duft gesammelt. Erkennen sie dies?
Anschließend können Sie mit den Kindern verschiedene Düfte (Erde, Zapfen, Tannennadeln) gezielt sammeln oder aber Sie nehmen die schon gesammelten Lieblingsdüfte der Kinder mit in die Kindertagesstätte.
Dort stellen Sie diese für die Kinder auf einen Platz, der für sie jederzeit gut zugänglich ist. Je nach Lust und Laune der Kinder riechen sie an den mitgebrachten Materialien. Gerade durch Gerüche werden Erinnerungen wieder erweckt. Das Walderlebnis kann den Kindern wieder präsent werden.

Weihnachtswichtel zu Besuch

Wenn sich die Kinder auf die Suche nach den Weihnachtswichteln einlassen konnten, werden sie wahrscheinlich viele Eindrücke von den Erkundungstouren in
sich haben. Damit sie diese verarbeiten können, bieten Sie ihnen doch die Möglichkeit, mit ihnen Orte zu schaffen, um die Weihnachtswichtel in Ihre Gruppe
zu holen.

Weihnachtswesen aus selbst hergestellter Knete

Durchführung: Aus Knete, welche die Kinder selbst herstellen, lassen sich leicht
Weihnachtswesen oder andere Motive formen. Diese können anschließend als
Dekoration für den Gruppenraum in einer Weihnachtslandschaft ihren Platz fin-
den. Dazu hier ein Rezept für ungiftige Kinderknete:

1/2 l Wasser kochen.
Lebensmittelfarbe,
200 g Salz,
2 Esslöffel Alaun (in der Apotheke erhältlich),
1 Esslöffel Öl
und 500 g Mehl dazugeben,
rühren und gut durchkneten.

Bewahren Sie die Knete am besten in einer Plastiktüte auf (hält bis zu 8 Wochen).
Falls sie etwas ausgetrocknet ist, geben Sie vor Gebrauch noch etwas Wasser
und Öl dazu. Die Knete lässt sich leicht aus Kleidungsstücken und Teppich entfernen.

Wichtellandschaften aus Naturmaterialien

Kinder mögen es, aus verschiedenen Naturmaterialien Fantasielandschaften zu
gestalten. Bauen Sie mit den Kindern zusammen Hütten für die Weihnachtswichtel. Das Bauen wird noch interessanter und attraktiver für die Kinder, wenn
Sie sie durch eine kleine Geschichte in die Welt der Weihnachtswichtel „entführen".

Material: Naturmaterialien

Vorbereitung: Suchen Sie einen passenden Platz aus, den Sie gemeinsam mit
den Kindern zu einer Weihnachtslandschaft gestalten, in der sich Weihnachtswichtel

und andere Fabelwesen wohl fühlen würden. So entstehen vielleicht Weihnachts-wichtelhütten. Abstrakte Kunstwerke, Miniaturspielplätze o.ä. vervollständigen die Weihnachtswelt. In der Natur finden die Kinder viele Materialien, die ihre Fantasie und Kreativität anregen und durch die sie ihre Ideen in die Tat um-setzen. Sicher haben Sie auch noch einiges an Naturmaterial in der Kita, das Sie schon früher mit den Kindern gesucht haben. Das kann jetzt gut zum Ein-satz kommen.

Durchführung: Planen Sie viel Zeit für den Bau einer solchen Weihnachtswelt ein. Bei großer Begeisterung der Kinder kann die Aktion auch mehrere Tage andau-ern. Für die Kinder ist es spannend, bei diesem Entstehungsprozess aktiv mit-zuwirken. Wahrscheinlich werden sie nach kurzer Zeit viele eigene Ideen und Vorschläge zur Gestaltung der Weihnachtslandschaft beitragen. Auch nach deren Fertigstellung ist es für die Kinder ein besonderes Ereignis zur ihrer selbst gestalteten Weihnachtslandschaft zurückzukehren und zu sehen, ob sie sich verändert hat.

Weihnachtswichteldorf aus großen Pappkartons

Material: Kartons, Klebeband, Cuttermesser, Farbe, Kleister, Tapete, Teppich-reste, verschiedene Naturmaterialien

Vorbereitung: Holen Sie sich Hütten oder Behausungen von Weihnachtswich-teln, Elfen und dem Weihnachtsmann in die Kindertagesstätte. Sie brauchen dazu große Verpackungskartons, z.B. von Waschmaschinen. Fragen Sie frühzeitig bei Fachgeschäften nach, damit diese für Sie eine entsprechende Anzahl von Kar-tons zurücklegen. Des Weiteren organisieren Sie im Vorfeld noch verschiedene Materialien zum Verzieren der Hütten, z.B. Klebeband, Cuttermesser, Farbe, Kleis-ter, Tapete, Teppichreste, verschiedene Naturmaterialien. Stellen Sie alle Uten-silien sowie ausreichend Pinsel und Malkittel ansprechend und für alle Kinder gut erreichbar bereit. Wenn Sie die Aktion für drinnen planen, legen Sie zum Schutz des Bodens Zeitungen oder Maldecken unter die Kartons.

Durchführung: In Kleingruppen bauen und gestalten die Kinder „ihre" Hütte. Helfen Sie bei den Fenstern, Eingängen und Dächern. Mit dem Cuttermesser schneiden Sie entsprechend dem Wunsch der Kinder die Öffnungen. Wie die Hüt-ten von außen und innen aussehen, entscheiden die Kinder in ihren Kleingruppen. Diese Aktion kann sich über mehrere Tage erstrecken. Geben Sie den Kindern die Möglichkeit, nach Bedarf an ihren Hütten weiterzuarbeiten, diese zu verändern und zu ergänzen. Während des Gestaltens über eine längere Zeit entwickeln die Kinder immer wieder neue Ideen. Manche Hütten sind vielleicht tapeziert, an-

dere sind gemütlich eingerichtet, wieder andere sind mit grüner Farbe bemalt und mit Blättern verziert. Dem Einfallsreichtum der Kinder sind keine Grenzen gesetzt.

Tipp: Wenn Sie genügend Platz zur Verfügung haben, stellen Sie mit den Kindern die Behausungen so auf, dass das Weihnachtsdorf längere Zeit stehen bleiben kann. Es wird sicher auch lange nach Weihnachten für die Kinder noch von Bedeutung sein.

Die Weihnachtswichtelwelt auf dem Tisch

Material: Naturmaterialien, freier Tisch, Tücher, Moos (Bastelladen), Figuren von Wichteln, anderen Fabelwesen, Waldtieren

Vorbereitung: Holen Sie nach Vorstellungen der Kinder die Natur in die Kindertagesstätte. Gehen Sie zusammen in den Wald und suchen Sie nach großen Wurzeln, Ästen, Tannenzapfen, Rindenstücke oder Moos. Auch hier können Sie auf Ihren Fundus aus der Herbstzeit zurückgreifen.

Durchführung: Gestalten Sie anschließend mit den Kindern eine Weihnachtslandschaft auf einem Tisch. Dieser Tisch sollte in der Adventszeit und vielleicht auch noch danach ausschließlich diesem Zweck zur Verfügung stehen. Die Landschaft sollte von den Kindern jederzeit bespielt und verändert werden dürfen. Die Basis für die Weihnachtswelt bilden verschiedene Tücher. Auf einer Folie breiten Sie Moos (im Bastelladen erhältlich) aus. Legen Sie die unterschiedlichen Naturmaterialien jeweils in Körbchen oder Schalen und stellen Sie diese griffbereit und ansprechend neben den Tisch.
Haben Sie Weihnachtswichtel oder andere Fabelwesen als Figuren? Auch Figuren von Waldtieren sind geeignet. Legen Sie diese ebenfalls in Körbchen.
Räumen Sie einmal die Woche alle Naturmaterialien und Figuren wieder zurück in die entsprechenden Körbchen. Die Kinder haben dadurch die Möglichkeit, jede Woche eine andere Zauber- und Spiellandschaft entstehen zu lassen.

Variante: Wenn Sie mögen, können Sie die Landschaft oder ein Weihnachtsdorf mit den Kindern auch in einer Kiste oder einem alten Koffer gestalten. Das hat den Vorteil, dass Sie es ggf. auch einmal mit in einen anderen Raum nehmen können, wenn Sie dazu in ruhiger Atmosphäre eine Geschichte erzählen oder erfinden wollen. Es könnte auf diese Art und Weise auch eine Spielzeugstadt entstehen, wo der Weihnachtsmann mit seinen Elfen wohnt.

Die Weihnachtslandschaft kann durch ein Dorf mit Hütten ergänzt werden. Denn aus Schachteln lassen sich mit etwas Phantasie Weihnachtswichtelhütten zaubern. Die Kinder schneiden Fenster und Türen heraus und bemalen die Schachteln mit grüner oder brauner Farbe. Danach bekleben sie diese mit Moos, Gräsern, Blättern, Tannenzapfen o.ä. Vielleicht entsteht auch eine bemooste Kirche, die inmitten der anderen Hütten aufgestellt wird.

Weihnachtswichtellandschaft aus Hartschaum

Material: Hartschaum, Farbe, Teppichmesser, Feile

Durchführung: Gestalten Sie mit den Kindern eine Landschaft aus Hartschaum (dieser ist in Modellbau-Geschäften oder auch im Baumarkt erhältlich). Malen Sie die Berge, Felsen und Landschaften entsprechend an. Hartschaumprodukte aus dem Modellbau (z.B. für Eisenbahnlandschaften) können Sie mit einem scharfen Messer (z.B. Teppichmesser) zuschneiden und diese von den Kindern mit einer feinen Feile glätten lassen. Wenn Sie ihn mit einem Fön erhitzen, können Sie ihn sogar biegen.

Fortführung: Die gestaltete Landschaft kann sehr gut für eine Ausstellung genutzt werden.
In diese Ausstellung werden die Kinder gerne gehen, denn es ist ihre eigene Ausstellung. Was ist da zu sehen? Alles, was nach Weihnachten aussieht, Weihnachtswichtel, Weihnachtselfen, Rentiere usw.
Die Kinder sammeln alles, was sie finden können. Wer will, kann von zu Hause auch dies und das mitbringen – leihweise!
Täglich gibt es eine Sonderführung. Wer die Ausstellung besuchen will, braucht eine von den Kindern selbst gemalte Eintrittskarte. Lassen Sie ein Kind die Führung durch die Ausstellung machen. Seine Aufgabe ist es, die Utensilien zu erklären.

Weihnachtswichtelbilder aus gefärbter Naturwolle

Material: Natur- bzw. Märchenwolle in Grün, Braun und Gelb, Rupfen, Filz

Durchführung: Aus Naturwolle bzw. Märchenwolle können die Kinder Weihnachtswichtelbilder gestalten. Hierzu eignen sich die grünen, braunen und gelben Farbtöne. Welche Farben für das Weihnachtsbild gewählt werden, entscheiden die Kinder.

Die Kinder zupfen aus der Märchenwolle ein Stückchen ab, ziehen die Wollfasern auseinander und formen sie so, dass sie z.B. wie eine Tanne oder ein Zapfen aussehen. Diese werden auf Rupfen oder Filz gelegt, die den Untergrund für das Bild darstellen. Je mehr Tannen und Zapfen das Bild schmücken, desto eindrucksvoller wirkt es.

Weihnachtswichtel

Material: Astholz, Schnitzmesser, Knetwachs, Farbe

Durchführung: Aus einem besonders schönen Astholz aus dem Wald lässt sich mit einem Schnitzmesser ein kleiner Wicht schnitzen. Schnitzen Sie das Gesicht frei und spitzen Sie die Zipfelmütze an. Mit Knetwachs formen Sie nun eine kleine Nase und malen Augen auf das Gesicht. Zum Schluss malen Sie die Zipfelmütze farbig an.

Material: Bucheckernschalen, Perlen, Filz, Schere, Faden, Nadel, Kleber

Variante: Sicher haben Sie noch einige Bucheckern in einer Ecke im Werk- oder Gruppenraum stehen. Diese können Sie für dieses Angebot verwerten. Wählen Sie Bucheckern aus, die stehen können. Kleben Sie eine Perle als Kopf an die Buchecker. Aus Filz schneiden Sie eine Halskrause aus. Nähen Sie diese mit einem Faden um den Hals.
Zum Schluss nähen oder kleben Sie eine kleine Zipfelmütze aus Filz und kleben sie diese an den Kopf. Diese kleinen Wichte können Sie sehr schön in einer der Landschaften einbringen.

Tipp: Diese Wichtel sehen sehr schön in einen Korb mit Moos aus. Dazu ein paar kleine Wurzeln und was Sie sonst noch so zur Verfügung haben. Der Phantasie der Kinder sind dabei keine Grenzen gesetzt.

3. Sei gegrüßt, lieber Nikolaus

☞ Der heilige Nikolaus

Nikolaus gilt als volkstümlicher Heiliger. Er ist u.a. Schutzpatron der Kaufleute, Bäcker, Schiffer und Schulkinder. In der Kunst wird er häufig als Bischof mit Mitra und Krummstab, aber auch mit Broten, Äpfeln und anderen Geschenken dargestellt.

Nikolaus hat um die Wende zum 4. Jahrhundert gelebt und war in dieser Zeit auch Bischof in Myra, dem heutigen Demre in der Türkei. Er galt als mildtätig und sehr barmherzig: Alles, was er besaß und darüber hinaus noch erbetteln konnte, verschenkte er an Arme und an Kinder.

Auch wenn über ihn als geschichtliche Person so gut wie keine gesicherten Erkenntnisse vorliegen, haben sich über sein Wirken doch zahlreiche Legenden und Geschichten verbreitet.

Von seiner Grabeskirche in Myra und von Konstantinopel aus verbreitete sich der Nikolaus-Kult bereits seit dem 6. Jahrhundert in der gesamten griechischen sowie in der slawischen und russischen Kirche. Im übrigen Europa kam es erst mit der Überführung der sterblichen Überreste des Heiligen von Myra nach Bari in Italien (1087) zur Hochblüte der Nikolaus-Verehrung.

In dieser Zeit verbreitete sich auch die Legende von den drei eingepökelten Knaben, die der Heilige wieder zum Leben erweckte. Diese Geschichte wurde in einem Mirakelspiel dramatisiert, aus der sich das Brauchtum mit Befragung und Bescherung durch den Kinderbischof entwickelte. Die Bescherung der Kinder findet auch noch heute am 6.12., dem Todestag des heiligen Nikolaus, bzw. am Vorabend statt.

Im Laufe der Entwicklung dieses Brauchtums gesellten sich zu Nikolaus noch weitere Helfer, die wie der gefürchtete Knecht Ruprecht ihren Ursprung in jahreszeitlichen Naturmythen hatten.

Daher haben die Kinder auch heute noch ein bisschen Angst vor dem Nikolaus. Zudem gibt es auch heute noch Familien, in denen mit den Gaben des Nikolaus betont wird, dass die Kinder artig sein müssten, um sie zu bekommen – sonst käme er oder Knecht Ruprecht mit der Rute oder es würden nur Kohlestückchen in die Schuhe gesteckt.

Heute tritt in der Regel nur noch Nikolaus auf, früher teilten sich der Heilige und sein Gehilfe die Arbeit: Während Nikolaus brave und fleißige Kinder belohnt, lässt er faule von einem Gehilfen bestrafen – von Knecht Ruprecht, der in anderen Gegenden auch Hanstrapp, Pelzmärtl, Hans Muff, Krampus oder Klaubauf genannt wird. Er ist eine finsterere, bärtige Gestalt in schwarzen Lumpen, mit schweren Ketten und großem Sack, in den er die ganz

bösen Kinder packt und mitnimmt. Doch nicht überall gilt er als übler Bursche. In manchen Regionen, in Sachsen zum Beispiel, brachte Knecht Ruprecht die Weihnachtsgeschenke.

Geschichten über Nikolaus

Eine bekannte Legende aus dem 9. Jahrhundert erzählt von den drei Mädchen, deren gottesfürchtiger Vater nichts mehr zu essen für die Familie hatte. In seiner Verzweiflung wollte er seine drei Töchter „zu Liebesdiensten auf die Straße schicken". Um dies zu verhindern, warf Sankt Nikolaus drei Klumpen Gold durch den Kamin der Familie. Sie fielen direkt in die zum Trocknen aufgehängten Socken. Vielleicht stammen daher die Bräuche, am Vorabend des 6. Dezember möglichst große Schuhe vor die Tür zu stellen oder Socken an den Kamin zu hängen.

Eine andere Erzählung besagt, dass es in der Schweiz die Aufgabe des heiligen Mannes war, Kinderwünsche zu erfüllen. Er pflückte dabei die Babys von den Bäumen! Inzwischen hat diese Aufgabe auch dort der Klapperstorch übernommen. Noch eine andere Geschichte erzählt, dass der heilige Nikolaus die Stadt Myra einst vor einer Hungersnot und noch Schlimmeren bewahrte. Seeräuber hatten alle Getreideschiffe gekapert. Die Stadt konnte nicht genug Lösegeld aufbringen. Dafür verlangten die Seeräuber die Kinder der Stadt als Sklaven. Der hl. Nikolaus befreite die Kinder, indem er den Seeräubern den gesamten Kirchenschatz opferte, damit sie fortzogen.

Sei gegrüßt, lieber Nikolaus

Text: Rolf Krenzer, Musik: Detlev Jöcker
aus: Sei gegrüßt, lieber Nikolaus, Menschenkinder Verlag u.Vertrieb GmbH, Münster

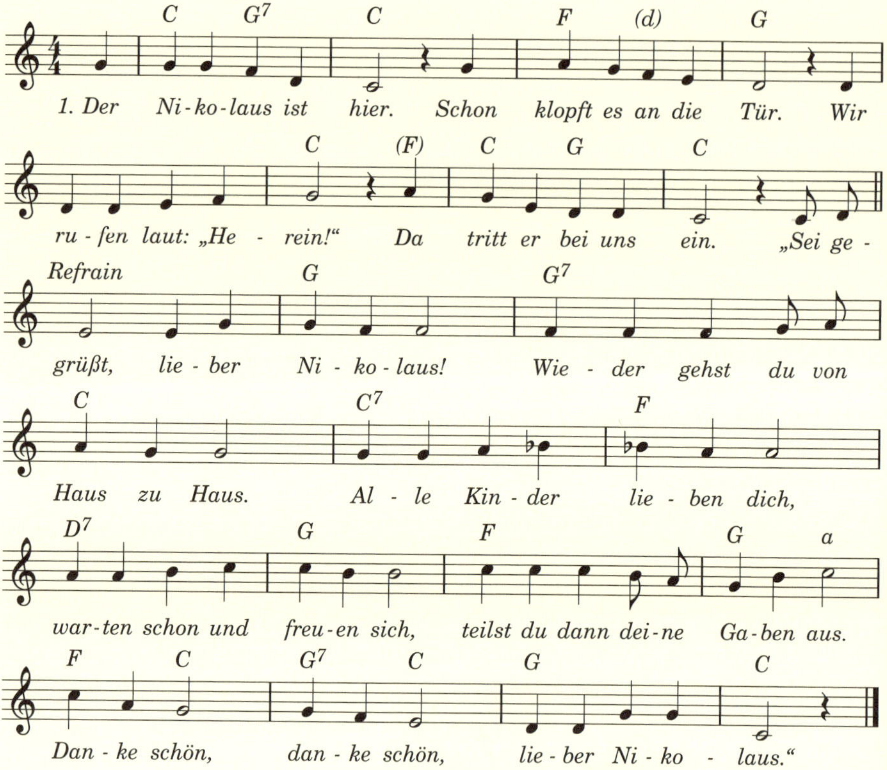

1. Der Ni - ko - laus ist hier. Schon klopft es an die Tür. Wir

ru - fen laut: „He - rein!" Da tritt er bei uns ein. „Sei ge -

Refrain

grüßt, lie - ber Ni - ko - laus! Wie - der gehst du von

Haus zu Haus. Al - le Kin - der lie - ben dich,

war - ten schon und freu - en sich, teilst du dann dei - ne Ga - ben aus.

Dan - ke schön, dan - ke schön, lie - ber Ni - ko - laus."

1. Der Nikolaus ist hier.
   schon klopft es an die Tür.
   Wir rufen laut: „Herein!"
   Da tritt er bei uns ein.

Refrain: „Sei gegrüßt, lieber Nikolaus.
   Wieder gehst du von Haus zu Haus.
   Alle Kinder lieben dich,
   warten schon und freuen sich,
   teilst du dann deine Gaben aus.
   Danke schön, danke schön,
   lieber Nikolaus."

2. Der Nikolaus ist hier.
   Hat jemand Angst vor mir?
   Wir rufen ganz laut: „Nein!"
   Dann komm ich gern herein!

Refr.: „Sei gegrüßt lieber Nikolaus ...

3. Du bist ein lieber Mann!
   Das sieht dir jeder an!
   Siehst wie ein Bischof aus!
   Wie Bischof Nikolaus!

Refr.: „Sei gegrüßt, lieber Nikolaus ...

52

4. Der Bischof Nikolaus
   ging einst von Haus zu Haus.
   Da warn die Kinder froh
   und das ist heut noch so!

Refr.: *„Sei gegrüßt lieber Nikolaus ...*

5. Der Bischof Nikolaus
   teilt' einst die Gaben aus.
   Du machst es ebenso.
   Drum sind wir Kinder froh.

Refr.: *„Sei gegrüßt lieber Nikolaus ...*

6. Musst du dann weitergeh'n
   und sagst auf Wiedersehn,
   geh'n wir mit bis zur Tür
   und alle winken dir.

Refr.: *„Sei gegrüßt lieber Nikolaus ...*

Spielhinweis: Das Lied kann dann eingesetzt werden, wenn eine oder mehrere Nikolaus-Legenden bekannt sind. Ein Kind darf den Nikolaus spielen. Basteln Sie vorweg mit den Kindern einen Bischofsstab sowie alle weiteren Dinge, die er braucht. Wenn das den Heiligen spielende Kind Gaben austeilt, könnte es z.B. Plätzchen weitergeben, die Sie vorher gemeinsam mit den Kindern gebacken haben. Danach darf ein anderes Kind den Nikolaus darstellen. Sie entscheiden, ob das Lied mit oder ohne Refrain gesungen werden soll. Der Refrain kann an die Strophen angefügt werden, kann auch für sich allein als Lied zur Nikolausfeier gesungen werden.

Der Nikolaus als Vorbild

In der Gruppe können Sie mit den Kindern den Nikolaus als Beispiel heranziehen, um gemeinsam zu überlegen, wem die Kinder in der Weihnachtszeit eine Freude machen könnten.

Material: Bilder von Nikolaus und Weihnachtsman

Durchführung: Besorgen Sie sich dazu zwei Bilder. Eines, dass den Nikolaus in Bischofsmontur zeigt und ein weiteres, mit dem Weihnachtsmann mit rotem Mantel. Lassen Sie die Kinder erklären, wer Nikolaus und wer Weihnachtsmann ist und was sie tun. Geben Sie den Kindern eine Anregung, ob sie auch jemandem in dieser Zeit etwas Gutes tun wollen, so wie es der Nikolaus getan hat.

☞ Woher kommt der Weihnachtsmann?

Die Hintergründe für das Auftreten des Weihnachtsmannes liegen im Dunkeln. Vermutungen, dass diese Figur als Gegenpart zum katholischen Nikolaus auf protestantischen Kreise zurückgeht, lassen sich nicht belegen. Das Wort „Weihnachtsmann" ist wahrscheinlich im Zuge der Säkularisierung entstanden, als man auf das Weihnachtsfest trotzdem nicht verzichten wollte und konnte. Heute hat der Weihnachtsmann sowohl Nikolaus als auch das der protestantischen Tradition nahe stehende Christkind mit seinen Gaben weithin ersetzt.

Fragen Sie die Kinder und lassen Sie sie miteinander abstimmen, welche Idee in die Tat umgesetzt werden soll. Um die Auswahl zu verdeutlichen, erhalten die Kinder die Aufgabe, ihre Ideen zu malen.
Alle Bilder verteilen Sie dann auf dem Boden. Jetzt bekommt jedes Kind zwei Legosteine, die es auf die Bilder legt, deren Ideen ihnen am besten gefallen und die es gerne umsetzen möchte. Wenn eine Entscheidung getroffen ist, singen sie noch gemeinsam ein Lied vom Nikolaus.

Der Nikolaus hat keine Zeit

Material: Brief (z.B. Goldpapierumschlag), Glitzersternchen, Tannennadeln, Duftöl

Durchführung: Wenn der Nikolaus nicht persönlich in die Einrichtung kommen kann, lassen Sie ihn doch einen Brief an die Kinder schreiben. Dieser könnte sich z.B. in einem dicken Goldpapierumschlag befinden, aus dem, wenn die Kinder ihn öffnen, kleine Glitzersternchen und Tannennadeln herausfallen. Zufällig ist für jedes Kind ein Sternchen dabei, das es als Andenken mit nach Hause nehmen darf.

Tränken Sie den Brief zuvor mit etwas Duftöl, so dass er nach Zimt oder Tanne riecht. Alle Kinder dürfen daran schnuppern. Lesen Sie den Kindern den Brief vor. Diese erfahren daraus, wo sich die Geschenke, die in einem Jutesack verstaut sind, befinden.

Der Nikolaus kommt

Klangspiel

© *Ortfried Pörsel, aus: Die Wetterhexe. Neue Klanggeschichten, Fidula: Boppard.*

Text:	Instrumente:
1. *Der Nikolaus hat wenig Zeit.* *Er muss sich beeilen. Sein Weg ist weit.*	Handtrommel mit weichem Schlegel
2. *Die Sterne funkeln in dunkler Nacht.* *Da hat er sich auf den Weg gemacht.*	kleine Triangel große Triangel
3. *„Wir rufen ihn mal! Dann kommt er bald* *über Wiesen und Felder, durch den Wald."*	kleine Triangel große Triangel
4. *„Niko-, Tschiko-, Pikolaus!* *Bist du etwa noch zu Haus?"*	Glockenspiel

5. *„Ihr könnt wohl nicht warten?*
   Ich komme ja bald.
   Der Weg ist so holperig hier im Wald."
	Handtrommel mit weichem Schlegel

6. *Da laufen die Kinder ganz schnell weg!* *Ins Haus hinein! In ein Versteck!*	Klanghölzer

7. *Der Nikolaus murmelt in seinen Bart:*
   „Euch lass ich warten,
   weil ihr ungeduldig wart."
	Handtrommel mit weichem Schlegel

8. *Es wird sehr spät. Die Kinder sind müd.* *Sie singen schläfrig das Nikolauslied:*	kleine Triangel große Triangel
9. *„Lasst uns froh und munter sein..."* *Dann ist es still. Sie schlafen ein.*	Glockenspiel – leise ausklingen lassen

10. *Sie träumen vom Nikolaus in der*
    Nacht. Ganz spät hat er auch ihnen
    was Schönes gebracht.
	Triangel und Glockenspiel

Material: Orff-Instrumente

Durchführung: Erzählen Sie den Kindern zunächst einmal die Geschichte. Sprechen Sie erst einmal den Text vor, dann sprechen Sie den Text gemeinsam mit den Kindern und später machen ein oder mehrere Kinder dieses ganz allein. Dabei überlegen Sie mit den Kindern, wie die Rollen verteilt und wie sie durch Instrumente begleitet werden. Dabei können einige Kinder die Rollen sprechen und andere übernehmen die Instrumente. Das erfordert ein hohes Maß an Konzentration. Die Kinder müssen genau beachten, wann sie an der Reihe sind. Die angegebenen Instrumente sind nur Vorschläge und können natürlich von Ihnen und den Kindern geändert werden.

Dem Nikolaus auf der Spur

Sicher werden die Kinder am 6. Dezember aufgeregt in die Einrichtung kommen und nachsehen wollen, ob der Nikolaus etwas in ihre Schuhe oder Socken gesteckt hat.

Vorbereitung: Sie können für Kinder die Spannung noch etwas steigern, indem Sie ihnen ein paar Zeichen des Nikolaus zur Verfügung stellen. Dazu können Sie beispielsweise auf dem Boden der Kita einige Fußspuren gestalten. Nehmen Sie einen großen Gummistiefel, dessen Sohle Sie mit Kreide anmalen. Zeichnen Sie mit diesen Kreidespuren einen Weg auf dem Boden auf. Außerdem kann der Nikolaus noch einige Nüsse oder Schokoladenkugeln verloren haben, die auf dem Weg liegen.

4. Zeit der Geheimnisse

Die Vorweihnachtszeit ist die Zeit der Geheimnisse, der Spannung und der Vorfreude. Je näher Weihnachten heran rückt, desto aufgeregter werden die Kinder. Viele Kinder glauben an den Weihnachtsmann. Sie sind sehr empfänglich dafür, wenn sie auf Veränderungen hingewiesen werden, die von diesem sein können. Wenn Sie diesen Glauben an den Weihnachtsmann unterstützen möchten bzw. wenn Sie diesen befürworten, legen Sie ab und zu Spuren aus, die die Kinder vermuten lassen, dass diese vom Weihnachtsmann stammen. Entdecken Sie mit den Kindern die Grüße, die er hinterlässt.

☞ Christkind oder Weihnachtsmann?

In einigen Regionen Deutschlands bringt das Christkind, in anderen Regionen der Weihnachtsmann zu Weihnachten die Geschenke. Beide Figuren haben sich erst im Laufe der Schenktradition entwickelt und sind längst nicht so alt wie das Weihnachtsfest selbst. Dadurch, dass in der heutigen Zeit immer mehr Menschen umziehen und somit die Regionen wechseln, verwischen sich diese Unterschiede immer mehr.

Im Grunde genommen ist Martin Luther der Urheber der Figur des Christkindes. Er wollte den bis dahin für die Geschenke zuständigen Nikolaus in seinem allgemeinen Kampf gegen die Heiligenverehrung zurückdrängen. Somit verlegte er im Jahr 1535 die bis dahin am Nikolaustag traditionelle Bescherung auf das Weihnachtsfest. Die Gaben brachte von da an nicht mehr der heilige Nikolaus, sondern der „heilige Christ".
Aus dieser Figur entwickelte sich erst nach und nach die verniedlichte Form, das Christkind. Heutzutage wird erzählt, das Christkind sei das neugeborene Jesuskind in der Wiege. Doch dieser Symbolcharakter stimmte zunächst so nicht, sondern es handelt sich bei dem Christkind ursprünglich um eine aus den vielfältigen Weihnachtsumzügen und Krippenspielen entnommene Figur. Weißgewandete Mädchen mit offenem goldenen Haar und einer engelhaften Erscheinung begleiteten Maria und Joseph und das Jesuskind. Die Anführerin dieser Mädchen war häufig das verschleierte „Christkind" und war von den zahlreichen Heiligenbildchen abgeguckt.

Vor allem die Medien haben bei der Berühmtheit des Weihnachtsmannes mitgewirkt. So ist er in den letzten Jahrzehnten zur bekannten Film- und Medienfigur geworden. Richtig berühmt wurde er nach einer Werbe-Aktion von Coca-Cola im Jahre 1931. In der Zeit davor besaß er noch nicht sein bekanntes, typisches Aussehen. So trug er z.B.1809 in dem Buch des Schriftstellers Washington Irving einen „tiefen Hut mit breiter Krempe, eine riesige flämische Kniehose und lange Pfeife". 1822 wird er noch als Nikolaus und als „pausbäckiger, pummeliger, alter Kobold" in dem berühmten Gedicht „A Visit From St. Nicholas" von Clement Moore beschrieben, nach dem viele Zeichnungen angefertigt wurden.

Und erst 1931 beauftragte die „The Coca-Cola Company" den schwedisch-amerikanischen Zeichner Haddon Sundblom, den „Santa Claus" für eine Werbekampagne zu zeichnen. Sundblom schuf nach einer Vorlage des Gesichts eines pensionierten Coca-Cola Fahrverkäufers einen sympathischen „Weihnachtsmann zum Anfassen". Später nahm er sein eigenes Gesicht als Vorlage und kreierte ein Antlitz, das sich schnell um die ganze Erde verbreitete: Die großväterliche Erscheinung mit Pausbacken, stattlichem Rauschebart und einem roten Mantel mit weißem Pelzbesatz.

Heute dient der Weihnachtsmann mehr oder weniger stark als Überbegriff für Father Christmas, Sint Nikoloses, Père Noël, Sinterklaas, Nikolaus oder Santa Claus.

Trotz aller Unterschiede zwischen diesen beiden Figuren gibt es aber auch Gemeinsamkeiten: Der Weihnachtsmann und das Christkind konnten nicht beschenkt werden. Die Kinder konnten sich auch nicht bedanken. Konkrete Wünsche per Wunschzettel hatten nicht zwingend Erfolg, denn sie wussten nicht, ob und was sie bringen würden. Hierfür war es wichtig, artig zu sein. Das war dann auch der Weg für die Kinder, um sie sich zu bedanken. Über die restliche Zeit des Jahres waren beide Figuren in unerreichbarer Ferne. Entweder lebten sie im Himmel oder in einem riesigen Wald weit im Norden und kamen nur zu Weihnachten zu den Menschen.

Eine von beiden Figuren bringt dann die Weihnachtsgeschenke und eben nicht die Eltern, Großeltern, Tanten und Onkels. Die beschenkten Kinder bleiben bei beiden Versionen in Unwissenheit darüber, wer die eigentlichen Gabenbringer sind. Sie bekommen sie nicht zu sehen.

Vom Weihnachtsmann, der das Fest fast verschlafen hätte

Sein Schnarchen hört man überall,
weithin in Flur und im Stall.

Rentiere scharren, schnaufen und streiten,
sie wollen ihn auf dem Schlitten begleiten.

Er ist noch nicht wach,
da machen sie Krach.

Der Weihnachtsmann hört dies und springt aus dem Bett,
weil er doch beinah verschlafen hätt'.

Schnell zieht er sich Schuhe und Mantel an,
dann holt er den Schlitten und bindet die Rentiere an.

Er setzt sich hinein, schnell muss er los,
er bringt für alle Geschenke, ob Klein oder Groß.

Wunschzettel an den Weihnachtsmann

Material: Papier, Umschläge, Buntstifte, Kataloge, Kleber, Schere

Durchführung: Setzen Sie sich mit den Kindern zusammen. Die Kinder, die möchten, zählen ihre Wünsche auf. Wahrscheinlich werden sehr viele materialistische Wünsche dabei sein. Vielleicht werden aber auch Dinge genannt, die nicht durch Geld zu erfüllen sind. Weisen Sie die Kinder in dem Gespräch auf die Unterschiede hin, ohne dabei die jeweiligen Wünsche zu werten.
Im Anschluss an das Gespräch hat jedes Kind die Möglichkeit, seine Wünsche auf einem Wunschzettel aufzumalen, aufzuschreiben oder aus Katalogen auszuschneiden und aufzukleben. Geben Sie ihnen dazu ein Blatt Papier und einen Umschlag. Wenn die Kinder ihren Wunschzettel fertig haben, stecken Sie ihn in den Umschlag und legen oder hängen ihn an einen vorher bestimmten Platz, von dem er vom Weihnachtsmann abgeholt werden kann.

Zusammenarbeit mit den Eltern

Hinweis: Erzählen Sie den Eltern von Ihrem Vorhaben, mit den Kindern Wunschzettel zu schreiben. Fragen Sie sie, ob sie bereit wären, die Aktion mit zu unterstützen, in dem sie diese weiterführen. Das kann so aussehen, dass sie ein oder mehrere Wünsche von dem Zettel erfüllen. Spannend wäre es, wenn die Kinder am Heiligen Abend nicht nur die Geschenke, sondern auch noch einen Brief vom Weihnachtsmann erhalten würde. Dieser könnte folgendermaßen lauten:

Liebe/r......
Ich habe Deinen Wunschzettel erhalten. Wie Du weißt, versuche ich ja allen Kindern ihre Wünsche zu erfüllen. Da das manchmal sehr viele sind, ist es für mich sehr schwer, alle Geschenke mitzubringen. So viel Platz ist nicht auf meinem Schlitten. Ich habe aber Deine Wünsche nicht vergessen und hoffe, dass Dir das, was ich Dir mitgebracht habe, gefällt.

Viele Grüße
vom Weihnachtsmann

Durchführung: Wenn die Resonanz bei den Eltern positiv ist, erhalten sie im Anschluss an die Aktion den Wunschzettel ihres Kindes sowie den Brief vom Weihnachtsmann, den Sie zuvor vorbereitet haben. Die Übergabe zwischen Ihnen und den Eltern geschieht natürlich heimlich, also ohne Wissen und Beisein der Kinder. Für die Kinder wird die Situation z.B. so aussehen:
Nach dem die Wunschzettel einige Tage in der Gruppe gelegen haben und sie jeden Morgen nachsehen, ob sie noch da sind, erleben sie eine Überraschung. An einem Morgen sind die Wunschzettel verschwunden. Die Aufregung wird groß sein. Vor allem, wenn stattdessen ein schön verzierter Brief vom Weihnachtsmann dort liegt. Diesen haben natürlich Sie verfasst und gestaltet. Wenn alle Kinder versammelt sind, lesen Sie den Brief vor.

Liebe Kinder,
vielen Dank für Eure Briefe. Ich habe sie mitgenommen und werde sie mir in Ruhe ansehen. Da ich noch so viel für Weihnachten vorbereiten muss, hatte ich leider keine Zeit, etwas länger bei Euch zu bleiben.

Viele Grüße
vom Weihnachtsmann

Die Kinder werden bestimmt stolz sein, einen Brief vom Weihnachtsmann erhalten zu haben. Hängen Sie ihn in die Gruppe, damit ihn die Kinder jeden Tag ansehen können.

Die besondere Fensterbank

Material: variabel, nach den räumlichen Möglichkeiten und nach den Vorschlägen der Kinder

Durchführung: Erzählen Sie den Kindern, dass der Weihnachtsmann vielleicht einmal vorbei kommt und heimlich durch ein Fenster sieht. Um ihm eine Freude zu machen, schmücken Sie gemeinsam mit den Kindern eine Fensterbank. Überlegen Sie mit ihnen, wie diese aussehen soll. Greifen Sie die Vorschläge und Ideen der Kinder auf und versuchen Sie diese weitestgehend mit ihnen zusammen umzusetzen.

Fortführung: Die Gestaltung der Fensterbank muss nicht an einem Tag fertig sein. Die Dekoration kann sich im Laufe der Weihnachtszeit auch verändern. Nutzen Sie die Fensterbank, um die Wunschzettel der Kinder hinzulegen. Außerdem kann dies der Platz sein, an dem der Weihnachtsmann ab und zu etwas für die Kinder hinterlassen könnte.

Zaubernüsse

Hinführung: Zaubernüsse beherbergen ein geheimnisvolles Inneres. Gerade in der Zeit der Geheimnisse eignen sie sich gut, um die Kinder damit zu überraschen. Wenn Sie die Nüsse auf die dekorierte Fensterbank legen oder hängen, werden die Kinder diese bestimmt schnell entdecken. Die Aufregung wird groß sein. Wer könnte denn die Nüsse dort hingehängt haben? Wenn Sie beteuern, dass Sie sich auch nicht erklären können, wo die Nüsse herkommen, werden die Kinder wahrscheinlich nach Erklärungen suchen und Vermutungen äußern. Vielleicht ist es ja ein Gruß vom Weihnachtsmann?

Material: Walnüsse, Satinband, Klebstoff, ggf. Gold- oder Silberfarbe, Papier, kleine Figuren, Murmeln ...

Herstellung: Knacken Sie die Walnüsse vorsichtig, so dass die Schale heil bleibt und nehmen Sie die Nusskerne heraus.
Legen Sie in die Schale ein Nuss-Geheimnis, z.B. kleine Zettel mit einer Nachricht oder einem Gedicht, kleine Figuren oder eine Murmel. Anschließend legen Sie noch ein Stück Satinband hinein. Achten Sie darauf, dass es noch ein Stück herausschaut. Bestreichen Sie die Schalenränder mit Klebstoff und kleben Sie die Nuss wieder zu. Wenn Sie möchten, bemalen Sie die Nüsse noch mit Gold- oder Silberfarbe.

So viel Heimlichkeit
Unbekannter Verfasser

So viel Heimlichkeit
in der Weihnachtszeit,
meine Puppe ist verschwunden,
hab' nicht mal den Bär gefunden.
So viel Heimlichkeit
in der Weihnachtszeit.
So viel Heimlichkeit in der Weihnachtszeit.
Hänschens Eisenbahn ist weg.
steht nicht mehr am alten Fleck.
So viel Heimlichkeit
in der Weihnachtszeit.
So viel Heimlichkeit
in der Weihnachtszeit,
in der Küche riecht's so lecker,
ähnlich wie beim Zuckerbäcker.
So viel Heimlichkeit
in der Weihnachtszeit.

Gruppenwunschzettel

Hinführung: Alternativ zu einem individuellen Wunschzettel können alle Kinder auch einen gemeinsamen Wunschzettel gestalten. Dazu tauschen sich die Kinder in einem gemeinsamen Gespräch darüber aus, was sie sich für die Gruppe wünschen. Schreiben Sie alles auf, was die Kinder nennen. Möglicherweise wird es um die eine oder andere Nennung eine Diskussion geben. Mischen Sie sich nur ein, wenn es wirklich nötig ist. Ansonsten ist die Diskussion zwischen den Kindern eine wichtige Lernerfahrung.

Material: Papier, Stift, kleine Kärtchen, Klebepunkte

Durchführung: Wenn alle Wünsche genannt sind, lesen Sie alle noch einmal vor. Für jeden aufgeschriebenen Wunsch überlegen sich die Kinder ein Symbol. Teilen Sie dazu die Kinder in Kleingruppen auf. Jede Gruppe malt dann eine bestimmte Anzahl von Symbolen auf kleine Kärtchen auf. Diese werden anschließend auf ein großes Plakat geklebt, das für alle gut sichtbar in Gruppenraum aufgehängt wird. Um sicher zu gehen, dass alle um die Bedeutung der Symbole wissen, nennen die Kinder diese noch einmal.

Lassen Sie die Kinder zählen, wie viele Wünsche zusammengekommen sind. Ihnen werden bestimmt reichlich Wünsche einfallen. Erzählen Sie den Kindern, dass der Weihnachtsmann nicht so viele Geschenke tragen kann, da er auch noch für andere Kinder etwas mitbringen muss. Deshalb müssen sie sich entscheiden, welche drei Wünsche ihnen am Wichtigsten sind. Geben Sie jedem Kind drei Klebepunkte. Nacheinander kleben sie nun ihre Punkte an die Symbole, die ihnen als Wünsche für die Gruppe am wichtigsten sind. Hierbei dürfen sie auch alle drei Punkte an ein Symbol kleben.

Die Bilder, auf denen zum Schluss die meisten Punkte kleben, sind die gewählten drei Wünsche. Die Kinder, die Lust haben, gestalten mit den Ergebnissen der Wahl einen Wunschzettel. Dieser wird anschließend der Gruppe vorgestellt. Überlegen Sie nun gemeinsam mit den Kindern, wie sie den Wunschzettel dem Weihnachtsmann zukommen lassen wollen. Soll der Brief irgendwo hingelegt werden, dass ihn der Weihnachtsmann abholt oder wollen ihn die Kinder direkt zu ihm hinschicken?

Wunschzettellied

Text: Rolf Krenzer / Musik: Detlev Jöcker
Aus: Kleine Kerze leuchte. Menschenkinder Verlag und Vertrieb GmbH, Münster

1. Was wünscht sich das Büb-chen: Ei-nen Fuß-ball, ein Spiel, ei-nen Schlit-ten und ein Au-to und da-zu noch so viel, und da-zu noch, da-zu noch, da-zu noch so viel.

1. Was wünscht sich das Bübchen:
   Einen Fußball, ein Spiel,
   einen Schlitten und ein Auto
   und dazu noch so viel,
   und dazu noch, dazu noch,
   dazu noch so viel.

2. Was wünscht sich das Mädchen:
   Einen Ring, schicke Schuh,
   neue Kleider und ein Fahrrad
   und noch vieles dazu,
   und noch vieles, noch vieles,
   noch vieles dazu.

3. *Was wünscht sich der Papa:*
Gans mit Klößen dazu,
viele Platten, viele Bücher
und den ganzen Tag Ruh,
und den ganzen, den ganzen,
den ganzen Tag Ruh.

4. *Was wünscht sich die Mama:*
Keinen Zank, keinen Streit,
etwas Schnee und gute Laune
und für jeden viel Zeit,
und für jeden, für jeden,
für jeden viel Zeit.

5. *Was wünscht sich das Mäuschen:*
Einen sicheren Platz,
etwas Speck, Wurst und auch Käse,
und dann Ruh vor der Katz,
und dann Ruh vor, dann Ruh vor,
dann Ruh vor der Katz.

Adressen vom Weihnachtsmann

Es gibt viele Möglichkeiten dem Weihnachtsmann den Wunschzettel bzw. einen Brief zukommen zu lassen. Allein in Deutschland hat er acht Poststellen. Entscheiden Sie, an welche der folgenden Adressen die Kinder ihren Brief an den Weihnachtsmann schicken:

An den Weihnachtsmann
St. Nikolaus
66352 Großrosseln

An den Weihnachtsmann
In Himmelsthür
31137 Hildesheim

An den Weihnachtsmann
21709 Himmelpforten

An den Weihnachtsmann
97267 Himmelstadt

An den Weihnachtsmann
Nikolausdorf
49681 Garrel

An den Weihnachtsmann
51766 Engelskirchen

An den Weihnachtsmann
16798 Himmelpfort
In dem traditionellen Weihnachtspostamt beantwortet der Weihnachtsmann bis Heiligabend die Briefe von Kindern aus aller Welt.

An den Weihnachtsmann
99713 Himmelsberg

Damit der Brief beantwortet wird, sollten Sie nicht vergessen, Rückporto beizulegen.

Wenn Sie es etwas exotischer möchten, haben Sie die Möglichkeit, die Weihnachtspost zu schicken an, z.B.:

Nordpol - Grönland:
Santa Claus Nordpolen
Julemandens Postkontor
DK-3900 Nuuk

Schweden:
Santa Claus
Santa World
S-Mora – Schweden

Finnland:
Santa's Main Post Office
FIN-96930 NAPAPIIRI

Joulupukki
MAAKUNTAKATU 10
SS-96100 Rovaniemi

Norwegen:
Julenissen
N-1440 Drøbak
Drøbak ist die Weihnachtsstadt Norwegens. Direkt am Marktplatz stehen das Weihnachtshaus und das Postamt des Julenisse = Weihnachtsmann. Dort befindet sich das einzige offizielle Warnschild vor Weihnachtsmannwechsel.

Das Christkind hat eine E-Mail-Adresse: Himmelstadt.christkind@web.de

5. Zeit der Rituale – Rituale entwickeln sich

Erinnern Sie sich noch an die Rituale aus Ihrer Kindheit? Was verbinden Sie damit? Verbinden Sie mit Ihren Erinnerungen nicht ein Gefühl der Geborgenheit?

Durch das feste Zeremoniell geben uns Rituale etwas, woran wir uns noch viele Jahre später gut erinnern können.

Rituale waren für Kinder schon immer notwendig, sind aber heute besonders wichtig. Kinder erleben in unserer Gesellschaft oftmals Schnelllebigkeit, Hektik und Zeitdruck. Dabei brauchen sie feste Strukturen und Wiederholungen. Wiederkehrendes gibt Orientierung, Sicherheit und schafft Vertrauen.

Die Advents- und Weihnachtszeit ist wie kaum eine andere Zeit im Jahreskreislauf reich an Ritualen. Es gibt allerdings nicht „die" Weihnachtszeit. Rituale können sehr verschieden sein. Sie richten sich nach Region, Lebensstil, persönlichen und familiären Prägungen.

Gespräch über Familienrituale

Durchführung: Setzen Sie sich mit den Kindern zusammen und fragen Sie diese, wie sie Weihnachten mit ihrer Familie verbringen. Helfen Sie den Kindern durch gezieltes Nachfragen, sich an die vorangegangen Feste zu erinnern wie z.B.:

* Sucht ihr den Weihnachtsbaum mit aus? Schmückt ihr ihn mit oder ist es eine Überraschung und ihr dürft ihn erst sehen, wenn er fertig geschmückt ist?
* Wo verbringt ihr Heilig Abend? Zuhause?
* Feiert ihr allein oder kommen Verwandte zu euch, um den Abend gemeinsam mit euch zu verbringen?
* Geht ihr an dem Tag in die Kirche?
* Wann bekommt ihr Eure Geschenke? Esst ihr erst zusammen und dann bekommt ihr die Geschenke oder dürft ihr sie vorher schon öffnen?
* Singt ihr mit euren Eltern Lieder vor dem Weihnachtsbaum?

Natürlich sollten Sie nur die Kinder direkt ansprechen, die auch Bereitschaft signalisieren zu erzählen. Auf jeden Fall ist ein solches Gespräch, bei dem sich die Kinder direkt mit der familiären Situation zu Weihnachten auseinandersetzen, auch ein guter Einstieg am Beginn der Adventszeit. Durch die Auseinandersetzung mit den Fragen, findet eine Einstimmung auf das Thema ein. Weitere Fragen hierfür könnten z.B. sein:

* Habt ihr zu Hause einen Adventskranz?
* Wie sieht er aus?
* Wann wird denn eine Kerze angezündet?
* Wer hat einen Adventskalender und wie sieht er aus?
* Backt Ihr Kekse in der Adventszeit?

Eigene Rituale schaffen

Hinweis: Schaffen Sie mit den Kindern zusammen eigene Rituale in der Adventszeit. Rituale sowie auch Feste leben davon, dass sie besondere Orte und Zeiten haben, die sich wiederholen, auf die wir Menschen uns verlassen können. Ideen für Kita-Rituale könnten z.B. sein:

* Stimmungsvoller Tagesbeginn: Wenn Sie Kolleginnen im Team haben, die besonders musikalisch sind, könnten Sie die Tage in der Adventszeit mit stimmungsvoller Musik einleiten. Es wäre doch eine schöne Geste, wenn Sie die Kinder und Eltern empfangen, indem ein oder zwei Kolleginnen auf einer Blockflöte oder einem anderen Instrument täglich ca. 10 bis 20 Minuten Weihnachtslieder spielen. Vielleicht beginnen die Kinder und Eltern ja sogar mitzusingen.

* Tägliches Vorlesen einer Geschichte: Lesen Sie den Kindern in gemütlicher Atmosphäre täglich zur gleichen Zeit eine Geschichte vor. Vielleicht haben Sie im Raum eine behagliche, kuschelige Stelle, an der Sie es sich mit den Kindern zum Vorlesen bequem machen. Falls nicht, überlegen Sie mit den Kindern zusammen, wie und wo ein solch gemütlicher Vorleseort entstehen könnte. Sammeln Sie die Ideen und setzen Sie diese gemeinsam um.
  Tipp: Mit Matratzen, vielen Kissen, Lichterketten und Tüchern verzaubern Sie eine nüchterne Gruppenecke in ein einladendes Geschichtenzelt.

* Tägliches Knacken einer Zaubernuss: Jeden Morgen hängt eine neue Nuss in der dekorierten Fensterbank, die in einer gemeinsamen Runde geknackt wird. In jeder Nuss befindet sich ein Gutschein für eine gemeinsame Aktion, z.B. eine Geschichte hören, Kekse backen, ein Weihnachtslied singen, ein Spiel spielen, eine Phantasiereise machen, einen Brief an den Weihnachtsmann schreiben, ein Hexenhaus gestalten.
  Die Zaubernüsse können auch als Adventskalender gestaltet werden. Besorgen Sie eine Konifere oder einen kleinen Tannenbaum, an den Sie die nummerierten und präparierten Nüsse hängen.
  Schreiben Sie die Namen der Kinder auf Zettel und bewahren Sie diese in einem Säckchen auf. Jeden Tag wird ein Name gezogen. Das jeweilige Kind

darf die Nuss mit der entsprechenden Nummer abmachen und knacken. Lesen Sie den Gutschein vor. Die gemeinsame Aktion erfolgt im Anschluss.

✫ Glöckchenklingeln läutet Ritual ein: Besorgen Sie ein Glöckchen oder ähnliches. Wählen Sie mit den Kindern einen besonderen Platz dafür aus. Dies darf nur geläutet werden, wenn Sie die Kindern zum täglichen Treffen für das Ziehen des Adventskalenders oder für die Geschichte zusammen holen wollen.
Vereinbaren Sie mit ihnen, wie sie sich verhalten sollen, wenn sie das Glöckchen hören, z.B. dass sie in die Vorleseecke gehen.

✫ Kerzen anzünden: Verzichten Sie in dieser Zeit – wenn möglich – auf grelles, künstliches Licht. Ersetzen Sie es durch Kerzenschein und Lichterketten. Diese Form der Beleuchtung schafft eine heimelige Atmosphäre, die auf die Kinder eine beruhigende und ausgleichende Wirkung hat. Bestimmt werden sie hin und wieder an den Tisch mit den Kerzen kommen und fasziniert in die Flamme schauen.
Zünden Sie Kerzen auf dem Adventskranz an, wenn Sie sich mit den Kindern dem Adventskalender zuwenden und z.B. eine weitere Nuss knacken. Achten Sie darauf, dass Sie die entsprechenden Kerzen erst anzünden, wenn der jeweilige Adventssonntag gewesen ist. D.h., sparen Sie nicht mit den Kerzen, in dem Sie jeden Tag eine andere Kerze anzünden, um ein gleichmäßiges Abbrennen zu erzielen. Zünden Sie bis zum zweiten Advent nur immer dieselbe Kerze an. Für die Kinder ist es besser nachvollziehbar, wenn nicht alle Dochte angezündet werden, da sie so sehen können, wie lange es noch bis zum vierten Advent bzw. bis Weihnachten dauert.

✳ **Festrituale:** Ein Fest wird erst dann zum Fest, wenn jeder einzelne etwas dazu beiträgt. Machen Sie den Kindern deutlich, dass das Geben ein wesentlicher Sinn eines Festes. Je mehr Sie die Kinder beteiligen, desto mehr Verantwortung und Gefühl entwickeln sie dafür. Durch die innere und äußere Beteiligung jedes einzelnen, empfinden es die Kinder als „ihr" Fest. Dazu einige Beispiele:

- Tischdekoration zusammen gestalten,
- Essen gemeinsam vorbereiten,
- gemeinsam den Tisch decken,
- Tischsprüche vor Beginn des Essens gemeinsam aufsagen,
- ein Lied zusammen singen ...

6. Zeit der Stille – Zeit zum stille werden

Die Weihnachtszeit ist für die Kinder mit Spannung verbunden. Vieles ist geheimnisvoll. Die Zeit des Wartens auf den Heiligen Abend wird von Tag zu Tag intensiver erlebt, wodurch die innere Aufregung angesichts des bevorstehenden Ereignisses wächst.
Deshalb ist es von großer Bedeutung, dass Sie Entspannungsphasen in den Tagesablauf einplanen. Die Kinder erleben es als angenehme Erholung, wenn sie Stille bewusst wahrnehmen, ein paar Minuten innehalten, sich auf sich selbst besinnen und zur inneren Ruhe finden können.
Genießen auch Sie diese Stille-Momente und vergessen Sie die vielleicht noch anstehenden Weihnachtsvorbereitungen bzw. die betriebsame Hektik.
Zusammen werden Sie neue Kräfte tanken.
Die Möglichkeiten, zur Ruhe zu finden, sind vielseitig: Zum Beispiel bei einem Spaziergang durch die winterliche Landschaft, bei gezieltem Sammeln von Naturmaterialien, beim Legen oder Malen von Mandalas, beim Rückzug in eine Kuschelecke, bei einer Traumreise oder auch beim gemütlichen Vorlesen.

Wiederholungen beruhigen

Hinweis: Vielleicht entdecken Sie bei den Kindern eine besondere Vorliebe für eine Form der Stille-Übung. Wenn das der Fall ist, wiederholen Sie das Angebot ruhig an mehreren Tagen. Kinder lieben Bekanntes. Durch den Wiedererkennungswert fällt es den Kindern leichter, sich darauf einzulassen und sich vielleicht auch fallen zu lassen.
Eventuelle Befürchtungen, die Kinder zu langweilen, werden sich nicht bestätigen. Denn durch das Vertraute erleichtern Sie es den Kindern, zur Ruhe zu finden.

Tipps für Stille-Momente

Hinweis: Um zur inneren Ruhe zu finden, ist es unerlässlich, dass Sie eine angenehme Atmosphäre schaffen. Dazu einige Beispiele:

* ✶ Räumen Sie zur Vorbereitung gemeinsam mit den Kindern das Zimmer auf.
* ✶ Gestalten Sie es zusammen gemütlich, z.B. legen Sie Matratzen, Kissen und Decken aus, auf denen es sich die Kinder anschließend bequem machen.
* ✶ Verdunkeln Sie den Raum oder dämmen Sie das Licht.
* ✶ Zünden Sie eine Kerze an.
* ✶ Sorgen Sie dafür, dass keine Störgeräusche von außen zu hören sind.
* ✶ Die Kinder sollten freiwillig daran teilnehmen.
* ✶ Führen Sie Angebote nach Möglichkeit in Kleingruppen durch.
* ✶ Besonders bei Traumreisen und bei Mandalas bietet es sich an, die Kinder mit Atem- oder einfachen Meditationsübungen einzustimmen.
* ✶ Achten Sie darauf, dass die Einführung nicht zu lange dauert.

Stille-Licht

Hinweis: Feuer fasziniert. Schon allein das Anzünden eines Streichholzes oder einer Kerze lässt die Kinder einen Moment verharren. Gespannt verfolgen sie, wie sich das Streichholz entzündet. Ein kurzes Zischen und schon brennt das Holzstückchen. Das Streichholz- bzw. Kerzenanzünden können Sie zum täglichen Ritual werden lassen.

Durchführung: Wählen Sie mit den Kindern eine besonders schöne Kerze aus, die zum Stille-Licht wird. Jeden Tag, wenn Sie ein Streichholz entzünden, weisen Sie die Kinder an, ihre Aufmerksamkeit auf die Flamme zu richten. Mit der Flamme entfachen Sie nun das Stille-Licht. Dadurch, dass die Kinder ihre völlige Aufmerksamkeit auf die Kerze richten, leiten Sie sie zur Stille an.

Tipp: Das Stille-Licht könnte z.B. die nachfolgenden Angebote einleiten und die Kinder zur Ruhe einstimmen.

Winterspaziergänge

Erleben Sie mit den Kindern den Winter. Machen Sie mit ihnen Spaziergänge durch die Natur. Die verschiedenen Wetterbedingungen helfen Ihnen, die Spaziergänge unter ein unterschiedliches Motto zu stellen.

Bei trockenem Wetter

Durchführung: Gehen Sie mit den Kindern in den Wald und sammeln Sie gemeinsam Naturmaterialien. Bevor sich die Gruppe trennt und sich jedes Kind selbst auf die Suche macht, sammeln Sie verschiedene Naturmaterialien, z.B. Kiefern- und Tannenzapfen, Stein, Stock, Rindenstücke, Wurzeln. Breiten Sie diese auf einem mitgenommenen Tuch aus. Die Kinder stehen um das Tuch herum. Zeigen Sie Ihnen, worauf Sie beim Sammeln geachtet haben, z.B., dass die Gegenstände trocken sind. Als schlechtes Beispiel legen Sie noch einen nassen oder morschen Zapfen oder Ast dazu. Ermuntern Sie die Kinder, sich die Gegenstände genau anzusehen und auch anzufassen.
Anschließend geben Sie jedem Kind eine eigene Tüte bzw. eine Tasche, damit es seine Schätze in Ruhe auswählen und sammeln kann. Bei diesem Sammeln vertieft sich das Kind ganz in das Suchen und Finden. Es kommt zur Ruhe.

Tipp: Überlegen Sie sich vorher, wofür die Kinder die Naturmaterialien sammeln. Wenn sie diese für den Bau und die Gestaltung einer Krippenlandschaft benötigen, brauchen Sie nicht so viel wie zum Legen von Mandalas.

Frostwetter

Hinführung: Machen Sie sich mit den Kindern auf, um die Spuren des Frostes zu suchen. Bevor Sie losgehen, überlegen Sie gemeinsam, was der Frost ist und woran er in der Natur zu erkennen ist. Aussagen der Kinder können beispielsweise sein: der Frost ist weiß, er ist kalt, er macht den Boden und die Blätter weiß, er friert Pfützen und Seen zu, er macht Eiszapfen.

Tipp: Falls die Kinder Schwierigkeiten haben, die Eigenschaften des Frostes zu nennen, helfen Sie ihnen durch gezielte Nachfragen, z.B.: Welche Farbe hat der Frost? Ist er kalt oder warm?

Durchführung: Nach dieser Vorbereitung gehen Sie mit den Kindern los. Geben Sie ihnen die Aufgabe, nach den Spuren des Frostes zu suchen. Wenn jemand eine gefunden hat, sagt er den anderen Bescheid. Mögliche Situationen:

✴ Verweilen Sie mit den Kindern an gefrorenen Blättern. Ermuntern Sie sie, die Blätter anzufassen und genau zu erkunden. Wie fühlen sie sich an? Riechen sie?

✴ Wie fühlen sich gefrorene Pfützen oder flache Wasserstellen an? Die Kinder probieren aus, darauf zu rutschen.

Schneewetter

Hinweis: Erkunden Sie mit dem Kinder die Landschaft, wenn alles mit dem Mantel einer Schneedecke verhüllt ist. Nehmen Sie sich Zeit, sich gemeinsam einmal genau eine verschneite Tanne anzusehen. Regen Sie die Kinder zum Philosophieren an. Wie sieht die Tanne aus? Um ihnen den Einstieg zu erleichtern, sagen Sie z.B., dass für Sie die Tanne aussieht, als wäre sie mit Zuckerguss überzogen. Ermuntern Sie nun die Kinder selbst ihre Phantasie zu nutzen.
Weitere Möglichkeiten, Stille im Schnee zu erfahren:

✴ Die Kinder schließen die Augen und versuchen Geräusche zu hören. Singt ein Vogel? Fährt ein Auto? Ist alles mucksmäuschenstill?

✴ Die Kinder malen für sich mit Fingern oder langen Stöcken etwas in den Schnee

✴ Sie bauen einen eigenen kleinen Schneemann entweder allein oder in kleineren Gruppen.

✴ Sie entdecken die Eigenschaften des Schnees. Jedes Kind nimmt sich eine große Handvoll Schnee. Sagen Sie ihnen, was sie damit machen sollen, z.B. daran riechen, ihn mit den Fingern fühlen. Den Schnee mit dem Gesicht berühren, Ist er hart oder weich? Wie fühlt er sich an? Wie schmeckt der Schnee? usw.

Dokumentation der Spaziergänge

Durchführung: Unter dem Titel „Stille bei einem Winterspaziergang erleben" können Sie beispielsweise die Kinder in solchen Situationen fotografieren, in denen sie innehalten bzw. sich einer Sache konzentriert widmen.

Nach dem Motto weniger ist mehr, wählen Sie später nur einige der entwickelten Fotos zu der Überschrift aus und gestalten daraus eine ansprechende Dokumentation.

Hinweis: Solche Momentaufnahmen zeigen den Eltern ihr Kind in Aktion. Außerdem präsentieren Sie ihnen Ihr pädagogisches Ziel, das Sie mit den Spaziergängen verfolgen

Ausflug unter dem weihnachtlichen Sternenhimmel

Hinweis: Je näher die Zeit an Weihnachten rückt, umso kürzer werden die Tage. Es wird erst spät am Morgen hell und schon früh in den späten Nachmittagsstunden dunkel. Vielleicht haben Sie mit den Kindern die Möglichkeit, im Dunkeln eine kleine Wanderung mit anschließendem Sternengucken durchzuführen.

Vorbereitung: Damit die Sternenshow zum unvergesslichen Erlebnis für alle Beteiligten wird, sollten Sie bei Ihrer Planung einige allgemeine Dinge beachten:

- ✴ Stellen Sie sich darauf ein, dass Sie bei der Planung der Wanderung im Bezug auf den geeigneten Tag flexibel sein müssen, damit Sie wirklich mit den Kindern einen klaren Sternenhimmel vorfinden.
- ✴ Suchen Sie sich einen Weg weitab von vielen Straßen- und Häuserlichtern aus. Je dunkler die Umgebung ist, desto stärker wirkt das Leuchten der Sterne.
- ✴ Weisen die Eltern darauf hin, dass sie darauf achten, ihre Kinder richtig warm anzuziehen. Die Tour macht niemanden Spaß, wenn er dabei frieren würde.
- ✴ Beachten Sie, dass die Wanderung im Dunkeln nicht nur für die Kinder spannend ist, sondern auch Ängste auslösen kann.
  Sprechen Sie deshalb mit den Kindern. Erklären Sie ihnen kurz den Ablauf, um ihnen Unsicherheiten zu nehmen. Fragen Sie sie, wer mit welchem Partner gehen möchte. Besonders ängstliche Kinder sollten Sie selbst an die Hand nehmen. Je mehr Orientierung die Kinder bekommen, desto sicherer werden sie sich fühlen.

* ✶ Erlauben Sie den Kindern, dass sie Taschenlampen für den Weg mitnehmen.
* ✶ Gehen Sie vorweg den Weg ab. Auf diese Weise können Sie besser einplanen, wie viel Zeit Sie benötigen und wo Sie den Stopp für das Sternengucken einlegen wollen. Wegen möglicher Kälte sollten der Weg und die Dauer der Durchführung nicht zu lang sein.

Weiter nun einige Tipps für die konkrete Vorbereitung:

* ✶ Planen Sie für den Sternenstopp ein gemütliches kleines Picknick ein. Packen Sie hierfür in einen Hand- bzw. Bollerwagen folgende Sachen: Große Folien als Untergrund zum Sitzen, viele Decken zum Draufsetzen und evtl. zum Zudecken, Thermoskannen mit warmem Tee oder Kakao, Becher, Kekse.
* ✶ Fertigen Sie für jedes Kind eine leuchtende Sternenkette an, die Sie feierlich nach dem Sternengucken als Erinnerung überreichen.
  Besorgen Sie dazu phosphoreszierendes Fimo (im Bastelladen erhältlich). Kneten Sie es weich und formen Sie daraus für jedes Kind einen kleinen Stern. Stechen Sie jeweils durch eine der Sternzacken mit einem Zahnstocher o.ä. ein Loch. Durch dieses ziehen Sie nach dem Backen der Sterne ein langes Band durch, das Sie an den Enden zusammenknoten. Fertig ist die Sternenkette. Nach dem Anleuchten der Sterne mit einer Taschenlampe werden sich alle Kinder stolz mit ihrem leuchtenden Stern auf den Rückweg machen.

Durchführung: Und hier noch einige Tipps für den Ausflug selbst:

* ✶ Nachdem Sie mit den Kindern bei dem geplanten Stopp eingetroffen sind, breiten Sie die Plastikfolien auf dem Boden aus, auf die Sie anschließend die Decken legen. Achten Sie darauf, dass jedes Kind im Anschluss Platz auf einer Decke findet.
* ✶ Entscheiden Sie, ob Sie den Kindern gleich zu Beginn das warme Getränk anbieten oder erst zum Schluss.
* ✶ Gucken Sie nun gemeinsam in den Sternenhimmel. Bewundern Sie mit den Kindern das Glitzern und Funkeln der vielen tausend Sterne.
* ✶ Erkennen die Kinder Sternenbilder, wie beispielsweise den kleinen oder großen Wagen oder die Milchstraße? Weisen Sie die Kinder auf die Sternenbilder hin, die Sie kennen. Vielleicht entdeckt ein Kind auch etwas anderes Interessantes am Himmel. Lassen Sie Sterne suchen, die besonders schwach oder hell leuchten sowie Orte, wo viele Sterne dicht zusammenstehen. Lassen Sie die Kinder den Stern suchen, der am hellsten leuchtet. Vielleicht haben Sie ja auch das besondere Glück, eine Sternschnuppe zu sehen. Je mehr sich die Kinder mit dem Sternhimmel beschäftigen, desto intensiver werden die Eindrücke.

* Erzählen Sie ihnen, dass Sterne den Menschen als Wegweiser dienen bzw. auch gedient haben. Fragen Sie sie, ob sie schon mal etwas über den Stern von Bethlehem gehört haben. Teilen Sie ihnen mit, dass dieser Stern die Weisen zum Jesuskind geführt hat. Der Stern von Bethlehem wird deswegen auch Weihnachtsstern genannt.

Natürlich müssen sie beim naturwissenschaftlichen Kenntnisstand mancher Kinder auch damit rechnen, dass das Phänomen des Stern von Bethlehem mit einer Supernova, einem Komet oder einer Jupiter-Saturn-Konjunktion erklärt wird.

☞ Der Stern von Bethlehem

Nach der Weihnachtserzählung ist die Sache klar: Der Stern von Bethlehem wurde weithin übers Land gesehen und die drei Weisen aus dem Morgenland machten sich auf, um ihm zur Krippe zu folgen.

Aber was ist dran an dem Rätsel um den Stern von Bethlehem? Handelt es sich um eine frei erfundene Begebenheit in der Weihnachtserzählung oder steht vielmehr ein astronomisches Phänomen dahinter?

Astronomen versuchen schon seit Jahrhunderten diese Frage zu beantworten. Doch die Beantwortung dieses Rätsels ist komplizierter als man glaubt. Zunächst ist das Datum der Geburt des Jesus von Nazareth nicht eindeutig. Die Zeitwende in der Trennung „vor Christi Geburt" und „nach Christi Geburt" ist relativ willkürlich festgesetzt worden. Sie lässt nicht hundertprozentig auf das Jahr der Geburt Christi schließen, denn König Herodes ist bereits vier Jahre vor unserer Zeitrechnung gestorben. Und um 12 vor Christus regierte der Statthalter Quirinius, wegen dessen Volkszählung Joseph und Maria von Nazareth nach Bethlehem ziehen mussten. Dies führt Historiker heute zu dem Schluss, dass Jesus zwischen acht und vier Jahren vor unserer Zeitrechnung geboren worden sein muss.

Des Weiteren steht die Frage um den Stern selbst im Raum. Sterndeuter versuchen daher, aus einem Puzzle von einzelnen Indizien zunächst die Eigenschaften des „Sterns" zu rekonstruieren. Der Stern soll nicht nur in Israel, sondern auch in Babylon, der Heimat der drei Weisen, zu sehen gewesen sein. Dieses Ereignis war offenbar sowohl selten als auch auffällig genug, damit erfahrene babylonische Astronomen es als eine besondere Erscheinung ansahen.

Die Leuchtkraft muss länger anhaltend gewesen sein, da laut Bibel die drei Weisen sie sowohl bei ihrem Aufbruch in Babylon als auch bei ihrer Ankunft in Bethlehem beobachteten.

Erklärungsversuche gibt es mindestens ebenso viele wie es Indizien gibt. So vermutete ein Astronom, der die Erscheinung des Sterns für die gleißend helle Explosion eines Sterns hält, eine Supernova. Allerdings wurden bisher keine Hinweise gefunden, dass es zu der fraglichen Zeit eine solche Sternenexplosion tatsächlich gab.

Edmond Halley, der Entdecker des gleichnamigen Kometen, ist der Auffassung, dass der Stern von Bethlehem ein Komet gewesen sei. Aufzeichnungen von chinesischen Astronomen scheinen dies zu bestätigen. Ein Fehler daran ist aber, dass der fragliche Komet im Jahr 12 vor unserer Zeitrechnung beobachtet wurde.

Mehrheitlich gehen Astronomen heute jedoch davon aus, dass es sich bei dem Stern von Bethlehem um eine Dreier-Konjunktion der beiden Planeten Jupiter und Saturn handelt. Bei dieser Erscheinung kommen sich die beiden Planeten nicht nur einmal, sondern dreimal kurz hintereinander so nahe, dass ein Beobachter annimmt, sie würden zu einem hellen Lichtpunkt verschmelzen. Eine solche „Dreierbegegnung" ist allerdings extrem selten, zwischen der letzten im Jahr 1981 und der nächsten im Jahr 2238 liegen immerhin knapp 250 Jahre.

Gestützt wird diese Theorie jedenfalls durch den archäologischen Fund einer Tontafel in Babylon. Auf ihr entdeckten Forscher eine in Keilschrift festgehaltene Vorausberechnung babylonischer Astronomen für genau diese Dreifach-Konjunktion.

Für diese Lösung würde auch sprechen, dass für die Astronomen der damaligen Zeit nicht nur die Erscheinung selbst wichtig war, sondern vor allem seine schicksalhafte Bedeutung.

Sie sahen im Himmel und seinen Phänomenen ein Abbild und Vorbild des irdischen Geschehens. Passenderweise stand ausgerechnet der Jupiter für Marduk, den höchsten Gott Babyloniens, und der Saturn für Kajmanu, den König Israels.

Dies würde auch erklären, warum die Babylonier in diesem Phänomen die Aufforderung zu einem Besuch bei einem „neuen König Israels" sahen.

Wenn dieses Szenario die richtige Erklärung ist, und es die drei Weisen wirklich gab, könnten sie bei der ersten Konjunktion ihren König informiert haben, bei der weiten Konjunktion aufgebrochen sein und rechtzeitig zur dritten Konjunktion Bethlehem erreicht haben. Das wäre dann aber am 12. November des siebten Jahres gewesen.

✭ Ein schöner Abschluss für das Sternengucken ist es, wenn Sie den Kindern in dieser Atmosphäre im Licht einer Taschenlampe eine kleine Geschichte erzählen, in der der Weihnachtsstern aus seiner Sicht berichtet:

Die Geschichte vom Weihnachtsstern

Seitdem der Weihnachtsstern denken konnte, schickte er sein strahlendes Licht zur Erde. Irgendwie hatte er aber das Gefühl, dass noch eine ganz wichtige Aufgabe auf ihn wartete. Jeden Abend, wenn er am Himmel leuchtete, dachte er bei sich: „Wenn die Zeit gekommen ist, werde ich mich auf den Weg machen und über den Himmel ziehen. Ich werde so stark leuchten, dass mich alle sehen können. So werde ich ein Wegweiser für die Menschen sein. Ich werde sie leiten, damit sie ein Kind finden, das in der Krippe liegt. Denn dieses Kind wird der Sohn Gottes sein."

Jahr für Jahr verging und der Stern wurde immer aufgeregter. Er hatte Angst, den wichtigen Tag zu verpassen, an dem er sich auf die Reise machen musste. Dann kam der Tag. Instinktiv wusste der Weihnachtsstern, dass es nun soweit war, am Himmel besonders hell zu leuchten. Auch wenn er die Weisen nicht selbst sehen konnte, wusste der Stern, dass sie ihn sehen und ihm nachgehen würden. Darum strengte sich der Stern ganz doll an, damit seine Leuchtkraft noch stärker wurde. So wanderte er mehrere Nächte am Himmel lang, bis er eine kleine Scheune sah. Der Weihnachtsstern spürte, dass hier seine Reise zu Ende war. Er blieb genau über der Scheune stehen und ließ sein Licht direkt darauf fallen. Die Weisen, die dem Stern gefolgt waren, erkannten sofort die Scheune und wussten, dass sie hier das Jesuskind finden würden. Glücklich seine Aufgabe erfüllt zu haben, leuchtet der Weihnachtsstern vielleicht auch noch heute irgendwo am Sternenhimmel.

☆ Möglicherweise werden die Kinder durch die Geschichte noch angeregt, nach dem Weihnachtsstern zu suchen.

☆ Als Überraschung und Abschluss dieser Aktion bietet es sich an, nun die leuchtenden Sternketten zu überreichen.

☆ Wenn alles wieder eingepackt ist, machen Sie sich gemeinsam wieder auf dem Heimweg. Für die Kinder wird dieser nächtliche Ausflug wahrscheinlich unvergessen bleiben.

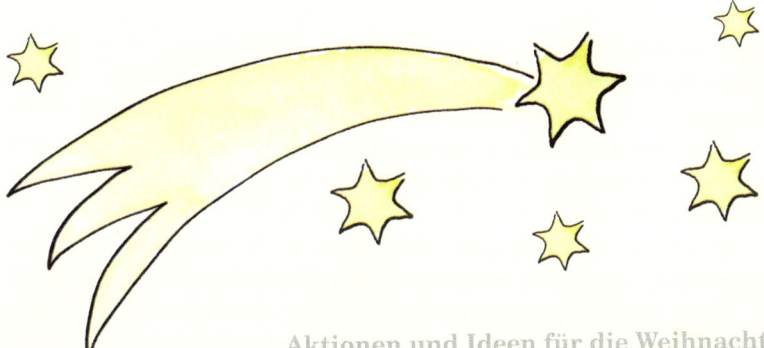

Mein Weihnachtsstern, der leuchtet weit

Text: Rolf Krenzer / Musik: Detlev Jöcker
Aus: Kleine Kerze leuchte. Menschenkinder Verlag u. Vertrieb GmbH, Münster

Refrain **C** **F** **C** **G⁷**

Mein Weih-nachts-stern, der leuch-tet— weit, freucht euch ihr Leut',

C **F** **C**

freut euch schon heut'. Mein Weih-nachts-stern, der leuch-tet— weit,

G⁷ **C** *fine* **G⁷** *Strophe*

freut euch auf die Weih-nachts-zeit. 1. Der Weih-nachts-stern am

C **G⁷** **C** **D⁷**

Him - mel hat einst in dunk-ler Nacht die Bot-schaft von dem

G **D⁷** **G⁴** ³

Kind im Stall in al - le Welt ge - bracht.

Refrain: Mein Weihnachtsstern,
  der leuchtet weit,
freut euch ihr Leut',
freut euch schon heut'.
Mein Weihnachtsstern,
der leuchtet weit,
freut euch auf die Weihnachtszeit.

1. Der Weihnachtstern am Himmel
hat einst in dunkler Nacht
die Botschaft von dem Kind im Stall
in alle Welt gebracht.

Refrain: Mein Weihnachtsstern,
  der leuchtet weit ...

2. Wir schneiden bunte Sterne
  aus Transparentpapier
  und hängen sie am Fenster auf.
  Sie leuchten dir und mir.

Refrain: Mein Weihnachtsstern,
  der leuchtet weit ...

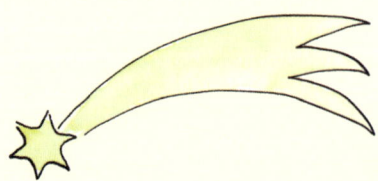

Traumreisen

Ein wichtiges Medium bei der Entspannung, besonders von jüngeren Kindern, sind Traumreisen. Traumreisen sind Entspannungsgeschichten, bei denen das Kind die anstrengenden, spannenden und entspannenden Situationen der handelnden Hauptfigur nach erlebt bzw. sich hineinversetzt. In ruhiger, angenehmer Atmosphäre besinnen sich die Kinder so auf sich selbst bzw. entspannen sich.

☞ Tipps zur Vorbereitung:
- ✶ Schaffen Sie eine entspannende Atmosphäre. Richten Sie den Raum, in dem die Traumreise durchgeführt werden soll, gemütlich ein – mit Matratzen, Decken, Kissen, in denen sich die Kinder einkuscheln können, stellen Sie evtl. eine Duftlampe hin, dunkeln Sie den Raum ab. Legen Sie noch Materialien zurecht, die zur Geschichte passen. Auf diese Weise stimmen Sie die Kinder ein. Denn, wenn sie sich wohl fühlen, können sie auch entspannen.
- ✶ Achten Sie bei der Raumauswahl darauf, dass keine Geräusche von außen stören.
- ✶ Planen Sie genug Zeit für die Durchführung und Nachbereitung der Traumreise ein.
- ✶ Beachten Sie, dass die Teilnahme an Traumreisen auf Freiwilligkeit der Kinder beruhen sollte. Ohne innere Bereitschaft wird sich das Kind nicht entspannen können.

☞ Hilfen zum Erzählen der Geschichte:
- ✶ Achten Sie beim Erzählen auf angemessene Pausen.
- ✶ Machen Sie nach jedem Satzende eine kurze Pause, damit die Kinder sich auf die Worte einlassen können.
- ✶ Sprechen Sie ruhig und deutlich.
- ✶ Lassen Sie im Hintergrund Entspannungsmusik leise mitlaufen.
- ✶ Die Traumreise ist so aufgebaut, dass die Kinder zum Ende der Geschichte drei Minuten Zeit haben, sich mit dem Sternwächter auf dem Weihnachtsstern umzusehen.

☞ Tipps für die Nachbereitung:
- ✶ Kurz bevor Sie die Kinder wieder in die Realität zurückführen, streuen Sie Glitzerpulver über die Hände der Kinder und auf den Boden. Wenn sie es nach dem Aufwachen bemerken, sagen Sie ihnen, dass es anscheinend Sternstaub vom Weihnachtsstern ist, den sie wohl von der Reise mitgebracht haben.

> ✱ Gleich im Anschluss der Traumreise sollten Sie den Kindern die Möglichkeit einräumen, ihr Erlebtes zu verarbeiten. Eine gute Form stellt das Malen dar. Andere Möglichkeiten: Die Kinder berichten über ihr Erlebtes oder spielen es nach.
>
> ✱ Lassen Sie hierbei wieder die Entspannungsmusik mitlaufen. Die Kinder können auch von ihren Gefühlen und Erlebnissen berichten.

„Offene" Traumreise

Durchführung: Die Kinder sitzen mit geschlossenen Augen an einem Tisch. Erzählen Sie, dass alle jetzt gemeinsam ins Weihnachtsdorf verreisen. Jedes Kind muss mit den Fingern schnipsen oder andere Bewegungen ausführen. Das ist das „Reiseticket" bzw. die „Eintrittskarte" ins Weihnachtsdorf. Dort angekommen dürfen die Kinder die Augen öffnen. Als Einstieg bietet sich folgende Frage an: „Stellt Euch das Weihnachtsdorf vor! Wie sieht es dort aus? Lebt dort jemand? Wie sieht die Landschaft aus?"

Fortführung: Um das Fantasieren anzuregen, ermuntern Sie die Kinder durch gezieltes Nachfragen, die Gedanken weiter auszuführen. Schreiben Sie das Gesagte mit und hängen Sie es für die Eltern gut sichtbar aus. So wird es transparenter und ist nachvollziehbar.
Aus den Fantasievorstellungen der Kinder, lassen sich auch gute Anregungen für die Gruppenraumdekoration ableiten, die zusammen mit ihnen angefertigt werden.

Die Reise zu dem Weihnachtsstern

Hinweis: Die Traumreise kann als Vertiefung für den nächtlichen Ausflug, der das Sternengucken beinhaltete, dienen. Die Geschichte kann aber auch für sich stehen.

Material: gebastelte Sterne, Matratzen

Vorbereitung: Als Dekoration legen Sie Sterne zwischen den Matratzen aus oder hängen Sterne von den Wänden oder der Decke. Ein Stern stellt den Weihnachtsstern dar. Ihn sollten Sie größer gestalten und einen besondern Platz reservieren.

Durchführung: Fordern Sie die Kinder auf, sich einen Platz auf den Decken oder Matten zu suchen, sich bequem hinzulegen und die Augen zu schließen. Während

die Kinder zur Ruhe kommen, erzählen Sie ihnen kurz den Ablauf der Traumreise, damit sie sich innerlich auf die Hintergrundmusik und längere Entspannungszeit, in der nicht vorgelesen wird, einstellen können.

Schließt eure Augen und konzentriert euch ganz auf euren Atem. Atmet leicht ein und aus. Ein ... und ... aus.
Während ihr leicht und ruhig atmet, wird euer Körper immer entspannter. Stellt euch jetzt vor, über euch ist keine Decke mehr, sondern der Himmel. Es ist abends. Ihr seht Hunderte von funkelnden und glitzernden Sternen. Einige leuchten mehr als andere. Genau über euch bemerkt ihr einen Stern, der viel größer und strahlender ist als alle anderen. Er leuchtet ganz hell. Ihr bemerkt, dass euch sein Licht genau anstrahlt. Ihr spürt, dass es sehr angenehm warm ist. Es hüllt euch ein. Ihr fühlt euch wohl und geborgen. Es ist so schön, dass ihr den Wunsch habt, euch in den Lichtstrahl zu kuscheln. Ihr schmiegt euch an ihn. Plötzlich merkt ihr, dass euch der Strahl behutsam nach oben zieht. Ihr habt keine Angst. Es ist, als würdet ihr in einem Fahrstuhl nach oben fahren. Ihr könnt durch den Lichtstrahl durchsehen. Ihr guckt nach unten und seht die Lichter der Häuser und Straßen. Je höher ihr nach oben getragen werdet, desto kleiner werden sie. Sie sehen bald selbst wie kleine Sterne aus.
Auf einmal stoppt euer Fahrstuhl-Lichtstrahl. Ihr geht vorsichtig ein paar Schritte nach vorn. Ihr spürt festen Boden unter euren Füßen. Ihr seid auf einer riesigen, hellen Plattform. Rings um euch herum, auch über euch funkeln überall Sterne. Ihr seid so nah bei ihnen, dass ihr das Gefühl habt, dass ihr sie anfassen könnt, wenn ihr eure Arme ausstreckt. Ihr seid begeistert. Ihr dreht euch einmal im Kreis, um alle Sterne genau anzusehen. Dann fällt euch ein, dass ihr ja gar nicht wisst, wo ihr eigentlich seid. Ihr schaut euch um. Alles um euch herum ist in helles Licht getaucht. Es ist aber angenehm für die Augen. Ihr fühlt euch wohl. Während ihr euch umseht, bemerkt ihr ein merkwürdiges, kleines Wesen. Es hat euch die ganze Zeit beobachtet und kommt nun langsam näher. Es hat ein helles Gewand an, auf dem tausende kleiner Sternchen funkeln. Es sieht so schön aus, dass ihr gar nicht mehr weg sehen wollt. Ihr hört eine zarte feine Stimme. Sie spricht zu euch. Sie gehört zu dem kleinen Wesen, das nun direkt vor euch steht und euch mit ganz lieben Augen betrachtet. Ihr erfahrt, dass das Wesen ein Sternwächter ist. Der Sternwächter erzählt euch, dass ihr auf dem Weihnachtsstern seid. Ihr habt Vertrauen zu dem Sternwächter und mögt ihn.
Er erzählt euch, dass der Weihnachtsstern ein ganz berühmter Stern ist. Er hat vor vielen Jahren durch sein Sternenlicht die Weisen aus dem Morgenland zu der Krippe geführt, in der das Jesuskind lag. Der Sternwächter be-

richtet euch, dass er seit vielen Jahren den Stern pflegt, damit er weiter jeden Abend sein Licht zur Erde schicken kann. Ihr werdet neugierig und wollt wissen, wie der Sternwächter den Weihnachtsstern pflegt. Ihr seht, dass er in seine Tasche greift und glitzerndes Pulver herausholt. Das Pulver ist Sternenstaub. Er wirft es in die Luft. Es verteilt sich in Sekundenschnelle auf den Stern. Nun glitzert und leuchtet der Stern an der Stelle noch mehr. Der Sternwächter fragt euch, ob ihr ihm dabei helfen wollt, den Stern weiter zum Leuchten zu bringen. Ihr seid sofort bereit. Er gibt euch Sternenstaub. Ihr werft ihn in die Luft und seht, dass dieser sich wieder sofort verteilt und den Weihnachtsstern weiter zum Glänzen bringt.

Ihr habt jetzt drei Minuten Zeit, mit dem Sternwächter zusammen den Weihnachtsstern zu erkunden. Ihr könnt entweder weiter mit ihm Sternenstaub verteilen, ihr könnt aber auch mit ihm herumgehen und euch angucken, ob ihr vielleicht irgendetwas anderes Interessantes entdeckt.

(Nach drei Minuten) Jetzt ist es an der Zeit, euch von eurem neuen Freund zu verabschieden, den Weihnachtsstern zu verlassen und wieder hierher zurückzukehren. Ihr könnt euch ganz genau an eurer Abenteuer erinnern.

Ich werde jetzt bis zehn zählen. Ihr könnt mitzählen, wenn ich bei sechs angelangt bin und öffnet die Augen, wenn wir bei zehn sind. Ihr fühlt euch dann hellwach und erfrischt.

Das Leuchten der Sterne

Sterne, gebastelt aus verschiedenen Materialien, sind in der Advents- und Weihnachtszeit beliebte Dekorationen als Raum- oder Weihnachtsbaumschmuck. Sie sind symbolisch als Hinweis auf das baldige Fest zu verstehen, auf das Licht in der Finsternis, dass auf den wahren Morgenstern, auf Jesus, den Heiland und Erlöser deutet.

Auch viele Menschen, die sich nicht so sehr mit dem christlichen Glauben verbunden fühlen, sind vom Anblick einer sternenklaren Nacht fasziniert. Sterne erleuchten nicht nur die Dunkelheit, sie zeigen auch die Größe des Weltalls. Vielleicht kennen Sie es auch von sich, dass Sie in einer solchen klaren Nacht das Bedürfnis verspüren, den Himmel mit seiner Weitläufigkeit und seinen Geheimnissen stundenlang anschauen und ergründen zu wollen. Wie auch beim Anblick von Feuer fühlt man bei der Beobachtung von einem solchen Sternenhimmel einen tiefen inneren Frieden.

Die Sternennacht

Spielhinweis: Dieses darstellende Spiel ist eine gute Vorbereitung oder Ergänzung zu der nächtlichen Sternenwanderung. Das Umsetzen der Geschichte durch Bewegungen, verhilft den Kindern sich in die Sterne einzufühlen und einen Bezug zu der Thematik zu bekommen.

In klaren Nächten sind tausende von Sternen am Himmel zu sehen.
(Die Kinder hocken zu Beginn am Boden.)
Sie leuchten und erhellen mit ihrem Licht die Dunkelheit der Nacht.
(Sie stehen langsam auf.)
Manche leuchten ganz hell, manche schimmern nur ganz schwach.
(Die Kinder halten die Arme und Hände hoch, schließen und spreizen abwechselnd ihre Finger.)
Teilweise stehen die Sterne ganz dicht zusammen. Es gibt aber auch andere, die etwas weiter von ihnen entfernt sind.
(Einige Kinder stellen sich zusammen auf. Andere stehen einzeln.)
Wenn eine Wolke kommt, verschwinden sie für kurze Zeit. Die Wolke verdeckt sie.
(Schnell setzen sie sich wieder in die Hocke und verdecken ihren Kopf mit ihren Armen.)
Zieht die Wolke weiter, sind die Sterne wieder zu sehen.
(Die Kinder stehen wieder langsam auf.)
Jede Nacht erscheinen sie wieder am Himmel und erfreuen uns mit ihrem Licht. Manchmal sehen sie so aus, als glitzern und funkeln sie und als ob sie sich bewegen würden.
(Mit ausgestreckten Armen probieren die Kinder, mit ihren Händen ein Glitzern, Funkeln, Strahlen und Blinken der Sterne zu spielen.)
Ein großer Stern leuchtet immer besonders stark. Sein Licht strahlt so hell wie viele kleine Sterne zusammen. Er wirkt als wenn viele kleine Sterne sich zu einem verbunden haben. Er strahlt wie eine kleine Sonne.
(Die Kinder finden sich zusammen und bilden einen großen Kreis. Sie gehen mit ausgestreckten Armen langsam im Kreis herum.)
Wie alt ist der Stern wohl? Was hat er wohl schon alles von seinem Himmelsplatz gesehen?
Vielleicht ist er der Stern, der schon seit tausend von Jahren die Menschen mit seinem Licht erfreut hat. Bei Tagesanbruch verschwindet allerdings auch er wieder bis zur nächsten Nacht.
(Die Kinder setzen sich angefasst zusammen in die Hocke. Kommen in der Mitte ganz dicht zusammen. Decken Sie zum Abschluss evtl. die Kinder mit einem leichten Tuch zu, unter dem sie nach kurzer Zeit hervorkrabbeln dürfen.)

Der Stern

Aus: Klaus W. Hoffmann, Der Liederladen. Ohrwürmer, Evergreens und neue Hits. © 1992 by Rowohlt Taschenbuchverlag, Reinbek bei Hamburg

1. Schau nur, der Stern, er ist aufgewacht
   will dich begleiten in dieser Nacht,
   strahlend wie ein Weihnachtsbaum
   funkelt er sich in deinen Traum.

2. Würd' ihn Dir kaufen, den kleinen Stern,
   doch so ein Stern mag das gar nicht gern,
   käuflich ist er nicht – o nein –
   möchte ein Stern für alle sein.

Der Strohstern

Hinweis: Ein Strohstern hat im christlichen Glauben einen doppelten Symbolwert. Mit ihm soll einerseits auf die Armut im Stall zu Bethlehem hingewiesen werden, andererseits ist er als Licht am Baum und über dem Stall zu verstehen.

Materialien: 2 gelbe Tücher, ein Körbchen mit Strohhalmen, 1 große Kerze

Hinführung: Setzen Sie sich mit den Kindern in einen Kreis. Breiten Sie in der Mitte des Sitzkreises ein gelbes Tuch aus. Legen Sie ein zweites über Eck, so dass sie die Form eines Sterns ergeben. Zünden Sie eine Kerze an und geben Sie diese einem Kind, mit der Aufforderung, dass es darauf achten soll, dass die

Flamme dabei ruhig brennen soll. Es gibt sie danach an das Kind weiter, das neben ihm sitzt. Auf diese Weise wandert die Kerze vorsichtig im Kreis herum, bis sie wieder bei Ihnen angelangt ist. Die Kinder üben dabei den Umgang mit einer Kerze, Behutsamkeit, Ruhe und Konzentration. Stellen Sie nun die Kerze in die Mitte.

Durchführung: Sagen Sie den Kindern, sie sollen die Augen schließen und erst wieder öffnen, wenn Sie es ihnen sagen. Geben Sie nun ihnen nacheinander einen Strohhalm. Diesen sollen sie befühlen und ertasten. Wie fühlt er sich an? Nachdem alle ihre Empfindungen gesagt haben, dürfen sie die Augen wieder öffnen. Nun probieren die Kinder aus, was sie alles mit dem Strohhalm machen können, z.B. pusten, trinken, sein Gewicht fühlen, ihn auf Fingerspitzen durch den Raum tragen, den anderen auf die Hand pusten, ihn auf der Hand rollen zu lassen. Die Kinder erfahren durch die verschiedenen Experimente die Qualität des Strohhalms.
Anschließend benennen Sie ein Kind, das seinen Strohhalm von der Kerze zu sich legt. Es legt einen Weg. Wenn es fertig ist, legt das nächste Kind auf die gleiche Weise seinen Strohhalm. Haben alle ihren Halm angelegt, sehen sich die Kinder das fertige Gebilde an. Erkennen sie, dass ein Stern entstanden ist?

Sternenhimmel

Material: 2 gelbe Tücher, 1 große Kerze, Strohhalme, Naturmaterial (z.B. verschiedenfarbige Strohhalme, Holzringe, vergoldete oder versilberte Kerne, Nüsse, Perlen, Holzstäbchen usw.), dunkle Tücher, Teelichter

Durchführung: Angelehnt an das vorherige Angebot liegen in der Mitte die beiden gelben Tücher in Sternform. In der Mitte steht die brennende Kerze, von der die Strohhalme in Sternform wegführen. Geben Sie jedem Kind ein dunkles Tuch bzw. zwei Kindern eins, das sie im Kreis um den Stern legen. Sie symbolisieren den dunklen Nachthimmel, auf den die Kinder Sterne aus den verschiedenartigen Materialien legen. In die Sternmitte stellen sie auf Wunsch ein Teelicht. Wenn alle mit ihrer Gestaltung fertig sind, können alle Kinder das Gesamtbild bewundern.

Mache dich auf und werde licht!

Überliefert

Mache dich auf und werde licht!
Mache dich auf und werde licht!
Mache dich auf und werde licht,
denn dein Licht kommt.

Mit Mandalas zur Ruhe finden

Mandalas sind Ursymbole des Lebens. Mandala ist indisch und bedeutet Kreis. Alle Mandalas beginnen und enden in einer Mitte. Von diesem Punkt gehen alle Formen strahlenförmig aus, die von einem Kreis umschlossen sind. Alle geometrischen Formen, wie Vierecke, Kreise und Linien sind im Mandala miteinander verbunden. Schon seit frühsten Zeiten begleitet die Kreisform des Mandalas die Menschen in allen Kulturkreisen und Religionen. Die Indianer schätzten die Heilmandalas, die Tibeter die Meditationsmandalas und in gotischen Kathedralen kann man die Fensterrosetten bewundern.

Mandalas symbolisieren Ganzheit und konzentrierte Kraft. Sie versprühen eine harmonisierende und bewusstseinserweiternde Energie, die auf Körper, Geist und Seele offensichtlich klärend bzw. ordnend wirkt. Sie sind Ausdruck der eigenen inneren Ordnung.

Bedeutung der Mandalas für Kinder

Viele Kindertagesstätten und Grundschulen setzen Mandalas ein, um die Kinder zur Ruhe und Gelassenheit zu führen sowie um die schöpferische Phantasie und Konzentrationsfähigkeit zu fördern. Ein Mandala zu malen oder zu legen beruhigt und entspannt. Bei der Versenkung in das Bild kann das Kind die Außenwelt vergessen. Positive Grundstimmungen werden durch das Malen verstärkt, negative werden überwunden.
Es ist egal, ob ein Kind vorgegebene Formen ausgemalt, frei zeichnet, bastelt, Collagen klebt, allein oder in der Gruppe arbeitet – das Wichtigste bei allen Techniken ist das intuitive Herangehen an den kreativen Prozess.
Damit das Erleben von Mandalas zum positiven Erlebnis der Stille wird, bedarf es einer gewissen Vorbereitung und Einstimmung der Kinder darauf.

Mandalas in der Natur und Umwelt entdecken

Durchführung: Entdecken Sie mit den Kindern Mandalas in der Natur und in der Umwelt.
Finden Sie die Kreisbilder in Mosaiken oder in Kirchenfestern, in denen sie sich in den Rosettenformen wieder finden. Betrachten Sie mit den Kindern in der Natur ganz genau Blumen. Erkennen die Kinder die Mandalas? Auch Spinnennetze, die in ihrem Aussehen immer wieder faszinierend und anders wirken, verkörpern Mandalas. Ermuntern Sie bei einem Spaziergang die Kinder einen Stein ins Wasser zu werfen. Sofort im Anschluss beobachten sie die Kreise, die sich danach auf der Wasseroberfläche bilden.
Im frostigen Winter bietet es sich auch an, mit den Kindern Eisblumen an den Fenstern unter diesen Gesichtspunkt bewusst anzusehen.

Mandalas malen

Material: Papier, Buntstifte, CD-Player, Meditationsmusik

Durchführung: Bieten Sie jüngeren Kindern Malvorlagen an. Auch als Einstieg eignen sich vorgegebene Mandalas gut. Spielen Sie Meditationsmusik ab, während die Kinder die Formen ausmalen. Beispiele für Vorgaben beim Anmalen, die die Kinder zu mehr Konzentration und Aufmerksamkeit animieren können:

- Von der Mitte nach außen ausmalen
- Von der Mitte nach außen immer kräftigere Farben auswählen
- Kreise in einer Farbe ausmalen, Vierecke in einer anderen, Dreiecke in einer dritten Farbe

Lassen Sie ältere Kinder ihre eigenen Mandalas entwerfen. Geben Sie ihnen als Unterstützung das äußere Kreisrund vor.

Gemeinsames Naturmandala legen

Material: Naturmaterialien, Tücher, Bänder, Körbchen bzw. Behälter, Kerze, großes Glas zum Hineinsetzen der Kerze, CD-Player, Meditationsmusik

Hinweis: Legen Sie mit den Kindern ein gemeinsames Naturmandala.
Gehen Sie dazu in einem Raum, in dem Sie für die Gestaltung viel Platz haben. Gut wäre es zudem, wenn das fertige Mandala noch ein oder zwei Tage dort liegen bleiben könnte, damit die Kinder ihr Kunstwerk noch am nächsten Tag bewundern und ihren Eltern zeigen können.

Durchführung: Sortieren Sie mit den Kindern, die bei einem Spaziergang gesammelten Naturmaterialien, in verschiedene Körbchen oder Behälter. Legen Sie mit Tüchern oder langen Bändern einen großen Kreis. Die Kinder setzen sich drum herum. Ein Kind stellt eine Kerze in dessen Mitte. Aus Brandschutzgründen ist es sinnvoll, dass die Kerze in einem großen Glas steht. Erklären Sie den Kindern, dass ein gemeinsames Mandala entstehen soll. Dazu dürfen sie gemeinsam mit den bereitstehenden Naturmaterialien den Kreis auslegen. Als Hilfestellung legen Sie mit Ästchen Strahlen. Die Kinder füllen die Zwischenräume anschließend mit den anderen Naturmaterialien.
Während das Mandala entsteht, soll nicht geredet werden. Wenn die Kinder die Aufgabe verstanden haben, stellen Sie Meditationsmusik an. Nun darf gelegt werden. Lassen Sie sich überraschen.

Eigene Naturmandalas legen

Material: Turnreifen, Körbchen mit Naturmaterialien, Tücher, Nüsse, CD-Player, Meditationsmusik.

Durchführung: Legen Sie so viele Turnreifen im Raum aus, wie Kinder mitmachen. Jedes Kind ordnet sich einem Reifen zu. Bereiten Sie Körbchen mit den gesammelten Naturmaterialien, z.B. Zapfen, Rindenstücke, Wurzeln, Steine zu, in denen Sie die verschiedenen Gegenstände hinein sortieren. Auch Tücher und unterschiedliche Nusssorten eignen sich zum Gestalten der Mandalas.
Mit Meditationsmusik als Hintergrund gestaltet jedes Kind sein eigenes Mandala.

Tipp: Fotografieren Sie die einzelnen Mandalas. Vorweg stellen Sie kleine, aber lesbare Namenschilder der jeweiligen Künstler dazu. Hängen Sie die Fotos anschließend als Erinnerung oder als Dokumentation für die Eltern aus. Später bekommen sie die Kinder als Andenken von Ihnen geschenkt. Eine andere Möglichkeit ist, sie auf eine farbige Pappe oder auf Holz zu kleben, so dass es aussieht, als wäre das Foto gerahmt. Nun packen die Kinder die Bilder noch ein und haben ein schönes, individuelles Weihnachtsgeschenk für ihre Eltern.

Nussmandalas

Material: verschiedene Nuss-Sorten, Schälchen zum Sortieren, Kerze, CD-Player, Meditationsmusik

Hinweis: Nüsse knacken und sie in angenehmer Atmosphäre bei Kerzenschein und bei spannenden Weihnachtsgeschichten aufzuknabbern, bringt wahrscheinlich selbst unruhige Kinder zur Ruhe. Erlauben Sie den Kindern, die Nüsse selbst zu knacken. Meistern sie die Herausforderung, schmecken ihnen die Nüsse bestimmt noch einmal so gut.
Die geknackten Nussschalen können Sie anschließend gut verwenden. Mit den Schalenhälften, -splittern und auch mit den Nusskernen selbst lassen sich gut Muster und Mandalas gestalten.

Durchführung: Sortieren Sie gemeinsam mit den Kindern die Schalenhälften von z.B. Walnüssen, Erdnüssen und Pistazien sowie Schalenstücke beispielsweise von Hasel- und Paranüssen und Mandeln. Die Nusskerne ordnen die Kinder ebenfalls nach den Sorten in verschiedene Schälchen. Die Tätigkeit des Sortierens in verschiedene Schälchen macht den meisten Kindern Spaß. Diese ist wie das Mandalalegen selbst eine stille Beschäftigung.

Nach dieser Vorbereitung kann es losgehen. Die Kinder setzen sich an einen Tisch, auf dem die Schälchen mit den verschiedenen Inhalten stehen. Geben Sie jedem Kind einen Teller. Nun können die Kinder ihrer Phantasie beim Gestalten ihres Mandalas auf dem Teller freien Lauf lassen.

Wenn Sie wollen, stellen Sie auch bei dieser Stille-Übung leise Meditationsmusik an.

Tipp: Tun Sie sich etwas Gutes. Legen Sie selbst auch ein Nussmandala. Sie werden spüren, wie Sie sich ebenfalls bei dieser Tätigkeit entspannen.

Variation: Die Kinder bilden Paare und legen gemeinsam ein Nussmandala auf einem Teller.

Weihnachtsmassagen

Viele Kinder mögen Körperberührungen in Form von Massagen. Auch unruhige Kinder finden dabei oft zur inneren Ruhe. Wenn Sie Spiele und Entspannungsübungen mit großer körperlicher Nähe durchführen, beachten Sie, dass diese immer auf freiwilliger Basis beruhen sollten und dass das Verhältnis zwischen den Gruppenmitgliedern von Vertrauen geprägt ist. Wichtig bei diesen Entspannungsübungen ist auch hier wieder, im Vorfeld eine gemütliche und angenehme Atmosphäre zu schaffen.

Sie können zwischen unterschiedlichen Formen von Massagen wählen, z.B. solche, die in Geschichten eingebunden sind, oder auch solche, die mit Gegenständen durchgeführt werden.

„Kekse backen"

Material: bequeme Unterlagen

Durchführung: Jedes Kind wählt sich einen Partner, mit dem es sich gemeinsam einen bequemen Platz sucht. Eines der beiden Kinder legt sich bäuchlings auf den Boden. Der Partner kniet sich daneben. Sagen Sie den knienden Kindern, sie sollen sich vorstellen, auf dem Rücken der liegenden Kekse zu backen. Während Sie die Geschichte erzählen, massieren die knienden Kinder passend zum Text.

Als erstes müssen wir den Teig für die Kekse zubereiten. Dazu schütten wir
verschiedene Zutaten wie Mehl, Zucker und Milch zusammen und vermen-
gen sie miteinander.
(mit den Fingern den Rücken sanft kneten)

Mit müssen den Teig richtig lange kneten, damit er schön geschmeidig wird.
Damit der Teig nicht festklebt, streuen wir Mehl aus und verteilen es gut.
(mit der Handfläche ganz sanft über den ganzen Rücken streichen)

Nun rollen wir ihn möglichst flach aus, damit wir später viele Kekse aus dem
Teig ausstechen können.
(die Hände flach auflegen und mit sanften Druck im gleichen Rhythmus von
oben nach unten streichen)

Wenn der Teig flach ausliegt, können wir jetzt Kekse ausstechen.
(mit den Fingerspitzen einen Kreis bzw. eine Kralle bilden; dieser bzw. diese
schließt sich auf dem Rücken des liegenden Kindes; auf diese Art wird der
ganze Rücken bearbeitet)

Nun heben wir vorsichtig die Kekse hoch und legen Sie auf ein Blech.
(die umgedrehte flache Hand schabt vorsichtig die unsichtbaren Kekse vom
Rücken und platziert diese an eine andere Stelle)

Jetzt schieben wir das Blech in den Backofen.
(mit den Händen an den Seiten des Rücken streichen und hochheben, dann
Hände wieder absenken)

Im Ofen strömt warme Luft aus.
(mit den Händen den Körper leicht hin und her bewegen, streicheln)

Nun sind unsere Kekse fertig. Wir holen das Blech raus und lassen es abkühlen.
(mit den Handkanten über den Rücken wischen)

Die Kekse sind abgekühlt und wir nehmen sie runter.
(Daumen und Zeigefinger bilden den Pinzettengriff. Mit diesem wird der ganze
Rücken abgegriffen)

Jetzt sind die Kekse fertig. Mmh, wie sie duften. Wer mag, darf einen probieren.

Tipp: Massieren Sie ebenfalls beim Erzählen, so dass die Kinder ihre Handbewegungen nachmachen können. Im Anschluss an die Massage wechseln die Kinder die Rollen und Sie erzählen die Geschichte erneut.

Achtung: Achten Sie darauf, dass die Kinder sich nicht auf der Wirbelsäule massieren, sondern nur rechts und links daneben.

Variation: Denken Sie sich andere Geschichten zum Thema Weihnachten aus, bei denen die Kinder massieren bzw. massiert werden, z.B. Geschenke einpacken, Weihnachtsbaum schmücken …

Massage mit Nüssen

Material: bequeme Unterlagen, Walnüsse

Durchführung: Die Kinder bilden Paare. Ein Kind legt sich bäuchlings auf den Boden bzw. auf eine bequeme Unterlage. Das andere Kind kniet sich daneben. Es nimmt eine Walnuss und rollt diese mit der flachen Hand über den Rücken, über die Beine und Arme des liegenden Kindes. Je nach Wunsch des zu massierendes Kindes übt es unterschiedlich sanften bzw. etwas festeren Druck beim Abrollen aus. Es ist auch möglich, dass das kniende Kind in jede Hand eine Nuss nimmt und damit massiert. Nach einiger Zeit werden die Rollen getauscht, so dass jeder der beiden in den Genuss der Nussmassage kommt.

„Ich tu Dir was Gutes"

Durchführung: Bei diesem Massagespiel sitzen die Kinder in einer Reihe hintereinander. Setzen Sie sich hinter den Rücken des letzten Kindes.
Flüstern Sie nun dem Kind, das vor Ihnen sitzt eine Anweisung ins Ohr, z.B. „Rücken streicheln". Das Kind beginnt seinen Vordermann über dessen Rücken zu streicheln. Dies beginnt nun seinerseits das vor ihm sitzende Kind ebenso zu verwöhnen. Es entsteht eine Kettenreaktion, bei der letztendlich alle Kinder ihren Vordermann über den Rücken streicheln. Erst, wenn die Anweisung bei dem letzten Kind in der Reihe angelangt wird und es die Massage genießt, geben Sie eine neue Aufforderung durch.

Fortführung: Wenn die Kinder ein paar Runden des Verwöhn-Spiels mitgemacht haben und eigene Ideen für Massageanweisungen haben, übergeben Sie ihnen die Spielführung.

Vor-Lesen

Geschichten üben eine besondere Magie auf das Kind aus. Durch Geschichten lassen wir uns in eine andere Welt versetzen. Wir durchleben Abenteuer der beschriebenen Figuren mit. Wir lernen andere Länder und andere Gebräuche kennen. Wir versetzen uns in ihre Gefühle und lernen dadurch auch Lösungsstrategien für unser eigenes Leben. Egal, ob die Geschichten vorgelesen, erzählt oder selbst gelesen werden, sie faszinieren uns. Im Idealfall ein ganzes Leben.

Ein Ritual in der Weihnachtszeit, das Sie mit den Kindern unbedingt einführen sollten, ist deshalb das tägliche Erzählen oder Vorlesen von Geschichten. Wählen Sie einen Rahmen, in dem Sie das Ritual stattfinden lassen, z.B. bei Kerzenschein, beim täglichen Öffnen des Adventkalenders.

Weihnachtsbuchkiste

Vorbereitung: Gestalten Sie eine Weihnachtsbuchkiste, in der alle Bilderbücher zum Thema für die Kinder griffbereit ausliegen. Besorgen Sie eine Truhe, die Sie aufklappen und mit einem großen schönen Tuch auslegen. Hier legen Sie die Bücher übersichtlich nebeneinander. Falls die Bücher zu tief liegen, füllen Sie die Truhe mit Stoffen oder mehreren Kisten bzw. Kartons aus. Durch das Tuch werden diese anschließend verdeckt. Suchen Sie für die Weihnachtsbuchkiste einen geeigneten Platz aus. Am besten wäre es, wenn sie in den Flur der Einrichtung gestellt würde. Dadurch haben gerade die Kinder aus Einrichtungen mit mehreren Gruppen gleichermaßen die Gelegenheit, sich alle Weihnachtsbücher anzusehen.

Material: Kiste oder Truhe, schöne Tücher, Weihnachtsbücher

Durchführung: Schaffen Sie um die Weihnachtskiste ein gemütliches Ambiente, das die Kinder zum Verweilen einlädt. Hierzu einige Möglichkeiten:

* Stellen Sie kleine Korbstühle und einen passenden Tisch hin.
* Legen Sie einen Teppich aus.
* Hängen Sie den Bücherbereich mit Stoffen ab, damit die Kinder sich abgeschirmt und geschützt fühlen.
* Hängen Sie Lichterketten auf.

Die Gruppen können die ausgestellten Bücher selbstverständlich auch ausleihen, wenn der Wunsch besteht, diese im Gruppenraum zu lesen. Danach werden sie wieder in die Weihnachtsbuchkiste zurückgelegt.

Die Leseoma kommt

Hinweis: Vielleicht fühlen auch Sie sich in der Adventszeit besonders eingespannt. Obwohl Sie sich gern häufiger mit den Kindern mit einem Buch zurückziehen möchten, fehlt Ihnen die Ruhe? Haben Sie das Gefühl den Kindern nicht gerecht zu werden? Entlasten Sie sich.

Manche Großeltern der Kinder haben vielleicht die nötige Zeit und auch Lust einmal die Woche zum Vorlesen zu kommen. Schreiben Sie vor Beginn der Adventszeit mit den Kindern einen Rundbrief, in dem Sie abfragen, wer von den Großeltern Interesse an einer Vorleseaktion in der Weihnachtszeit hat.

Bestimmt werden sich einige interessierte Großeltern zurückmelden. Die Kinder werden diese Aktion mit Sicherheit auch gutheißen und diejenigen, deren Oma oder Opa zu Besuch kommt, werden bestimmt stolz sein. Wann und wie oft Sie die Vorleseaktion durchführen wollen, müssen Sie im Vorfeld entscheiden.

Durchführung: Bei der Stiftung Lesen können Sie dazu umfangreiches Informationsmaterial zur Durchführung von Vorlesestunden erhalten.

Tipp: Als Dankeschön laden Sie alle Großeltern zu einer kleinen Adventsfeier bei Kerzenschein und Keksen ein, die die Kinder selbst gebacken haben.

7. Zeit zum besinnlichen Erleben

Die Weihnachtszeit ist ein Festkreis, der nicht zuletzt auch stark die Sinne anspricht. Unser meist gebrauchter Sinn, das Sehen kommt auch in der Weihnachtszeit voll auf seine Kosten. Sei es, dass die Augen die festlichen Dekorationen, den Tannenbaum oder den Kerzenschein wahrnehmen. Damit sich die Kinder ihrer Fähigkeit des Sehens bewusst werden, sind nachfolgend einige Angebote aufgeführt, bei denen die Kinder zuerst Dunkelheit erfahren und dadurch mehr auf ihren Tastsinn angewiesen sind und erst später ihren Sehsinn einsetzen dürfen.

Regen Sie den Geruchs- und Geschmackssinn der Kinder an, in dem sie weihnachtliche Düfte erschnuppern und typische Weihnachtsleckereien und Gewürze erschmecken lassen. Weitere Angebote rund um das Riechen oder Schmecken finden Sie unter 8. und 11. Der Hörsinn der Kinder wird durch das Vorlesen von weihnachtlichen Geschichten und durch das gemeinsame Singen und Musizieren stimuliert, etwa unter 10.

☞ Von der Dunkelheit ins Licht

Licht und Dunkelheit sind Bestandteile unseres Lebens. Es ist ein ständiger Wechsel beider Phänomene. Nach der Dunkelheit folgt Licht, nach der Nacht kommt der Tag, nach schlechten Zeiten kommen wieder gute, nach der dunklen Jahreszeit folgt die helle usw.
Die Adventszeit fällt in die dunkle, kalte Jahreszeit. Wir erhellen sie mit Kerzenschein, der außer dem angenehmen Licht auch Wärme ausstrahlt.
Viele Menschen glauben, dass Gott ihnen im Advent Hoffnung auf Jesus Christus gibt. Es ist sein Licht, das uns Jahr für Jahr wieder präsent wird.

Im Lichterglanz zur Krippe

Hinweis: In dieser Jahreszeit kommen die Kinder in die Kindertagesstätte, wenn es draußen noch dunkel ist. Manche Kinder gehen auch erst nach Hause, wenn es schon wieder dunkel ist.
Diese frühe Dunkelheit im Winter, besonders in der Adventszeit mit Kerzenlicht zu erhellen, ist ein Grund, warum sich viele Bräuche dazu entwickelt haben.

Material: z.B. 24 Teelichter, Krippe, Stroh, Krippenfiguren

Vorbereitung: Sie können in Ihrer Einrichtung die Tage bis zum Weihnachtsfest auch immer heller werden lassen. Eine Idee wäre es, an einer festen Stelle z.B. auf einem Tisch, Schrank oder einer Fensterbank 24 Teelichter aufzustellen, die einen Weg zur Krippe symbolisieren. Die Krippe könnte dann am Ende der Lichterkette stehen. Sie sollte allerdings zunächst nur als Stall dort stehen und noch leer sein.

Durchführung. Zünden Sie jeden Morgen ein Teelicht mehr und der Weg zur Krippe wird von Tag zu Tag heller. So können Sie den Kindern die Zeit bis Weihnachten optisch verdeutlichen. Der Lichterweg wird täglich etwas heller und länger und die Kinder sehen, dass Weihnachten näher rückt.
Zusätzlich können Sie beginnen die Krippe zu füllen. Zunächst mit Stroh, Schafen, Hirten, Tannen usw. Jeden Tag stellen Sie etwas mehr dazu.
Wenn Sie vor dem Anzünden der Kerzen alle restlichen Lichter im Raum ausschalten und während dessen noch eine Geschichte erzählen oder ein Lied mit den Kindern singen, können Sie dem Ganzen eine stimmungsvolle Atmosphäre verleihen.
Ob Sie am letzten Tag Maria und Josef und das Jesuskind in die Krippe legen oder bis ins neue Jahr damit warten, bleibt Ihnen überlassen. Auf jeden Fall können Sie im neuen Jahr noch die Heiligen Drei Könige dazustellen.

Dunkelheit erleben

Hinweis: Dunkelheit ist oft mit Ängsten verbunden. Viele Menschen – Kinder sowie auch Erwachsene – empfinden sie oftmals als unheimlich. Dunkelheit kann aber auch einen Reiz haben. Der Reiz auf etwas Ungewisses. Erleben Sie mit den Kindern Dunkelheit.

Durchführung: Verdunkeln Sie einen Raum. Die Kinder betreten ihn, setzen sich hin und schließen zusätzlich die Augen. Keiner sagt etwas. Sagen Sie ihnen, worauf sie nun achten sollen, z.B. wie fühlt sich die Dunkelheit an? Wie geht es mir? Habe ich Angst oder fühle ich mich unwohl oder geht es mir gut? Kann man Dunkelheit hören?
Geben Sie den Kindern die Möglichkeit, die Dunkelheit eine Zeit lang zu erleben. Im Anschluss daran tauschen sie sich über die einzelnen Empfindungen und gemachten Erfahrungen aus.

Variation: Die Kinder gehen im dunklen Raum umher und ertasten sich vorsichtig ihren Weg. Keiner darf etwas sagen, auch wenn sie aufeinander treffen. In dem Fall ertasten sie behutsam den anderen und setzen danach wieder ihren Weg fort.

Tasten im Dunkeln

Durchführung: Die Kinder sitzen paarweise im Dunkeln gegenüber. Zusätzlich können die Kinder die Augen verschließen. Geben Sie ihnen nun Aufgaben, die sie versuchen sollen zu erfüllen, z.B. sich gegenseitig an die Nasensitze fassen, sich gegenseitig die Hand geben, den Schuh des anderen auszuziehen und sich selbst anziehen.

Fortführung: Lassen Sie die Kinder auch eigene Vorschläge einbringen. Setzen Sie sich im Anschluss mit allen zusammen und tauschen Sie sich über die gemachten Erfahrungen aus.

Variation: Alle Übungen probieren die Kinder im Anschluss oder vorweg im Hellen aus. Fällt es ihnen mit Licht leichter?

Es riecht nach Weihnachten

Material: Für die Weihnachtszeit typische Gegenstände, die sich zum Riechen für die Kinder anbieten, sind beispielsweise Tanne, Mandarine, Bienenwachs, Kekse, Lebkuchen, Zimt, Nuss, Nelken …

Durchführung: Die Kinder sitzen im Kreis im Dunkeln zusammen. Wer mag, kann seine Augen noch schließen. Nun gehen Sie von einem zum anderen Kind und halten ihm einen Duft unter die Nase, den es erraten soll. Allerdings darf jeder erst seinen Tipp abgeben, nachdem Sie die Runde beendet haben.

Es schmeckt nach Weihnachten

Material: Für die Weihnachtszeit typische Gegenstände, die sich zum Riechen für die Kinder anbieten, sind beispielsweise Zimt, Mandarine oder Orange, Lebkuchen, verschiedene Sorten von Nüssen...

Durchführung: Die Spielregeln dieses Kimspiels gleichen dem Riechspiel, nur dieses Mal müssen die Kinder die Sachen durch Schmecken erkennen. Bereiten Sie kleine mundgerechte Stücke zu, die Sie den Kindern in den Mund legen bzw. streuen Sie Gewürze auf kleine Unterteller, in die die Kinder ihren Finger eintauchen.

Im Schutz der Dunkelheit

Hinweis: Wie jedes Symbol ist auch Dunkelheit ambivalent. Sie verkörpert negative Gefühle wie z.B. Angst, Unsicherheiten, Orientierungslosigkeit. Sie trägt aber auch Positives in sich, z.B. den Schatten. Diesen suchen wir zum Schutz vor der heißen Sonne auf. Im Schatten oder in der Dunkelheit gelingt es uns auch besser, uns zu verstecken. Dunkelheit ist demnach auch Schutz und gibt Geborgenheit.

Material: Decken, große Tücher und Wäscheklammern

Durchführung: Überlegen Sie mit den Kindern, welche Plätze sie als bergend und schützend erleben. Legen Sie Decken, große Tücher und Wäscheklammern bereit. Mit diesen dürfen die Kinder Höhlen bauen. Erlauben Sie ihnen, auch Tische mit in das Spiel einzubeziehen. Vielleicht entwickelt sich aus der Aktion ein wahrer Bauboom und der Gruppenraum wird an diesem Tag zu einem Höhlendorf.

Den Kirchenraum erleben

Vorbereitung: Erkunden Sie mit einer Kleingruppe von Kindern eine Kirche. Informieren Sie den Pastor oder Pfarrer von Ihrem Besuch. Bitten Sie ihn um Erlaubnis, dass die Kinder den Innenraum der Kirche entdecken dürfen.

Durchführung: Nach ausgiebiger Erkundung suchen sich die Kinder einen Platz, an dem sie sich besonders wohl fühlen. Vielleicht besteht die Möglichkeit, dass bis auf wenige Kerzen das Licht abgedreht wird. Auf diese Weise fühlen die Kinder die Dunkelheit und lauschen der Stille.

Helle und dunkle Töne unterscheiden

Material: Orff-Instrumente

Durchführung: Die Kinder sitzen im Kreis zusammen. Legen Sie verschiedene Orff-Instrumente, z.B. Handtrommel, Klanghölzer, Triangel, Schellenkranz, Zimbeln usw. in die Mitte. Nacheinander nehmen sich die Kinder eines der Instrumente und lassen es erklingen. Das Kind, das an der Reihe ist, sagt, ob es hell oder dunkel klingt. Die anderen Kinder dürfen natürlich helfen, wenn es unsicher ist.

Tipp: Dieses Angebot brauchen Sie nicht in einem abgedunkelten Raum durchzuführen. Allerdings sollten Sie auf künstliches Licht verzichten und stattdessen ein paar Kerzen aufstellen.

Weihnachtssymbole in der Dunkelheit erkennen

Material: Gegenstände, die in Beziehung zu Weihnachten stehen, wie z.B. Kerzen oder auch Bienenwachskerzen wegen des Dufts, Tannenzweige, Tannenzapfen, Krippenfiguren, Sterne, Christbaumkugeln, getrocknete Orangenscheibe, Orangen, Nüsse...

Vorbereitung: Spielen Sie das Spiel entweder in einem verdunkelten Raum, in dem die Kinder zusätzlich noch ihre Augen verschließen sollen, oder verbinden Sie ihnen die Augen in einem nicht verdunkelten Raum.
Geben Sie die zusammengestellten Dinge in einen Beutel. Achten Sie darauf, dass die Kinder zu Beginn des Spiels die Gegenstände nicht sehen.

Durchführung: Alle sitzen im Kreis zusammen. Nun nimmt jedes Kind einen der Gegenstände aus dem Beutel und versucht durch Tasten und evtl. auch Riechen diesen zu erkennen. Wenn es glaubt, diesen erkannt zu haben, legt es den Gegenstand vor sich hin. Anschließend sagt jeder der Reihe nach, was er vermutet. Danach dürfen die Kinder die Augen öffnen bzw. ihr Tuch abnehmen. Haben sie ihren Gegenstand richtig erraten?
Danach starten Sie die nächste Runde nach den gleichen Vorgaben.

Variation 1: Ein Gegenstand wandert hinter dem Rücken der Kinder herum und wird dort von jedem Kind ertastet. Anschließend sagen alle, um was es sich handelt könnte.

Variation 2: Zeigen Sie vor Beginn des Spiels den Kindern die Gegenstände. Halten Sie diese nacheinander hoch und lassen Sie die Sachen von den Kindern benennen. Mit geöffneten Augen dürfen sie nun selbst die Sachen genau ertasten und befühlen. Ermuntern Sie sie auch, an ihnen zu riechen.
Die nächste Raterunde führen die Kinder mit geschlossenen bzw. verbundenen Augen durch.

Licht weitergeben

Material: Kerze, Tropfschutz (Bierdeckel), Streichhölzer

Vorbereitung: Bereiten Sie eine lange Kerze mit Tropfschutz vor. D.h. ritzen Sie mit einem Cuttermesser in die Mitte eines Bierdeckels ein Kreuz oder schneiden Sie ein Loch hinein und stecken Sie behutsam die Kerze dadurch.

Durchführung: Die Kinder sitzen im verdunkelten Raum im Kreis zusammen. Halten Sie die Kerze am unteren Ende fest und zünden Sie diese an. Augenblicklich wird die Dunkelheit vom Kerzenschein erhellt. Geben Sie die Kerze an das Kind, das neben Ihnen sitzt. Fragen Sie es, was sich durch das Anzünden der Kerze verändert hat und was es an dem Kerzenschein besonders gern mag. Wenn es die Kerze genug betrachtet und auch seine Beobachtungen erzählt hat, gibt es diese an das nächste Kind weiter. Jedes Kind kommt auf diese Weise dazu, die Kerze zu halten und intensiv und direkt anzusehen. Außerdem setzt es sich mit der Wirkung des Lichts auseinander. Ermuntern Sie die Kinder, dass sie die andere Hand, die nicht die Kerze hält, dicht an die Flamme hält. So spüren sie die Wärme, die von dem Feuer ausgeht.

Tanz mit Lichtern

Material: CD-Player, Meditationsmusik

Durchführung: Alle Kinder befinden sich in einem abgedunkelten Raum. Reichen Sie jedem Kind ein angezündetes Teelicht in einem Glas. Als Einstimmung bewegen sich die Kinder ohne Anleitung im Rhythmus zu ruhiger Meditationsmusik, die Sie einspielen.

Nach dieser Eingewöhnungsphase erfinden Sie zusammen mit den Kindern einen einfachen Reigentanz. Dieser könnte beispielsweise folgende Elemente enthalten:

* ☆ Alle stellen sich im Kreis auf.
* ☆ Alle gehen einmal im Uhrzeigersinn nach rechts, bis jeder wieder auf seiner Ausgangsposition befindet.
* ☆ Alle gehen einmal im Uhrzeigersinn nach links, bis jeder wieder auf seiner Ausgangsposition befindet.
* ☆ Jedes Kind dreht sich einmal um sich selbst.
* ☆ Alle gehen vier Schritte in die Mitte und zurück.
* ☆ Alle treffen sich in der Mitte.
* ☆ In der Mitte heben alle Kinder ihre Lichter und senken sie wieder.

Variation: Statt der Meditationsmusik singen die Kinder ein Lied, z.B. „Mache dich auf und werde Licht" (siehe S. 86); „Tragt zu den Menschen ein Licht".

Meditation mit Licht

Material: Kerze, so viele Teelichter wie teilnehmende Kinder, Streichhölzer

Durchführung: Verdunkeln Sie einen Raum. Stellen Sie eine große Kerze in dessen Mitte und zünden sie die Kerze an. Halten Sie für jedes Kind ein Teelicht bereit. Ansonsten löschen Sie alle anderen Lichtquellen. Nach dieser Vorbereitung führen Sie die Kinder in den Raum. Weisen Sie sie an, ganz leise zu sein, sich in einem großen Kreis um die Kerze zu setzen und diese zu betrachten. Setzen Sie sich dazu. Geben Sie den Kindern etwas Zeit, den Kerzenschein zu beobachten bzw. sich an das Licht, das die Dunkelheit aufhellt, zu gewöhnen. Nun fragen Sie die Kinder, was sie mit dem Begriff „Licht" verbinden. Falls diese Aufgabenstellung für jüngere Kinder noch zu abstrakt ist, beziehen Sie die Frage direkt auf das Kerzenlicht, beispielsweise „Was denkst Du, wenn Du diese Kerze ansiehst?"

Um den Kindern eine andere Hilfe zu geben, können Sie auch mit einer eigenen Überlegung wie dieser beginnen: „Wenn ich das Kerzenlicht sehe, dann denke ich an ein schönes großes Lagerfeuer. Es knistert und knackt, wenn die Flammen das Holz verbrennen. Das Feuer ist ganz warm und angenehm."

Vielleicht fällt es den Kindern dadurch leichter, selbst eigene Erfahrungen, die sie mit Licht gemacht haben, einzubringen. Eine andere Möglichkeit wäre, den Kindern Schüsselsätze zu nennen, zu denen sie etwas beitragen. Hierzu folgende Beispiele:

- ✶ „Licht gibt Wärme!"
- ✶ „Licht gibt Helligkeit!"
- ✶ „Licht vertreibt die Dunkelheit. Es vertreibt Ängste. Licht macht uns glücklich!"
- ✶ „Durch Licht können wir sehen. Es gibt uns Orientierung!"
- ✶ „Licht macht es gemütlich in unseren Häusern!"

Die Kinder, die etwas sagen, zünden im Anschluss ihr Teelicht an der großen Kerze an und stellen es dazu. Wenn alle Kerzen angezündet sind, sagen die Kinder, was sich verändert hat, z.B. es ist heller, wärmer, gemütlicher geworden. Lassen Sie den Kindern Raum für eigene Phantasien.

Zum Schluss können Sie noch gemeinsam ein Lied singen, z.B. „Mache Dich auf und werde Licht" (siehe S. 86) oder „Tragt in die Welt nun ein Licht" (ist in vielen Sammlungen mit Weihnachtsliedern zu finden).

Inneres Licht und Schatten

Hinweis: Es gibt Erlebnisse, die uns glücklich machen, aber auch welche, die uns traurig stimmen. Bestimmte Gefühle verursachen im unserem Inneren eine helle oder eine dunkle Erinnerung.

Material: weißes und schwarzes Tuch, Teelichter, Gläser, Streichhölzer

Durchführung: Legen Sie in die Mitte eines Sitzkreises ein weißes und ein schwarzes Tuch. Stellen Sie um das weiße Tuch Gläser mit angezündeten Teelichtern. Ermuntern Sie die Kinder, etwas von den eigenen hellen oder dunklen Erfahrungen zu erzählen. Die Kinder, die möchten, setzen sich bei den hellen Erlebnissen auf das weiße Tuch, berichten sie von dunklen Erfahrungen setzen sie sich auf das schwarze.

Traumreise mit Kerze

Hinweis: Bei dieser Traumreise setzen sich die Kinder mit den positiven Eigenschaften einer Kerze auseinander und ziehen Parallelen zur eigenen Person.

Material: große Kerze, Teelichter

Vorbereitung: Verdunkeln Sie einen Raum und schaffen Sie durch das gedämpfte Licht eine wohlige Atmosphäre. Stellen Sie eine große Kerze in die Mitte des Sitzkreises und zünden Sie diese an. Legen Sie Teelichter um die Kerze herum. Diese zünden Sie aber nicht an. Richten Sie alle Dochte auf, so dass es das spätere Anzünden an der großen Kerze erleichtert.

Durchführung: Sagen Sie den Kindern, die leise ringsherum sitzen, sie sollen sich die Kerze und den Kerzenschein ganz genau ansehen. Damit sich die Kinder in die positiven Eigenschaften der Kerze hineinversetzen und diese auf die eigene Person übertragen zu können, erzählen Sie eine Traumreise. Legen Sie Pausen ein, damit die Kinder genug Zeit haben, sich auf die Geschichte einlassen und die Kerze ausreichend anzusehen.

Ich bin eine Kerze. Schaut mich genau an. Mein Docht wurde nur für euch angezündet. Ich leuchte nur für euch. Seht euch meine Flamme an. Sie hat ganz unterschiedliche Farben. Ganz unten ist sie blau, in der Mitte ist sie orange und ihre Spitze ist gelb. Während ihr mich anseht, brenne ich immer weiter runter. Falls ihr mich nicht irgendwann auspustet, werde ich in ein paar Stunden ganz abgebrannt sein. Das Abbrennen macht mir nichts aus. Dazu bin ich als Kerze geschaffen worden.
Ich bin da, um euch zu erfreuen. Mein Kerzenlicht ist angenehm für die Augen. Es tut euch nicht weh, meine Flamme zu betrachten. Viele Menschen zünden Kerzen an, um es in den Häusern gemütlicher zu haben.
Durch mich könnt ihr in diesem Raum sehen. Wenn ihr mich tragt, leuchte ich euch den Weg. Ich gebe euch Orientierung, dass ihr euch in der Dunkelheit zurecht findet und nicht irgendwo gegen lauft.
Mein Licht gibt Wärme ab.
Ich freue mich, dass ich euch all diese Sachen geben kann. Es ist für mich das Wunderbarste der Welt, dass ich Freude schenke und Menschen ein bisschen glücklicher mache. Je mehr Kerzen gleichzeitig angezündet werden, umso heller und wärmer wird alles um sie herum.
Auch ihr könnt Freude und Wärme weitergeben. Wenn ihr jemandem eine Freude macht, fühlt er sich glücklich. Ihm wird warm ums Herz. Je mehr

von euch anderen etwas Gutes tun, umso mehr Wärme und Licht wird weitergeben. Darum macht es so wie ich: Lasst eure Flamme für andere brennen. Gebt anderen eure Freude und euer Lachen weiter.

Seht noch einmal ganz genau in meine Flamme. Überlegt euch dabei, wann ihr das letzte Mal jemandem eine Freude gemacht habt oder wem ihr bald etwas Gutes tun wollt. Lasst euch Zeit beim Nachdenken. Wenn ihr einen Gedanken habt, haltet diesen fest. Damit er bei euch bleibt, zündet eine Kerze an mir an und stellt sie vor euch hin.

Falls euch jetzt nichts einfällt, dürft ihr trotzdem eine Kerze an mir anzünden. Diese stellt ihr neben mich.

Wenn jeder seine Kerze angezündet hat, seht ihr wie hell wir alle zusammen leuchten und wie viel Wärme wir abgeben.

Auswertung: Nachdem alle Kerzen brennen und die Kinder die Stimmung erfahren haben, fragen Sie in dieser Atmosphäre behutsam und leise, wer seinen Gedanken erzählen möchte. Ermuntern Sie die Kinder dazu, aber drängen Sie nicht. Abschließend pusten nacheinander alle vorsichtig, damit kein Wachs versspritzt wird, ihre Kerze aus und schauen dem Rauch nach.

Das Licht weiter tragen

Durchführung: Wie können wir anderen Menschen Licht bringen? Überlegen Sie zusammen mit den Kindern, wie sie jemandem eine Freude machen können. Im Gespräch erzählen die Kinder ihre Ideen und überlegen, wie sie diese umsetzen können.

Material: Goldfolie, Scheren

Variation: Bereiten Sie aus Goldfolie Sterne zu, die die Kinder ausschneiden. Jedes Kind sucht sich einen Freund bzw. eine Freundin. Achten Sie darauf, dass kein Kind übrig bleibt oder ein Kind doppelt gewählt wird. Nun überlegt jeder für sich, was er diesem Kind wünscht. Ältere Kinder schreiben diesen Wunsch selbst auf den Stern. Bei jüngeren Kindern übernehmen Sie das Schreiben.

Hinweis: Achten Sie darauf, dass sowohl der Name des Kindes, für das der Stern bestimmt ist, als auch der Name des Kindes, das ihn verfasst hat, auf dem Stern geschrieben ist.

Fortführung: Keiner darf seinen Wunsch verraten. Die Überraschung wird erst im Laufe der Adventszeit gelüftet. Es bietet sich z.B. an, nach dem täglichen Öffnen des Adventskalenders einen der Sterne aufzuhängen. Bei dem Zeremoniell zieht ein Kind einen der Sterne und liest entweder selbst den Wunsch vor oder Sie übernehmen das Vorlesen. Für alle Kinder wird das Sterneziehen sehr spannend werden. Besonders für die, deren Stern gezogen wird bzw. an wen der Wunsch gerichtet ist.

Hängen Sie alle Sterne im Gruppenraum an einer dekorativen Stelle auf, z.B. an einem Himmel aus blauen Tüchern oder Tüll, so dass die Kinder nach einiger Zeit ihren Stern sehen können und auch erleben, wie immer mehr Sterne dazu kommen.

Lichtschein-Pantomime

Material: große Kerze, ggf. Zettel

Durchführung: Die Kinder sitzen im verdunkelten Raum im Kreis zusammen. Stellen Sie in die Mitte eine große Kerze und zünden Sie diese an. Wählen Sie ein Kind aus, dass im Kerzenschein pantomimisch etwas darstellt, was im weiteren Sinn mit Weihnachten zu tun hat. Zum Vorspielen steht das Kind auf. Dazu einige Beispiele für die Pantomime:

* Tannenbaum schmücken
* Adventskalender öffnen
* Kekse backen
* Geschenke einpacken

Das Kind, das als erstes errät, was vorgespielt wird, darf als nächstes in die Mitte.

Lassen Sie die Kinder selbst überlegen, was sie darstellen wollen. Wenn ihnen nichts einfallen sollte, flüstern sie ihnen etwas ins Ohr. Eine andere Möglichkeit ist, dass Sie Zettel vorbereiten, auf denen Sie die darzustellenden Tätigkeiten aufmalen.

Leuchtender Stern

Material: Pappe bzw. Tapete, Schere, ggf. gelbe Tuschfarbe

Vorbereitung: Malen Sie einen großen Stern auf Pappe oder Tapete auf. Ältere Kinder helfen beim Ausschneiden. Fragen Sie die Kinder, ob sie Lust haben den Stern mit gelber Tusche zu bemalen.

Durchführung: Legen Sie den fertigen Stern in die Mitte des Raumes. Die Kinder setzen sich in sicherem Abstand um diesen herum. Stellen Sie in die Sternmitte eine große brennende Kerze. Spielen Sie leise Meditationsmusik an. Die Kinder sind ganz leise. Es ist ganz still, nur die leise Meditationsmusik ist zu hören. Geben Sie jedem Kind ein unangezündetes Teelicht in die Hand. Nacheinander zündet jedes Kind sein Teelicht an der großen Kerze an, stellt es auf eine Sternzacke und setzt sich wieder an sein Platz. So wird aus dem Papierstern nach kurzer Zeit ein leuchtender Stern.

Variante: Statt Meditationsmusik anzuspielen, singen Sie mit den Kindern ein Lied.

8. In der Weihnachtswerkstatt

In vielen Kitas wird in der Vorweihnachtszeit oft noch ein Bazar geplant. Bazare verursachen zusätzlichen Stress, den Sie vielleicht etwas kritisch betrachten sollten. Steht der Aufwand im Verhältnis zu dem, was für die Kita dabei herauskommt und wie viel der Zeit in der Arbeit mit den Kindern dabei verloren geht?
Dies soll nicht heißen, dass Sie so etwas nicht machen sollen, aber bedenken Sie bitte genau, ob das Verhältnis stimmt.
Überlegen Sie, ob es vielleicht auch andere Möglichkeiten gibt, mit einer kleinen Finanzspritze Ihre Kita-Kasse aufzubessern. Sie könnten die eine oder andere Bastelei von Ihnen, den Kindern und den Eltern zum allgemeinen Verkauf anbieten und das die ganze Vorweihnachtszeit hindurch. Dann braucht die Auswahl nicht so groß sein und der Stress lässt nach. Dazu können Sie im Eingangsbereich Ihrer Kita z.B. einen Verkaufstisch aufstellen.

- ✴ Kränze binden und verkaufen
- ✴ „Kinderkunst" (Bilder) malen und verkaufen
- ✴ Mandala aus Blütenblättern legen, fotografieren und die Fotos verkaufen
- ✴ Video vom Sommerfest, Weihnachtsmärchen oder anderen Kita-Aktionen
- ✴ Gutschein für einige Betreuungsstunden an einem langen Samstag (Eltern wollen gern Weihnachtsgeschenke einkaufen, ohne ihre Kinder dabei zu haben. Denn es soll ja eine Überraschung sein. Die Möglichkeit, dass Oma oder Opa als Babysitter einspringen können, ist in vielen Familien nicht mehr gegeben. Sie können den Eltern hier entgegen kommen und die Einrichtung an einem langen Samstag öffnen. Da es sich bei diesem Angebot sicher nicht um ein reguläres Angebot Ihrer Kita handelt, werden die Eltern sicher auch bereit sein, dies extra zu bezahlen oder mit einer Spende zu unterstützen.)

Kreativ sein in der Adventszeit

Richten Sie gemeinsam mit den Kindern eine Werkstatt ein, in der die Kinder die Adventszeit hindurch kreativ sein dürfen. Dort dürfen sie sich fühlen, wie die Helfer des Weihnachtsmannes oder des Christkindes.
Vielleicht wollen Sie sich bereits nach dem Martinsfest auf Weihnachten einstimmen und gestalten mit den Kindern gemeinsam einen Adventskalender oder Weihnachtskarten, die dann rechtzeitig verschickt oder sogar an die Eltern verkauft werden können.
Diese Werkstatt darf natürlich schon vor der Adventszeit eingerichtet werden. Ideal ist es, wenn Sie hierfür einen extra Raum zur Verfügung haben. Sollte dies nicht der Fall sein, so können Sie auch innerhalb des Gruppenraumes eine Kreativecke einrichten. Beziehen Sie auf jeden Fall die Kinder so früh wie möglich in die Umgestaltung mit ein. Sie können Ihnen Ideen für die Umsetzung liefern.

Materialien für die Werkstatt

Die Werkstatt soll einen Aufforderungscharakter haben und das Material die Kinder anregen, selbst aktiv zu werden. Stellen Sie für die Kinder in der Werkstatt verschiedene Materialien zur Verfügung, die sie frei nutzen dürfen. Achten Sie darauf, dass die Materialien für die Kinder gut sichtbar und zugänglich sind.

Folgende Materialien könnten Sie den Kindern anbieten: verschiedene Sägen, Bastelschere, Bastelkleber, Holzreste, Stoffreste, Lederreste, dünner Basteldraht, Kartons in verschiedenen Arten und Farben (dünner Verpackungskarton, Fotokarton, Glanzkarton, Wellpappe), Glanzpapier, Goldfolie, Verpackungsmaterialien, Folien, Netze, Bonbon-Papier, Wachsmalkreiden, Glitzerfarbe, Flimmer, Kleine Dinge zum Dekorieren wie Perlen und Pailletten, Federn, Pfeifenputzerdraht, Zapfen, Muscheln.

Regeln für die Werkstatt

Stellen Sie gemeinsam im Team und mit den Kindern Regeln für die Nutzung der Weihnachtswerkstatt auf. Machen Sie sich dabei eine Checkliste zur Einweisung, denn später sollen die Kinder ja auch selbstständig die Werkstatt nutzen dürfen. Dafür müssen sie die Regeln kennen, die dann einzuhalten sind wie z.B.:

* ✯ Wer weist die Kinder in die Nutzung ein?
* ✯ Welche Bereiche dürfen sie selbstständig nutzen?
* ✯ In welchen Bereichen, müssen sie eine Erzieherin oder einen Erzieher mit einbinden, weil sie vielleicht elektrische Geräte wie Bohrer nutzen wollen?
* ✯ Wer darf dort wann und wie gestalten?
* ✯ Welche Sicherheitsbestimmungen oder Regeln sind zu beachten?
* ✯ Wie viele Kinder dürfen mitmachen?
* ✯ Welche Dinge dürfen die Kinder allein nutzen, für welche Dinge muss eine erwachsene Person dabei sein?

Um die Anzahl für die Kinder übersichtlich zu halten, können Sie am Eingang der Werkstatt ein Körbchen mit Wäscheklammern aufhängen. Es dürfen so viele Kinder in die Werkstatt, wie sich Klammern in den Körbchen befinden. Jedes Kind, das die Werkstatt betritt, nimmt sich eine Klammer und hängt diese an einer darüber befindlichen Schnur auf. Sind alle Klammern an der Schnur, ist die Werkstatt besetzt. Erst, wenn Kinder die Werkstatt verlassen und ihre Klammer wieder in das Körbchen legen, darf ein anderes Kind hinein gehen. Achten Sie beim Aufhängen des Körbchens darauf, dass es auch für das kleinste Kind erreichbar ist. Besonders schön sieht es aus, wenn die Wäscheklammern mit Weihnachtsmotiven verziert werden.

* ✯ Liste zum Ein und Austragen
* ✯ Anmelden Eintragen – bin da
* ✯ Abmelden – nach dem Aufräumen austragen – habe aufgeräumt

Erstellen Sie das Abmeldesystem mit den Kindern gemeinsam, damit es für sie auch gut nachvollziehbar ist. So können die Kinder die Information auch an andere Kinder weiter geben.

Dokumentation der Werkstatt für die Eltern

Jedes Kind, das mitmachen möchte, gestaltet sich eine Dokumentationsmöglichkeit. So können Sie den Eltern zeigen, was in der Werkstatt alles passiert. Hier einige Ideen dazu:

* Adventstagebuch: Jedes Kind, das mag, führt ein eigenes kleines Tagebuch, in welches es all die Dinge hineinmalt, die es in der Werkstatt gemacht hat. Was dort hinein soll, bestimmt natürlich das Kind selbst, denn es ist sein Tagebuch.
* Schuhkarton: Jedes Kind, das möchte, gestaltet sich einen bunten Karton, in dem es seine „Adventsschätze" aufbewahrt. Vielleicht ist dann kurz vor Weihnachten sogar das eine oder andere Geschenk darin verborgen.
* Bilderrahmen aus Ästen oder anderem: Gestalten Sie aus Ästen Bilderrahmen, indem Sie vier Äste mit Bast zusammenbinden. (Sie können auch Draht verwenden) In diese Bilderrahmen können Sie sowohl Fotos hängen, die Sie von den Kindern während ihrer Arbeit gemacht haben. Sie bieten auch Platz für Bilder, welche die Kinder gemalt haben. So können Sie zeigen, was sie geleistet haben. Ebenso können Sie Aussagen der Kinder in einem solchen Rahmen aufschreiben und aushängen.
* Dokumentationsfläche: Nehmen Sie ein Stück Kaninchendraht und befestigen Sie diesen an der Wand oder Decke. Der Draht eignet sich hervorragend, um dort Bilder, Fotos oder gebastelte Werke auszustellen.

Erste Gestaltungsideen für die Weihnachtswerkstatt

Natürlich können Sie alle Angebote, die Sie in der Vorweihnachtszeit machen, in der Weihnachtswerkstatt erstellen lassen. Sie haben aber auch die Möglichkeit, die Gestaltung mit anderen Angeboten auch schon vorher durchzuführen und sich die Kinder an diesen neuen Rahmen gewöhnen zu lassen:

* Geheimnisse im Heft oder Sammelordner
  Material: Hefte bzw. alte Ordner, Buntstifte
  Durchführung: Die Kinder gestalten sich ein Heft oder einen alten Ordner weihnachtlich (oder wenn sie mögen auch kunterbunt). In das Heft dürfen sie ihre Geheimnisse malen. In dem Ordner können sie eine lose Blattsammlung anlegen.

✸ Natürliche Pinsel
Material: Reisigzweige, Stroh, Gräser, Tannenzweige etc., Deckfarbe, ggf. Leinwand, Papier
Durchführung: Die Kinder nehmen die Naturmaterialien und tunken sie in die Farben und spritzen damit nach Herzenslust auf die Leinwand oder malen direkt auf das Papier.
Tipp: Wenn Sie Packpapier als Leinwand verwenden, können Sie das bunt gestaltete Papier auch als Geschenkpapier verwenden.
Mit dieser Technik können auch Fensterscheiben bunt bespritzt und bemalt werden.

✸ Lesezeichen
Material: bunter oder weißer Karton, Locher, gepresste Pflanzen, Gold- und Silberstifte, selbst klebende Folien, Bänder bzw. Wolle
Vorbereitung: Hierzu scheiden Sie bunten oder den weißen (bemalten) Karton in passender Größe, ca. 6 x 16 cm zu.
Durchführung: Etwa 1 cm vom unteren Rand entfernt, stanzen die Kinder mit dem Locher ein Loch ein. Die Kinder kleben nach Lust und Laune Pflanzen oder malen mit Gold- und Silberstiften Muster auf. Das Lesezeichen überziehen Sie dann mit selbstklebender Folie. Zum Schluss ziehen die Kinder noch eine passende Schleife durch das Loch.

✸ Goldene Früchte
Material: z.B. Kastanien, Tannenzapfen, Eicheln, Ahornfrüchte, Nüsse, Bucheckern, Esskastanien mit Schale, Ästchen, winterharte Blätter, goldene Plakatfarbe, Pinsel, dünner Draht, Tapete, Hölzer, Käseschachteln
Vorbereitung: Im Herbst haben Sie sicher bereits Materialien wie die vorgeschlagenen in der Natur mit den Kindern gesammelt. Diese eignen sich zum Anmalen. Befestigen Sie den Draht an der Frucht oder dem Blatt. Tragen Sie die Farbe großzügig mit dem Pinsel auf. Es dauert einige Stunden, bis die Farbe trocknet.
Durchführung: Aus den goldenen Früchten können Sie mit den Kindern Collagen und Bilderrahmen gestalten.

Karten

☞ Weihnachtspost

Die erste Weihnachtskarte überhaupt soll 1841 ein Buchhändler in Schottland angeboten haben. 1843 hat ein Londoner Geschäftsmann die ersten Weihnachtspostkarten, die er von einem Zeichner extra hatte herstellen lassen, verschickt. Die überzähligen Karten verkaufte er und setzte damit einen Boom in Gang. In Deutschland wurde die erste Postkarte überhaupt erst 1870 eingeführt. Dabei gab es erhebliche Bedenken, weil „jeder Postbote und jeder Dienstbote mitlesen konnte". Heute werden in Deutschland jährlich bis über eine halbe Milliarde Postkarten verkauft, davon bis über 100 Millionen Weihnachts- und Neujahrskarten. Haben früher weihnachtliche Motive dominiert, überwiegen heute „Humor-Karten" mit Cartoons und Karikaturen sowie Karten mit elektronischen Elementen.

(aus: Manfred Becker-Huberti, Lexikon der Bräuche und Feste. Herder: Freiburg 2001)

Sternenstempel

Material: Moosgummi, kleine Holzstücke, Gold- oder Silberfarbe, Packpapier

Durchführung: Schneiden Sie aus Moosgummi verschieden große Sterne oder auch Sternschnuppen aus und kleben Sie diese auf ein keines Holzstück. Sie haben jetzt hervorragende Sternenstempel. Wenn Sie diese mit etwas Gold- oder Silberfarbe bestreichen, können die Kinder die Sterne auf Karten, Anhänger, Einladungen zur Adventsfeier oder Bilder stempeln. Wunderschönes Geschenkpapier erhalten Sie, wenn Sie die Sterne auf einen Bogen Packpapier stempeln.

Gedruckte Weihnachtskarten

Material: große Kartoffeln oder Moosgummi und Holzklötzchen, Gold- oder Silberfarbe

Durchführung: Teilen Sie mit den Kindern große Kartoffeln zur Hälfte und schneiden Sie auf die flache Seite weihnachtliche Motive. Ebenso können Sie den Kindern aber auch Moosgummi und Holzklötzchen zur Verfügung stellen. Die Kinder dürfen aus dem Moosgummi ein Motiv ausschneiden, das dann auf das Klötzchen geklebt wird und als Stempel dient.

Wenn Sie anschließend den Kindern Gold- und Silberfarbe zur Verfügung stellen, um die Stempel zu bestreichen, so werden sie sicher sofort loslegen.
Tipp: Wenn Sie die Karten etwas kleiner gestalten, können Sie auch als Geschenkanhänger genutzt werden.

Grußkarten

Material: schön geformte Blätter, Glycerin, Wasser, ggf. Kleber

Durchführung: Sammeln Sie mit den Kindern besonders schön geformte Blätter, die Sie sechs Tage lang in einer Lösung aus 50% Glycerin und 50% Wasser einweichen. Anschließend müssen Sie diese Blätter mit klarem Wasser abspülen und trocknen. Auf diese Art und Weise verändern sich die Blätter so, dass sie selbst als Grußkarten verwendet werden können. Sie können Sie natürlich auch auf Papier aufkleben.

Weihnachtliche Schüttelkarte

Material: Passepartoutkarten, Buntstifte, Sterne, Glitzermaterial, kleine, durchsichtige Plastiktüten, ggf. Schweißgerät für Tiefkühlobst

Durchführung: Die Kinder malen auf die Innenseite einer Passepartoutkarte ein Motiv ihrer Wahl. Jetzt nehmen Sie die Plastiktüte, in die Sie Schüttelmaterial wie Sterne, Glitzermaterial oder ausgeschnittene Schneeflocken füllen. Diese Tüte wird vor das Passepartout geklebt und dabei auch gleich verschlossen. Sie können die Karte auch mit einem Schweißgerät für Tiefkühlobst verschließen. Wenn die Karte nun zugeklappt wird, erscheint das Bild in weihnachtlicher Stimmung.

Kränze

☞ Der Adventskranz

Einer der jüngsten Adventsbräuche ist der Adventskranz. Hervorgegangen ist der Adventskranz aus evangelischen Adventsandachten, die der Pfarrer Hinrich Wichern (1808–1881) am „Rauen Haus" in Hamburg gehalten hat. Das „Raue Haus" ist 1833 als Anstalt zur Betreuung gefährdeter Jugendlicher von Wichern gegründet worden. Auf einem Tannenkranz wurden nach

und nach 24 Kerzen entzündet. Da Kränze dieser Größe sehr aufwändig und teuer herzustellen waren, setzten sich später bei der Bevölkerung dann die noch heute bekannten Kränze mit 4 Kerzen für die Adventssonntage durch. Nach dem Ersten Weltkrieg wurde der Adventskranz überkonfessionell, denn seine Symbolik vertrug sich durchaus mit den Vorgaben der katholischen Kirche.

Der Kreis des Adventskranzes nimmt das Bild von der Sonne auf, die an Weihnachten, zur Wintersonnenwende, wieder an Stärke gewinnt und Christus symbolisiert. Durch das wöchentliche Anzünden einer bzw. jeweils einer weiteren Kerze an den Adventssonntagen, erfahren wir, dass die Zeit bis zu Weihnachten immer kürzer wird.

Sicher beigetragen zur Verbreitung des Adventskranzes hat die Tatsache, dass Kränze und Gestecke in zahlreichen Varianten von Gärtnereien und Blumengeschäften angeboten werden.

(aus: Manfred Becker-Huberti, Lexikon der Bräuche und Feste. Herder: Freiburg 2001)

Kränze um Käseschachteln

Aus Käseschachteln lassen sich leicht kleine Adventskränze gestalten, die sich auch als Baumschmuck eignen.

Material: leere Käseschachteln, grünes Krepppapier, bunte Pappe, Kleber, Schere

Durchführung: Dazu entfernen Sie die Innenpappe aus der Käseschachtel. Die Kinder umwickeln die Pappe mit grünem Krepppapier. Nun noch Kerzen aus bunter Pappe ausschneiden und ankleben. Schon sind die kleinen Kränze fertig.

Goldener Zapfenkranz

Material: Styroporkranz, Zapfen, goldene Sprühfarbe, Kleber bzw. Draht

Durchführung: Besorgen Sie sich im Bastelgeschäft einen Styroporkranz. Sammeln Sie mit den Kindern verschiedene Sorten Zapfen, die Sie mit goldener Farbe besprühen. Diese werden nun dicht an dicht auf den Styroporkranz geklebt oder mit Draht befestigt. Je nach Größe des Kranzes kann dieser als Kerzenring oder als Wandschmuck dienen.

Ketten und Girlanden aus Blättern und Früchten

Material: Blätter, Ahornsamen, Mohnkapseln, Bucheckern, Faden bzw. Bast

Vorbereitung: Aus Blättern, Ahornsamen, Mohnkapseln, Bucheckern, die Sie im Herbst mit den Kindern gesammelt haben, können Sie gemeinsam Girlanden gestalten.

Durchführung: Hierzu werden die Blätter und Früchte auf einen Faden oder Bast gefädelt.

Tipp: Sehr schön sieht es auch aus, wenn Sie die Blätter und Früchte mit Goldfarbe besprühen.

Lichter

Nicht nur im christlichen Kulturkreis, sondern auch in anderen Religionen werden zur Zeit der Wintersonnenwende Lichterfeste gefeiert. Der Umgang mit Licht und Kerzenschein zu diesem Zeitpunkt ist somit etwas Verbindendes zwischen den Religionen und stellt eine gute Möglichkeit dar, auch Kinder aus unterschiedlichen Kulturkreisen damit anzusprechen.
Licht, Wärme und Sonne sind wichtig für unser Wohlbefinden. Im Winter jedoch fehlen uns diese Energien. Um uns auch in dieser Jahreszeit an Wärme und Licht zu erfreuen, machen wir es uns drinnen bei Kerzenschein gemütlich. Auch im Bezug auf die anfallenden Feste erhöht sich die Lust, sich den winterlich-grauen Alltag zu erhellen. Zur Advents- und Weihnachtszeit gehört das romantische Kerzenlicht. Es dient auch dazu, besinnlich zu werden und nach innen zu schauen.
Dennoch sollten Sie nie die Gefahren vergessen, die von brennenden Kerzen ausgehen. Beachten Sie hierzu die Tipps zum vorbeugenden Brandschutz im Serviceteil.
Im weiteren Verlauf finden Sie zunächst Vorschläge und Ideen zum kreativen Gestalten mit Teelichtern. Vorschläge zu Kerzen, zu ihrer Herstellung und zum Gestalten damit, finden Sie in einem späteren Abschnitt.

☞ Licht und Feuer

Das Licht und sein irdischer Träger, das Feuer, gehören zu den kostbarsten Gütern der Erde. Die Kulturgeschichte der Erde begann mit dem Feuer. Und natürlich war dabei die Erfindung der Kerze ein ganz wichtiger Meilenstein. Zunächst bestanden Kerzen aus natürlichen Rohstoffen wie Bienenwachs oder Talg, heute bestehen Kerzen häufig aus Paraffin bzw. Stearin.

In der christlichen Liturgie spielte der Gebrauch von Lichtern (Kerzen, Öllampen usw.) von Anfang an eine wichtige Rolle. Der Grund dafür war ein ganz praktischer: Häufig wurden Versammlungen der christlichen Gemeinden, Messen und Andachten abends durchgeführt. Und in den Katakomben, wo sich die Christen zum Schutz vor Verfolgung trafen, brauchte man natürlich auch Licht. Erst im Laufe der Zeit bekam das Licht dann auch im Christentum eine symbolischen Bedeutung, vor allem Sinnbild für das ewige Licht, das Christus ist. Seit dem 11. Jahrhundert wurde es Brauch, die ursprünglich um den Altar aufgestellten Kerzen auf den Altar selbst zu stellen.

(nach Hermann Kirchhoff, Christliches Brauchtum, Kösel: München)

Wir zünden eine Kerze an

Überliefert

Lochmuster-Windlicht

Material: Bastelfolie, Käseschachteln, Unterlagen zum Pricken (Kissen, Woll-decke), dicke Stricknadeln, ggf. Papier und Stifte, Teelichter

Durchführung: Schneiden Sie von der Bastelfolie einen ca. 15 cm breiten Strei-fen ab. Dieser muss so lang sein, dass er einmal um eine Käseschachtel passt. Geben Sie zu dieser Länge noch einen Zentimeter für den Kleberand dazu.
Die Kinder legen die Folie auf eine weiche Unterlage, z.B. ein Kissen oder eine zusammengefaltete Wolldecke. Mit der Stricknadel pieksen sie Fantasiemuster hinein. Der untere Rand wird freigelassen, da dort später die Käseschachtel hin-ter geklebt wird.
Im Vorfeld entscheiden die Kinder, ob sie die Muster freihändig hinein stechen oder sie vorher eine Zeichnung anfertigen wollen. Bei dieser letzteren Variante malen sie ein Motiv auf ein normales Papier auf, das die gleiche Größe wie die Bastelfolie hat. Die fertige Skizze legen sie anschließend auf die Folie und ste-chen mit der Stricknadel den Linien der Zeichnung entlang durch beide Papie-re hindurch. Weisen Sie die Kinder darauf hin, dass sie die Löcher nicht zu dicht aneinander pieksen, da ansonsten dabei das Papier kaputt gehen könnte.
Wenn die Kinder ihre Folie zu ihrer Zufriedenheit fertig gestellt haben, kleben sie die beiden kürzeren Seiten zusammen und legen in die Mitte des Schach-telbodens ein Teelicht. Wer mag darf nun sein Licht selbst anzünden. Zum Schluss stellen die Kinder die Folie um die Käseschachtel.
Die beleuchteten Windlichter sehen sehr dekorativ und feierlich aus.

Tipp: Nehmen Sie statt der Bastelfolie spezielle Aluminiumfolie, die im Fachhandel erhältlich ist. Ältere Kinder verwenden Prickelnadeln anstelle von Stricknadeln.

Stimmungsvolle Teelichter

Material: leere Gläser, Kleister, farbige Transparentpapiere, flache, kleine Behälter, alte Zeitungen, alte Tücher, Teelichter

Vorbereitung: Sammeln Sie leere Gläser, z.B. Marmeladengläser. Falls Sie das Angebot mit jüngeren Kindern durchführen, verwenden Sie kleine Glasgefäße, da sie sonst zu lange bis zum Endergebnis brauchen.

Durchführung: Rühren Sie mit den Kindern Kleister an. Während er bindet und verdickt, nutzen Sie die Zeit und zerreißen mit den Kindern verschieden farbige Transparentpapiere zu vielen kleinen Schnipseln. Diese legen Sie in kleine, flache

Behälter, um ein Wegfliegen zu vermeiden. Nach Wunsch können die Papierstücken auch nach Farben sortiert werden. Da die Aktion etwas schmierig ist, sollten Sie alte Zeitungen als Unterlage auf den Tisch und alte Tücher zum Abwischen der Hände zwischendurch bereit legen.

Nachdem alle Vorbereitungen getroffen sind, bestreichen die Kinder jeweils eine kleine Stelle ihres Glases mit Kleister. Darauf kleben sie die Papierschnipsel. Diese dürfen sich an den Kanten überdecken. Danach kleistern sie wieder ein Stück ein und bekleben es. Das machen die Kinder so lange, bis ihr Glas vollständig bedeckt ist. Je mehr unterschiedliche Farben die Kinder zum Bekleben nehmen, desto wirkungsvoller wird letztendlich ihre Tischlaterne.

Zum Schluss stellen sie ein Teelicht hinein. Wenn dieses angezündet ist, können die Kinder ihre stimmungsvollen Tischlaternen bewundern.

Variation: Ältere Kinder reißen oder kleben Motive, z.B. einen Tannenbaum, Sterne etc. Weisen Sie die Kinder darauf hin, dass die Motive mehr wirken, wenn ein Hintergrund geklebt ist. D.h. das Glas sollte auch vollständig mit Schnipseln umgeklebt werden.

Bunte Lichtgläser am Zweig

Sehr dekorativ und sehr stimmungsvoll sieht auch ein mit beleuchteten Gläsern bestückter Zweig aus.

Material: Tannenzweige, kleine Gläser, Transparentpapier, Blumendraht, ggf. feuerfeste Sterne; Besenstiel oder Gardinenstange, Tannengrün

Vorbereitung: Suchen Sie hierzu kleine Gläser aus, die so groß sind, dass jeweils ein Teelicht hinein passt.

Durchführung: Die Kinder umkleben diese nach Anleitung der „stimmungsvollen Teelichter" mit Kleister und Schnipseln aus Transparentpapier. In die vollständig beklebten Gläser stellen Sie jeweils ein Teelicht hinein. Binden Sie ein Stück Blumendraht fest um den oberen Glashals. Formen Sie aus einem zweiten Stück Draht einen Henkel, dessen Enden Sie mit dem anderen Draht am Glas verbinden und gut befestigen.

Wählen Sie einen stabilen größeren Zweig oder Ast aus, den Sie an der Zimmerdecke fest anbinden. Hängen Sie nun die Lichtgläser so an den Zweig, dass diese nicht herunterfallen können.

Falls Ihnen der Zweig noch zu kahl sein sollte, ergänzen Sie die Dekoration mit feuerfesten Sternen o.ä., die die Kinder gebastelt haben.

Variation: Hängen Sie die Lichtgläser nicht an einem Zweig auf, sondern an einem Holzstiel, z.B. Besenstiel oder Gardinenstange. Damit das Holz verdeckt ist, verzieren Sie den Stil mit Tannengrün. Achten Sie aber darauf, dass die Kerzen weit genug vom Stiel entfernt sind, so dass keine Brandgefahr besteht.

Teelichthalter aus Wellpappe

Teelichthalter sehen auf jedem Tisch gut aus. Sie sind in der Herstellung einfach und eignen sich auch gut als kleine Weihnachtsgeschenke.

Material: Pappe, Wellpappe (ggf. goldene), ggf. Glitzer-Sternchen, Scheren, Kleber, Teelichter

Vorbereitung: Bereiten Sie eine Pappschablone vor, z.B. einen Stern, einen Tannenbaum, eine Glocke. Die Kinder übertragen die Motive auf Wellpappe und schneiden sie aus. In die Mitte kleben sie anschließend ein Teelicht. Besonders dekorativ werden die Teelichterhalter, wenn Sie goldene Wellpappe anbieten, auf die die Kinder zum Schluss noch Glitzer-Sternchen kleben.

Teelichthalter aus Holz

Anspruchsvoller werden die Teelichthalter, wenn Sie die Motive auf Spanholz aufmalen.

Material: Spanholz, Schmirgelpapier, Plakat- oder Holzmalfarbe, ggf. Glitzer-Material, Kleber, Teelichter

Durchführung: Die Kinder sägen die Motive mit der Laubsäge aus. Anschließend schmirgeln sie die Holzmotive mit Schmirgelpapier glatt und beseitigen auf diese Weise auch eventuelle Unebenheiten. Mit Plakat- oder Holzmalfarbe bemalen sie nun ihr Motiv. Die Kinder, die mögen, streuen Glitzer auf die noch nicht angetrocknete Farbe. Wenn es getrocknet ist, sprühen Sie Lack auf die Halter.

Achtung: Da dabei gesundheitsgefährliche Gase freigesetzt werden, führen Sie das Aufsprühen am besten draußen durch und holen die Halter erst hinein, nachdem sie völlig getrocknet sind. Die Kinder kleben zum Schluss ein Teelicht darauf.

Lichter aus Orangen

Material: Teller, Tannengrün, Zimtsterne, Golddraht, Sterne, Orangen, Messer, Teelichter

Durchführung: Dekorieren Sie einen Teller weihnachtlich, beispielsweise mit Tannengrün, zusammengebundenen Zimtstangen, Golddraht und Sternen. Als Krönung setzen Sie Orangenlichter dazu. Hierzu schneiden Sie Orangen im oberen Drittel durch und entfernen Sie im unteren Teil das Fruchtfleisch. Mit dem Messer schneiden Sie noch Muster oder Zacken in die Schale und stellen ein Teelicht hinein.

Glanzlichter aus Papier

Aus Papier können Sie glänzende Lichter herstellen.

Material: Blätter, Papier (Kopiergerät), Speiseöl, Teelichter

Vorbereitung: Sammeln Sie mit den Kindern echte Blätter von Bäumen, vielleicht haben Sie ja auch vom Herbst noch einige aufgehoben. Diese können Sie auf farbiges Papier kopieren, indem Sie die Blätter auf den Kopierer legen und mit einem weißen Papier abdecken. So erhält die Kopie keine schwarzen Ränder. Die fertige Kopie wird nun mit Speiseöl eingerieben, dadurch erhält das Papier einen Glanz und wird lichtdurchlässig. Das geölte Papier kleben Sie nun zu einer Röhre und stellen ein Glas mit einem Teelicht hinein.

Hängende Kegellichter

Material: leicht formbare Knetmasse, die an der Luft trocknet (z.B. Plastilin), Büroklammern, Plakafarben, Glanzlack.

Durchführung: Geben Sie davon jedem Kind einen Klumpen, aus dem sie einen Kegel von ca. acht bis zehn Zentimeter Länge formen. Die Seite gegenüber der Spitze soll einen Durchmesser von ca. fünf bis sechs Zentimetern haben. Mit den Fingern bearbeiten die Kinder das Innere des Kegels an der breiten Seite so lange, bis eine tiefere Öffnung entsteht, in der ein Teelicht Platz findet. Dieses bleibt auch während der Dauer des Trocknens im Kegel, damit es auch im trockenen Zustand hinein passt (falls das Plastilin sich noch zusammen zieht). Achten Sie darauf, dass der Außenrand des Kegels nicht zu dünn wird. Die Kinder bilden aus jeweils 10–15 Büroklammern drei gleichlange Ketten. Dazu stecken sie die Klammern ineinander. Die Enden der Ketten werden in gleichmäßigen Abständen mit ein bisschen Plastilin an dem breiten Außenrand gut befestigt. Die anderen Enden werden nach oben gehalten und dort zusammengesteckt, so dass sie eine Einheit bilden.
Die getrockneten Kegellichter bemalen die Kinder mit Plakafarben und streuen nach Wunsch noch Glitzerpulver darauf. Noch schöner sehen die Lichter aus, wenn Sie sie abschließend mit Glanzlack besprühen.

Achtung: Da beim Sprühen gesundheitsgefährliche Gase freigesetzt werden, führen Sie das Aufsprühen am besten draußen durch und holen die Kegellichter erst hinein, nachdem sie völlig getrocknet sind.

Tipp: Die Kegellichter eignen sich auch gut als Weihnachtsgeschenke für die Eltern.

Düfte

Ein besonderes Merkmal der Weihnachtszeit sind die wunderbaren Düfte, die durch die Räume ziehen. Sie appellieren an unseren Geruchssinn, den wir sonst von allen unseren Sinnen am meisten vernachlässigen. Bewusst oder unbewusst machen wir uns das Wissen zunutze, dass mit Gerüchen auch Stimmungen bewirkt werden. Wenn wir weihnachtliche Düfte wie z.B. Zimt, Pfefferkuchen, Tanne, Apfelsinen, Nelken oder Wachskerzen riechen, steigt in uns ein angenehm festliches Gefühl auf. Da der Geruchssinn sehr stark mit dem Geschmackssinn zusammenhängt, ist es nicht weiter verwunderlich, dass die leckeren Düfte der Weih-

nachtsbäckereien uns buchstäblich das Wasser im Mund zusammenlaufen lassen. Stimmen Sie Ihre und die Nasen der Kinder, Eltern und Gäste mit wohlriechenden Möglichkeiten, auf die weihnachtliche Atmosphäre ein.

☞ Über Düfte und vom Riechen

Düfte und Gerüche bestimmen in einem hohen, uns oft nicht bewussten Maß unser Verhalten und unsere Empfindungen. Auch wenn unsere heutige Zivilisation in besonderer Weise durch visuelle und akustische Impulse und Einflüsse geprägt wird, hat das, was unsere Nase aufnimmt, nach wie vor einen nachhaltigen Effekt.

Das wir uns dessen im Grunde genommen auch bewusst sind, zeigt sich z.B. an der steigenden Nachfrage nach Parfums und Duftwässern aller Art. Vor wenigen Jahren kam so gut wie alle zwei Tage ein neues Parfum auf den Markt und mittlerweile sind fast die Hälfte aller Geschenke Parfums. Auch viele Konsumartikel und sogar Kinoerlebnisse versucht man mit dem Einsatz von Gerüchen und Düften noch attraktiver zu machen. Bei einer Untersuchung mit sog. Duftsäulen, die elektronisch gesteuert Wohlgerüche ausströmen, in mehr als 100 Geschäften wurde festgestellt, dass die Verweildauer der Kunden erheblich zunahm. Und in der Auto-Industrie werden schon lange Geruchsexperten eingesetzt, die prüfen, ob das neue Modell im Innenraum angenehm riecht.

Auch in der Medizin und in der Gesundheitsvorsorge spielt der Geruchssinn heute eine große Rolle. Fast jede Apotheke oder Drogerie bietet ein großes Sortiment an ätherischen Ölen an. Diese können zum Verdampfen, Einreiben oder Massieren genutzt werden und sollen mit den dabei frei gesetzten Duftstoffen Körper, Seele und Geist ansprechen. Letztlich könnte sich in diesem großen Interesse am Geruch auch ein Zeichen für die zunehmende Suche nach geistiger und sinnlicher Erfüllung dokumentieren.

Wohlgeruch ist nicht zuletzt ein Zeichen des Paradieses, insbesondere im mittelalterlichen Heiligen- und Reliquienkult. In den Schriften der Bibel finden sich etliche Belege für den Wohlgeruch als Symbol der göttlichen Nähe. Ein Kirchenlehrer betont ausdrücklich, dass Jesus gut gerochen habe. Ebenso lassen sich zahlreiche Beispiele aus nichtchristlichen Kulturen für den sinnlichen Duft des Heiligen finden.

(nach: Robert Jütte, Geschichte der Sinne. C.H. Beck: München 2000)

Mobile aus Zimtbündel

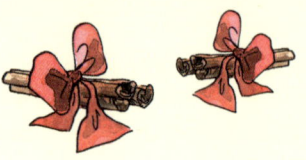

Material: Zimtstangen, bunte Bänder, Kordeln

Durchführung: Binden Sie fünf bis sieben ganze Zimtstangen mit bunten Bändern zu kleinen Bündeln zusammen. Hängen Sie diese an lange Bänder oder Kordeln im Zimmer oder an den Fensterscheiben auf. Einen tollen Effekt erzielen Sie, wenn Sie verschieden lange Bänder verwenden. Durch den Duft werden nicht nur die Nasen angesprochen, sondern auch, durch das festliche Aussehen, die Augen.

Duftorangen

Verzieren Sie mit den Kindern schöne große, aber unbedingt feste Orangen mit Nelken.

Material: Gewürznelken, Orangen, Untersätze, Tannengrün

Durchführung: Die Kinder stecken dabei die Nelken in Reihen oder wild durcheinander dicht an dicht in die Schale der Orange. Stellen Sie die fertig präparierte Orange auf einen weihnachtlichen Untersatz, z.B. ein mit Tannenzweigen ausgelegter Teller. Die Duftorangen verbreiten einen „orangig-würzigen" Weihnachtswinterduft, der wochenlang halten wird.

Variationen:
* In die Orange werden zuerst mit einem Messer Muster eingeritzt und erst danach die Orange mit Nelken verziert.
* Statt Orangen bestücken die Kinder Zitronen, Mandarinen oder Kumquats (Zwergorangen) mit den Nelken.

Tipp zum Aufhängen: Bevor die Kinder die Gewürznelken in die Apfelsine stecken, legen sie ein Geschenkband von oben nach unten um die Orange. Die beiden Bandenden an der Unterseite der Orangen werden überkreuzt und das Band wird wieder nach oben gebunden. Zum Schluss verknoten sie diese und binden eine Schleife. Eine Schlaufe der Schleife bildet dann die Aufhängung der Apfelsine. Unterstützen Sie die Kinder bei dieser Aufhängung bzw. bei dem Umbinden der Orangen.

Duftende Anhänger aus Orangen- und Zitronenscheiben

Material: Orangen, Zitronen, Backofen, Gewürznelken, Bändchen (z.B. Geschenkbändchen), ggf. Glimmer

Durchführung: Die Kinder schneiden vorsichtig dünne Scheiben – etwa 5 bis 7 mm – von Apfelsinen und Zitronen ab. Anschließend legen sie diese auf ein mit Backpapier ausgelegtes Backblech und lassen es im Backofen bei geringer Hitze trocknen.
Nach dem Trocknen stecken die Kinder Gewürznelken in die getrockneten Fruchtscheiben. Zum Schluss ziehen sie ein Bändchen, z.B. Geschenkband, durch die einzelnen Scheiben. Es dient als Aufhänger. Die Fruchtscheiben sehen noch schöner aus, wenn sie nun noch mit Glimmer verziert werden.

Zitronen und Orangen als Fensterschmuck

Material: Zitronen, Orangen, Blumenpresse, Faden, Stecknadeln

Durchführung: Schneiden Sie Zitronen oder Orangen in sehr dünne Scheiben und pressen Sie diese wie im Herbst die Blätter und Blumen in einer Blumenpresse. Nach ein paar Tagen Trockenzeit ziehen Sie jede Scheibe einzeln auf einen Faden und befestigen diese an der Gardinenstange. Sie können die Scheiben auch mit Stecknadeln direkt am Vorhang feststecken.

Schmuck aus den Schalen der Zitrusfrüchte

Nachdem Sie mit den Kindern Orangen gegessen oder Zitronen für das Herstellen von Plätzchen verwendet haben, können Sie mit den Schalen dieser Früchte einen hübschen Raumschmuck anfertigen.

Material: Orangen- und Zitronenschalen, Nudelholz, Ausstechförmchen, Faden

Durchführung: Dazu legen Sie die Schalen auf eine feste Unterlage und drücken sie mit einem Nudelholz etwas platt. Jetzt nehmen die Kinder kleine Ausstechförmchen (für Plätzchen) und stechen Figuren aus den Schalen heraus. Dies können Herzen, Sterne und Monde sein. Diese Figuren können dann im Wechsel mit kleinen Zimtbündeln oder auch allein aufgefädelt und im Zimmer aufgehängt werden.

Lichter mit Duft

Material: Marmeladen oder Einweck-Gläser, wasserlösliche Glas-Malfarben, Konturen-Paste für Glasmalerei (grau, gold oder schwarz), Pinsel, Glas- oder Keramikperlen (ca. 1 cm Ø), Basteldraht (1 mm Ø), Lochzange, Bastelschere, Duftöl, Teelichter

Durchführung: Spülen Sie die Gläser mit heißem Wasser aus und trocknen Sie diese gut ab. Zeichnen Sie – oder lassen Sie dies die Kinder machen – mit der Konturenpaste Motive vor. Am besten ist es, wenn die Kinder das vorher auf einem Stück Papier ausprobieren.
Lassen Sie die Motive gut trocknen. Malen Sie die Motive anschließend mit den Glas-Malfarben aus. Dazu malen Sie zuerst eine dünne Schicht, lassen diese kurz antrocknen und malen Sie dann eine zweite dünne Schicht aus. Drücken Sie mit der Lochzange in einen leeren Teelicht-Behälter drei gleichmäßig verteilte Löcher. Schneiden Sie von dem Bastel-Draht drei gleich lange Stücke ab, die ca. eine Länge von ca. 15 cm haben und biegen Sie jeweils ein Ende um. Auf das andere Ende stecken Sie jeweils eine Perle und biegen das Drahtende um. Probieren Sie die Passform auf dem Glasrand aus. Zünden Sie ein zweites Teelicht an und stellen Sie es in das Glas.
Füllen Sie in das leere Teelicht etwas Wasser und geben Sie einige Tropfen Duftöl dazu. Nach wenigen Minuten wird ein angenehmer Duft den Raum erfüllen.

Duftkerzen aus Orangen

Die selbst gegossenen Kerzen werden mit Duftöl hergestellt und duften angenehm. Sie können Sie sowohl als Dekoration verwenden, als auch als Geschenke. Sogar jüngere Kinder können mit ein wenig Unterstützung schon die Kerzen herstellen.

Material: Orangen, Messer, Zitronenpresse, Schere, Kerzendocht, Leim, Stöckchen oder Schaschlikspieße, ein altes Marmeladenglas, flacher Topf, Duftöl, Topflappen

Durchführung: Schneiden Sie die Orange etwas oberhalb der Mitte auf. Mit einer Zitronenpresse pressen die Kinder vorsichtig die Orange aus. Sie müssen darauf achten, dass dabei der Rand nicht einreißt. Schneiden Sie ein Stück Kerzendocht ab und kleben ein Ende davon in der Orange am Boden fest. Danach nehmen die Kinder ein Stöckchen oder einen Schaschlikspieß und binden das andere Dochtende daran fest. Diese legen sie über die Öffnung der Orange. Achten Sie darauf, dass der Docht vom Boden zum Stock eine gerade Linie bildet, aber nicht zu stramm sitzt.

Die Kinder zerkleinern die Kerzenreste vorsichtig mit einem Messer und füllen die Wachsstücke in ein altes, sauberes Marmeladenglas. Stellen Sie das Marmeladenglas mit den Wachsstücken in einen Topf mit Wasser. Erwärmen Sie das Ganze auf dem Herd bei mittlerer Hitze. Träufeln Sie einige Tropfen Duftöl hinein, wenn das Wachs geschmolzen ist. Danach nehmen Sie das Glas vorsichtig mit einem Topflappen aus dem Topf und gießen das flüssige Wachs in die Orange. Warten Sie, bis der Docht gehärtet ist. Dann können die Kinder den Docht etwa zwei Zentimeter über der Wachsschicht abschneiden

aus: Basteln mit Naturmaterialien rund ums Jahr, Falken Verlag: Oberursel 1995.

Festliche Duftschale

Material: Nüsse, Äpfel, Zimtstangenbündel, Mandarinen, Orangen, Tannen-, Mistel- oder Ilexzweige, etwas selbst Gebasteltes

Durchführung: Dekorieren Sie eine besonders schöne festliche Schale mit Nüssen, Äpfeln, Zimtstangenbündeln, Mandarinen und bespickten Orangen. Legen Sie dazwischen ein paar kleine Zweige von Tanne, Mistel oder Ilex sowie etwas Gebasteltes. Diese Adventsdekoration lädt zum Anschauen ein und verbreitet einen gemütlichen und festlichen Duft.

Duftsäckchen

Material: ein etwas breiteres Geschenkband, eine Nähnadel mit Faden, ein Bändchen zum Zubinden sowie eine Weihnachtsteemischung (in der Adventszeit finden Sie oft auf Weihnachtsmärkten die geeignete Mischung aus Hagebutte, Zimt, Vanille, Mandeln, Rotbusch und Hibiskus).

Durchführung: Schneiden Sie 15 Zentimeter vom Schleifenband ab, legen Sie es doppelt, nähen Sie es an den zwei Längsseiten zusammen und säubern Sie die Schnittkante mit einer Zackenschere, d.h. schneiden Sie den Stoff an den Enden mit der Zackenschere in Form. Die so entstandenen Säckchen füllen Sie mit Weihnachtsteeblättern. Verschließen Sie diese, in dem Sie ein Band drum herum binden. Noch schöner sieht das Säckchen aus, wenn Sie an das Band noch kleinere Tannenzweige einbinden.
Die sehr weihnachtlich duftenden Säckchen können Sie z.B. an Tannenzweige, eine Wand oder ins Fenster hängen.

Tipp: Wenn Ihnen die reine Teefüllung zu kostspielig erscheint, verwenden Sie sie sparsamer und füllen die Säckchen zusätzlich noch mit anderem Material, z.B. Watte. Die Duftsäckchen eignen sich gut als Weihnachtsgeschenke für die Eltern.

Variation: Die Kinder vermischen kräftig die Duftmaterialien, wie z.B. Zimt, Gewürz-nelken, zerkleinerte und getrocknete Schalen von Äpfeln, Orangen u. Zitronen, getrocknete und zerkleinerte Tannennadeln und Buchsbäumchenzweige. Für die Kinder ist es ein großer Spaß, wenn sie im Vorfeld nach Herzenslust die Zwei-ge, Tannennadeln und Apfelsinenschalen zerschneiden dürfen. Buchsbaum ist giftig. Daher sollten die Kinder nicht die Zweige zerschneiden.
Schneiden Sie aus derben Stoff, z.B. Jute einen Kreis von etwa 20cm Durchmesser. Markieren Sie mit einem Stift etwa 3 cm vom Stoffkreisteller einen weiteren Kreis. An dieser Linie entlang ziehen die Kinder das Geschenkband mit Hilfe der dicken, evtl. stumpfen Nadel ein. Danach ziehen sie das Ganze zusammen und füllen die Duftmischung hinein. Das gefüllte Säckchen binden die Kinder zu. Wer mag, bin-det noch einen kleinen Tannenzweig dran und klebt kleine Sternchen drauf.

Dekoratives Duft-Potpourri

Material: Schalen von Zitrusfrüchten, Zimtstangen, Potpourri Aromaduft „Zimt" oder „Zitrusfrüchte", kleine Ausstechförmchen, Kuchengitter, vergoldete oder ver-silberte Lärchenzapfen, dekorative Schale

Durchführung: Schälen Sie Zitrusfrüchte so, dass möglichst große Schalenstücke übrig bleiben. Die Kinder stechen mit den Förmchen weihnachtliche Motive aus. Diese legen Sie anschließend auf ein Kuchengitter und lassen sie an einem war-men Ort gut durchtrocknen.
Nach dem Trocknen dekorieren Sie mit den Kindern zusammen die Schale, in die Sie die ausgestochenen Motive und Zimtstangen geben. Die Kinder beträu-feln das Arrangement vorsichtig mit Aromaöl. Dieses Duft-Potpourri verströmt ein zartes Aroma und sieht zudem auch noch äußerst dekorativ und festlich aus.

Kerzen

☞ Haushaltstipps zu Kerzen

✷ Heißes Wasser
Wenn Kerzen für den Halter zu dick sind, tauchen Sie die Enden kurz in kochendes Wasser. Anschließend lassen sie sich ganz leicht einpassen.

✷ Zu dünn
Ist die Kerze zu dünn für den Halter? Kleben Sie einfach ein Stückchen Knetmasse unter die Kerze. Dann steht sie fest.

✷ Wachs ausbügeln
Legen Sie Löschpapier unter und über den Wachsflecken und streichen Sie mit einem warmen Bügeleisen darüber. Das Papier saugt das Fett auf.

✷ Waschbenzin hilft
Gegen Wachsreste, die beim Bügeln nicht herausgehen, hilft Waschbenzin.

✷ Kerzenhalter in die Kälte
Wachsreste lassen sich von Kerzenhaltern mühelos entfernen, nachdem der Halter einige Zeit im Tiefkühlfach gestanden hat.

✷ Kerzenständer in den Backofen
Wachsflecken auf metallenen Kerzenständern verschwinden am einfachsten im Backofen, indem man saugfähiges Papier unterlegt, kurz auf ca. 100 Grad anheizt und das Wachs schmelzen lässt.

✷ Langsames Abbrennen
Kerzen brennen wesentlich langsamer herunter, wenn sie vor dem ersten Anzünden einige Stunden im Gefrierfach lagen.

✷ Wachstropfen
Legen Sie Ihren Kerzenvorrat einen Tag lang in Eiswasser und lassen Sie ihn danach gründlich trocknen. Die Folge: Die Kerzen tropfen nicht mehr.

✷ Kein Bröckeln
Damit Kerzen auf den Dorn eines Leuchters gestellt werden können, bohrt man vorher mit einem angewärmten Nagel ein Loch in das Wachs. So bröckeln die Kerzen nicht.

✷ Preiswerte Duftkerzen
Abgebrannte Kerzenreste erwärmen, einige Tropfen Parfüm- oder Aromabacköl zugeben, die warme Masse in kleine Förmchen oder Blumentöpfe gießen. Danach den Baumwollfaden in die Mitte der Masse stecken und festhalten, bis das Wachs abgekühlt ist.

✷ Kerzenwachs auf Tischplatten
Kratzen Sie Kerzenwachs auf Tischplatten nicht ab. Blasen Sie stattdessen die Wachstropfen mit dem Haarfön an, bis sie weich sind. Danach sind sie leicht mit Papiertüchern zu entfernen. Mit Essigwasser nachwischen und polieren.

aus: Kerzenwachs & Fliegengitter, Neuer Pawlak Verlag: Köln

Schwimmende Kerze aus Walnüssen

Material: Walnüsse, Wachs, Stricknadel, Dochte bzw. Wollfäden

Durchführung: Knacken Sie Walnüsse so vorsichtig, dass die Schalen heil bleiben und nehmen Sie die Nusskerne heraus. Schmelzen Sie nach Anleitung Wachs (siehe S. 132). Das können auch Kerzenreste sein. Gießen Sie das flüssige Wachs vorsichtig in die Walnusshälften, bis diese zu drei viertel gefüllt sind. Mit einer Stricknadel stechen Sie je ein Loch in die Mitte der noch warmen Wachsmasse. In diese stellen Sie kleine Dochte hinein. Auch kurze, gedrehte Wollfäden sind als Docht möglich. Füllen Sie nun so viel Wachs nach, dass die Nusshälfte voll gefüllt ist.

Variation: Die Kinder formen kleine Knetkugeln, die sie in die Schale der Nusshälfte drücken. Anschließend stecken sie kleine Kerzen oder Kerzenstummel hinein.

Fortführung: Die Walnusskerzen legen Sie in ein mit Wasser gefülltes Glas. Dieses sollte so groß sein, dass die Kerzen darin frei schwimmen können. Um es noch stimmungsvoller wirken zu lassen, legen die Kinder rund um das Glas Tannengrün.
Machen Sie es sich mit den Kindern gemütlich: Bei Kerzenschein setzen Sie sich um die flackernden Lichter und essen gemeinsam die Nusskerne. In dieser behaglichen Atmosphäre hören die Kinder gerne einer Geschichte zu, die Sie ihnen vorlesen.

Bienenwachs

In der kalten Jahreszeit wird das Kneten mit warmen und duftenden Bienenwachs für die Kinder zum besonderen sinnlichen Erlebnis. Sie riechen den Eigenduft des Wachses, sie sehen es und sie können es durch das Bearbeiten begreifen, fühlen und spüren.

Material: reines Bienenwachs (1000g – für eine Gruppe von 25 Kindern benötigen Sie mindestens vier kg Wachs), emaillierter, flacher Topf, 60 g Wolfsfett (auch unter der Bezeichnung Adeps lanae bekannt und in der Apotheke erhältlich), Holzlöffel, Pergamentpapier, Backofen (auch zuhause)

Vorbereitung: Geben Sie das Bienenwachs in den Topf und schmelzen Sie es im Backofen bei 70° C, bis es flüssig ist. Rühren Sie das Wolfsfett ein und verteilen Sie es gut. Lassen Sie die Mischung langsam abkühlen. Nehmen Sie das sich erhärtende Wachs mit einem Holzlöffel heraus und legen Sie es portionsweise auf ein Butterbrotpapier. Wenn Sie alles Wachs aufgehäuft haben, formen Sie es zu lauter kleinen Klößchen. Sie sollten so groß sein, dass sie gut in Kinderhände passen. Danach legen Sie die Klößchen zurück in den Topf.
Das so vorbereitete Wachs können Sie beliebig oft zum Formen wieder erwärmen. Es ist fünfzehn bis dreißig Minuten formbar. Danach wird es hart und bleibt standfest. Das duftende Material regt den Gestaltungswillen der Kinder besonders an. Mit Freude am Formen entstehen viele kleine Kunstwerke.

Durchführung: Erwärmen Sie das Bienenwachs im Topf bei 50° C im Backofen ein bis anderthalb Stunden, bevor Sie die Kinder mit dem Formen beginnen. Achten Sie darauf, dass das Wachs nicht schmilzt.
Damit die Kinder nachhaltige Erfahrungen mit dem Material machen können, geben Sie ihnen soviel von dem Wachs, dass sie es mit vollen Händen bearbeiten können.

Geben Sie den Kindern beim ersten Mal, wenn sie mit Bienenwachs formen, keine Vorgaben. Das bloße Materialerfahren sollte dabei im Vordergrund stehen. Haben die Kinder Spaß am Formen, ermuntern Sie diese, weihnachtlichen Figuren z.B. einen Engel, einen Stern zu gestalten.

☞ Bienenwachs

Bienenwachs ist das edelste Kerzenwachs und besitzt einen einzigartigen, honigartigen Duft. Es ist ein Naturprodukt sowie der älteste Rohstoff, um Kerzen herzustellen.

Bienenwachs wird mit Hilfe der Honigbiene gewonnen. Die Biene scheidet aus ihren Wachsdrüsen das Wachs aus und benutzt es als Material für den Wabenbau. Das Bienenwachs wird durch das Einschmelzen der entleerten Honigwaben gewonnen. Dabei können auch kleine Verunreinigungen des Wachses entfernt werden. Die Farbe des Bienenwachses ist abhängig von dem Reinigungszustand. Sie kann braun bis Elfenbein farbig sein. Hauptsächlich dient Bienenwachs als Rohstoff um Schmuck und Zierkerzen herzustellen. Trotz zahlreicher Ersatzstoffe findet Bienenwachs nach wie vor in verschiedenen Industriezweigen, z. B. in Pharmazie, Lebensmittelindustrie und Kosmetik Verwendung.

Wichtige Verhaltensregeln für das Wachsschmelzen

- ✷ Lassen Sie das Wachs niemals unbeobachtet schmelzen
- ✷ Schmelzen Sie es nur im Wasserbad und nicht über die Schmelztemperatur hinaus (bei Paraffin zwischen 54° C und 56°C, bei Stearin zwischen 50° C und 60° C, bei Bienenwachs 64° C), da es sich bei Überhitzung entflammen kann.
- ✷ Vorsicht, das Wachs wird schnell flüssig und brennt schon, wenn das Wasser noch nicht einmal kocht. Regeln Sie daher die Herdplatte langsam hoch.
- ✷ Füllen Sie den Behälter für das Wasserbad nach Einsetzen des Wachsschmelzgefäßes bis etwa 5 cm unter den Rand mit Wasser auf.
- ✷ Erhitzen Sie das Wachs niemals auf offener Flamme. Stellen Sie die Schmelzgefäße niemals auf die Kochplatte.
- ✷ Prüfen Sie regelmäßig, ob noch genug Wasser vorhanden ist.
- ✷ Üben Sie niemals Druck auf die feste, obere Wachsschicht aus, da sonst das schon flüssige Wachs von unten wie eine Fontaine hochschießen könnte. Es besteht dann akute Verbrennungsgefahr. Verwenden Sie deshalb beim Erhitzen Metallelemente.

Löschen

Geschieht es, dass Wachs bis zum Siedepunkt erhitzt wird, besteht die Gefahr der Selbstentzündung. Im dem Fall beachten Sie Folgendes:
- ✷ Bewahren Sie Ruhe, falls das Wachs zu rauchen oder sogar zu brennen beginnt.
- ✷ Bewegen Sie das Gefäß nicht.
- ✷ Decken Sie das Schmelzgefäß mit einem Deckel oder feuchten Tuch ab.
- ✷ Lassen Sie das Wachs einige Zeit abkühlen.

* Versuchen Sie niemals mit Wasser zu löschen.
* Beachten Sie, dass sich das zu heiße Wachs bei Zufuhr von Sauerstoff von neuem entflammen kann.

Verbrennungen vermeiden bzw. behandeln

* Benutzen Sie für das Tragen des heißen Schmelzgefäßes ein Paar Arbeitshandschuhe oder einen Topflappen.
* Falls heißes Wachs mit der Haut in Berührung kommt, kühlen Sie diese sofort mit fließendem kaltem Wasser.

Aus Bienenwachs Kerzen ziehen

Selbst unruhige Kinder lernen dabei, geduldig zu werden, wenn sie sehen, wie die Kerze Millimeter um Millimeter dicker wird. Wenn sie dann nach etwa zwei Stunden in den selbstgetöpferten Kerzenständer passt, werden Sie viele zufriedene, vielleicht sogar ein wenig glückliche Kinder erleben.

Material: Kerzenreste aus Bienenwachs, Dochtgarn, Metalleimer, dünne Metallstäbe, eine Herdplatte, Wasserbad

Vorbereitung: Sammeln Sie schon das ganze Jahr über Kerzenreste aus Bienenwachs. Achten Sie möglichst auf reine Qualität. Falls Sie nicht genug Reste zusammen bekommen, fragen Sie beim Imker nach. Vielleicht kann er Ihnen gleich handliche Stücke abschneiden. So passen sie gleich ins Schmelzgefäß. Sie brauchen für eine Kerze von ca. 15 cm Länge und 1,5 cm Durchmesser 25–30 g Bienenwachs und 25 cm Dochtgarn von 1,5 mm Dochtgarn. Die Materialien erhalten Sie entweder beim Imker, im Bastelladen oder evtl. auch auf dem Weihnachtsmarkt.
Für den Tauchvorgang müssen Sie die Wachsmenge pro Kerze doppelt rechnen. Bei einer Gruppe von ca. 25 Kindern planen Sie 1500g bis 2500g Wachsmenge für ungefähr 25 bis 30 Kerzen ein.
Schmelzen Sie das im Metallgefäß befindende Wachs im Wasserbad. Benutzen Sie einen Topf, der genauso hoch ist, wie das Gefäß. Füllen Sie das Metallgefäß mit Wachs. Im flüssigen Zustand dehnt es sich noch aus. Achten Sie darauf, dass sich der Schmelzvorgang langsam vollzieht. Planen Sie ca. ein bis anderthalb Stunden ein, bis das Wachs auf niedriger Stufe im Wasserbad geschmolzen ist.
Um einen guten Druckausgleich zu ermöglichen, arbeiten Sie mit wärmeleitenden Metallelementen, z.B. Rohrstückchen. Diese stellen Sie schon zu Beginn des Schmelzvorgangs mit in das Metallgefäß. Die Enden müssen heraus gucken. Nach Hälfte der Schmelzzeit ziehen Sie die Metallelemente heraus. Das Wachs, das

unten im Gefäß ist, ist zu diesem Zeitpunkt schon flüssig und ausdehnungsbe-
dürftig. Oben hat sich jedoch eine feste Schicht gebildet. Durch das Herausnehmen
der Metallelemente sind Löcher in der oberen Schicht entstanden, durch die das
flüssige Wachs nach oben aufsteigen kann.

Durchführung: Wenn das Wachs vollständig geschmolzen ist, nehmen Sie den Wasserbadtopf einschließlich des Wachsgefäßes von der Herdplatte. Stellen Sie alles
auf eine Unterlage in der Mitte eines Tisches. Die Kinder können sich nun um
den Tisch stellen. Geben Sie jedem Kind einen Kerzendocht. Damit die Kinder
diesen besser festhalten können, arbeiten Sie am oberen Ende eine Schlaufe ein.
Nun kann das Kerzenziehen losgehen. Der Reihe nach tauchen die Kinder ihren
Kerzendocht in das flüssige Wachs. Danach lassen sie ihn abtropfen und auskühlen.
Auf diese Weise werden etwa sechs Tauchgänge durchgeführt. Im Anschluss daran sollten die entstehenden Kerzen erst einmal vollständig aushärten. Zu diesem Zweck hängen die Kinder ihre Kerze an einem Stock oder Ständer, den Sie
anschließend für ca. fünfzehn Minuten nach draußen stellen. In der Zwischenzeit
stellen Sie den Wasserbadtopf samt Wachsbehälter auf die warme Herdplatte.
Evtl. fügen Sie wieder Wachs hinzu.
Nach der Ruhezeit setzen die Kinder das Kerzenziehen fort, so dass ca. 15 Tauch-
durchgänge erfolgt sind. Haben die Kerzen einen angemessenen Umfang erreicht,
schneiden Sie vom unteren Ende, an dem kein Docht ist, ca. 1,5 cm bis 2 cm gerade ab.

Fortführung: Falls die Kinder nicht die Geduld für viele Tauchgänge aufbringen, kann das Angebot über mehrere Tage durchgeführt werden. Der Vorteil daran ist, dass das Wachs zwischendurch richtig erkalten kann und somit aufnah-
mefähiger für eine Schicht ist.

☞ „Das ist mir schnuppe"

Wussten Sie eigentlich, das die Redewendung
„Das ist mir schnuppe" mit Kerzen zu tun hat?
Die „Schnuppe" ist das verkohlte Ende eines Kerzendochtes. Wenn einem etwas
schnuppe ist, dann ist damit gemeint, dass
es ihm so viel wert ist wie das verkohlte Ende
eines Dochtes – nämlich gar nichts. Der Begriff wurde wohl ab 1850 in Berlin verwendet.
„Schnuppe" ist von dem mittelalterlichen Wort
„snuppen" abgeleitet und bedeutet so viel wie „putzen".

Früher musste der Docht einer Kerze geputzt werden. Und „Sternschnuppe" heißt es, weil man dachte, es sei ein Stück Abfall vom Stern weggeputzt worden.

Sandkerzen

Material: Sand, größere Schale, Docht, Kerzenreste, Kochplatte, Topf, Behälter

Durchführung: Hierzu füllen die Kinder Sand in eine größere Schale ein. In diesen Sand machen sie Mulden, in die ein Docht gestellt wird (gibt es im Bastelladen). Nun schmelzen Sie gemeinsam mit den Kindern Kerzenreste in einem Wasserbad. Das geschmolzene Wachs wird nach und nach in die Sandmulden gefüllt. Wenn das Wachs getrocknet ist, können die Kerzen einfach herausgenommen werden. Sie müssen sie umdrehen und haben eine schöne Kerze, die außen von Sandkörnern verziert ist.

Kerzen in Alufolie gegossen

Hinweis: Alufolie eignet sich hervorragend, um heißes Wachs einzufüllen.

Material: Alufolie, Wachs, Docht, Stricknadel

Durchführung: Die Kinder formen einen Sack oder andere Gebilde aus der Folie. Diese werden in eine Schale gelegt und mit flüssigem Wachs gefüllt. Pellen Sie die Kerzen aus der Folie, bevor das Wachs ganz hart ist. Nach dem gleichen Prinzip wie bei den Sandkerzen kann auch hier der Doch gleich eingearbeitet werden. Eine andere Möglichkeit ist, mit einer heißen Stricknadel mitten in die Wachsmasse ein Loch zu bohren und dort hinein den Docht zu stecken.

Kerzen in Plastiktüten gegossen

Material: Folie bzw. kleine Plastiktüte (z.B. Gefrierbeutel), Speiseöl, Glasbehälter, Kerzenreste, Topf, Behälter, Kochplatte, Gummi oder anderes Band, Docht, Stricknadel

Durchführung: Die Folie bzw. Plastiktüte wird von den Kindern mit Öl eingerieben und in einem Glasbchälter geformt. Hierbei müssen Sie darauf achten, dass die Folie über das Glasgefäß herausragt. Mit dem Gummiband, das über den Rand des Glasbehälters gezogen wird, wird die Plastikfolie in der richtigen Lage gehalten. Schmelzen Sie in einem Wasserbad Kerzenreste und gießen Sie das heiße flüssige Wachs sehr vorsichtig in den Plastiksack. Das Wachs muss eine kurze Zeit abkühlen. Nehmen Sie den Sack aus dem Glasgefäß, wenn das Wachs nicht mehr flüssig, aber noch warm und biegsam ist. Verschließen Sie den Plastiksack mit einem Gummi oder anderen Band. Durch Drehen, Kneten, Drücken und Stoßen können die Kinder ihn jetzt in jede beliebige Form bringen. Nachdem das Wachs im kalten Wasser erstarrt ist, entfernen die Kinder das Band und ziehen die Folie vom Wachs ab. Das Einziehen des Dochtes erfolgt wieder mit Hilfe einer heißen Stricknadel.

Kerzen verzieren

☆ Mit Serviettentechnik

Die mit Serviettentechnik verzierten Kerzen sind schöne Weihnachtsgeschenke. Für die Kinder wird das Gestalten der Kerzen zum Erfolgserlebnis. Selbst jüngere Kinder, die vielleicht bei der Fertigstellung etwas stärker ihre Hilfe benötigen, schaffen das Ausschneiden oder Ausreißen von Motiven aus groß gemusterten Servietten. Mit dieser speziellen Technik lässt sich jede Kerze in wenigen Minuten in ein individuelles Meisterwerk verwandeln.

Material: weiße Kerzen, bedruckte Papierservietten, Schere, scharfes Messer oder Cutter, kratzfeste Unterlage (z.B. Glasscheibe oder beschichtete Holzplatte), große Löffel, Fön, Paraffin zum Übertauchen der Kerzen

Durchführung: Da die Serviettentechnik ein anspruchsvolleres Verfahren ist, sind die einzelnen Schritte nachfolgend dezidiert aufgelistet.

1.) Motive ausschneiden

Die Kinder schneiden so viele Figuren oder Ornamente aus der Serviette aus, wie sie für das Schmücken ihrer Kerze benötigen. Eine andere Möglichkeit ist, dass sie die Motive von Hand ausreißen.

2.) Schicht lösen

Helfen Sie den Kindern, die bedruckte, dünne Schicht von den unteren Schichten der Serviette abzulösen. Für die Weiterverarbeitung wird nur diese oberste Schicht gebraucht.

3.) Kerze bereitstellen
Die Kinder legen die Kerze, die sie verzieren wollen, flach auf die Arbeitsfläche. Damit die Kerzen nicht wegrollen, klemmen Sie diese mit Büchern ein.

4.) Motiv auflegen
Nun legen sie das Servietten-Motiv direkt auf die Kerzenoberfläche.

5.) Löffel erwärmen
Mit einem Fön oder mit einer anderen nicht schwärzenden Wärmequelle erwärmen Sie große Metalllöffel.

6.) Motiv aufstreichen
Die Kinder streichen das Serviettenmotiv mit den heißen Löffelrücken von innen nach außen auf die Kerze. Das Wachs verflüssigt sich durch die Hitze unter der Serviette. Dadurch verbindet sich die Serviette mit der Kerzenoberfläche.

7.) Kerze austauchen
Um das Motiv gegen Kratzer zu schützen, tauchen Sie die Kerzen in flüssiges Paraffin. Die Wachstemperatur sollte ca. 80–90° C betragen. Der Wachsschutz wird umso transparenter, je heißer das Paraffin ist. Die Farben leuchten besonders kräftig unter dem Wachs hervor. Nach dieser Behandlung ist es von außen kaum mehr erkennbar, ob die Kerze bemalt oder ob eine Papierserviette angebracht wurde.

☆ Mit Wachs verzieren

Material: weiße Haushaltskerzen, verschiedenfarbige, dünne Wachsplatten

Durchführung: Verzieren Sie mit den Kindern weiße Kerzen. Dazu schneiden die Kinder aus verschiedenfarbigen dünnen Wachsplatten (in Bastelgeschäften erhältlich) Motive oder Muster aus und drücken diese an die weiße Kerze.

Tipp: Dies kann auch ein schönes Geschenk für die Eltern sein.

Experimentieren mit Wachs

Zaubermalen mit Kerzen

Material: Kerzenreste, Papier, Wachsmalstifte

Durchführung: Die Kinder malen mit weißen Kerzenresten Motive auf ein Blatt Papier. Durch Übermalen mit dunklen Wachsmalstiften wird das wahre Bild sichtbar.

Kerzentropfen in ein Wassergefäß

Material: verschieden große und verschiedenartige Gefäße, Kerzenreste, Glitzerfarbe bzw. Glitter, Topf, Wasser, Faden

Durchführung: Auf einem Tisch stehen verschieden große und verschiedenartige Gefäße sowie verschiedenfarbige Kerzenreste. Die Kinder wählen sich je ein Gefäß aus. Dieses wird ca. 1 cm bis zum Rand mit Wasser gefüllt. Mit einer brennenden Kerze, die waagerecht über den Behälter gehalten wird, tropft das Kind solange auf das Wasser, bis die Oberfläche bedeckt ist und die Wachsschicht ca. 0,5 – 1 cm beträgt. Hierbei sollten die Kinder ab und zu die Kerzenfarbe wechseln. Wenn das Wachs abgekühlt ist, wird die Palette vorsichtig vom Rand gelöst und aus dem Gefäß entnommen. Für die Kinder ist es jedes Mal eine Überraschung, wie ihr Werk geworden ist, da sich erst nach dem Herauslösen zeigt, wie die Farb- und Tropfenzusammensetzung aussieht.
Wenn Sie jetzt noch Glitzerfarbe oder Glitter darauf geben, wirkt es noch mehr. Mit einer Nadel kann im Anschluss ein Faden durchgezogen werden, so dass die Wachspalette aufgehängt werden kann.

Krippen

☞ Brauchtum Krippe

Das Wort „Krippe" stammt aus dem Indogermanischen und bedeutete zunächst einen geflochtenen Futtertrog bzw. Korb. In frühen Darstellungen der Geburt Christi wird das Kind auch in einer geflochtenen Krippe gezeigt. Heute verstehen wir unter einer Weihnachtskrippe die komplette Darstellung der Szenerie im und am Stall von Bethlehem.

Das Aufstellen von Weihnachtskrippen gehört bei vielen Christen als wichtiger Brauch mit zur Weihnachtszeit. Zurückzuführen ist dieser Brauch auf eine Legende, nach der die erste Weihnachtskrippe im Wald bei Greccio in Italien stattfand. Der hl. Franziskus wollte den Brüdern seines Ordens und der Bevölkerung die Armut des göttlichen Kindes vor Augen führen. Dazu hatte er mitten im Wald die leere Krippe aufgebaut und zwei lebende Tiere, Ochs und Esel, dazugestellt. Die Heilige Familie fehlte jedoch.

Als Ausgangspunkt des Brauches vermuten die Historiker die in Rom verwahrten Krippenreliquien, vor denen die Päpste damals den nächtlichen Weihnachtsgottesdienst feierten.

Im Barock war die größte Zeit der Krippen. In dieser Zeit bauten die Jesuiten mächtige und wertvolle Krippen mit dem Ziel, die Heilsbotschaft auf bildliche, sinnenhaft erfahrbare und gemütvolle Weise zu verkünden und dem Volk nahe zu bringen. Viele Städte schlossen sich dem Boom an, so dass bald jede Gemeinde ihre eigene Krippe haben wollte.

Es drohte allerdings eine massive Einschränkung zu Beginn des 19. Jahrhunderts, als etwa in Bayern das Aufstellen von Krippen in Kirchen verboten wurde. Die Bevölkerung reagierte jedoch unbeeindruckt und hielt an dem Brauch im häuslichen Raum fest. Die Krippe hielt Einzug in die Häuser und Bauerstuben.

Im 19. Jahrhundert verlor die Krippe ihre Mittelpunktsfunktion, als der Christbaum seine allgemeine Verbreitung fand. 1825 wurden die Krippenverbote wieder aufgehoben. Seitdem entwickelte sich das Krippenschnitzen zur gern gesehenen Kunstfertigkeit.

Die Vielgestaltigkeit der Weihnachtskrippen ist fast grenzenlos. Egal, an welchem Ort der Welt sich der jeweilige Krippenbauer befindet. Er stellt das Geschehen so dar, als läge Bethlehem vor seiner Haustür. So tragen die Hirten in bayerischen Krippen die üblichen Trachten, in Japan bringen anstelle der Könige Samurais die Geschenke, in Afrika ist das Christkind schwarz und bei den Eskimos liegt das Jesuskind statt in der Krippe auf einem Schlitten.

(aus: Becker-Huberti, Lexikon der Bräuche und Feste. Herder: Freiburg 2001)

Der Wurzelstall

Bauen Sie mit den Kindern eine eigene Krippe aus Materialien, die Sie bei einem gemeinsamen Waldspaziergang suchen und mitnehmen.

Material: Wurzeln, Moos, Flechten, Rindenstücke, Steine, eine Grundplatte (je nach Platzbedarf), Axt oder Säge, Hammer, Nägel und Holzleim

Vorbereitung: Gehen Sie mit den Kindern in den Wald und suchen Sie dort zusammen nach Materialien, die sie zum Krippenbau und zur Krippengestaltung benötigen. Bevor Sie mit dem Bau anfangen, besorgen Sie am besten zuvor die Krippenfiguren. Dadurch können Sie die Größe der Krippe genau auf die Figuren abstimmen. Besonders gelungen sieht das Gesamtbild später aus, wenn die Höhe der Stalldecke etwa die anderthalbfache Größe der Krippenfiguren hat.

Vorbereitung: Mit Flechten oder Rindenstücken werden z.B. die genagelten Verbindungsstellen der Wurzeln verdeckt. Moos dient als Bodenabdeckung. Mit Moos bewachsene, kleinere Steine eignen sich gut als Dekoration. Kleine Äste werden beispielsweise beim Bau für Zäune oder Stege verwendet. Sand ist Streubelag für Wege. Wie letztendlich die fertige Krippe und deren Umgebung aussieht, ist abhängig von Ihren Ideen und denen der Kindern.
Um die Kinder soviel wie möglich zu beteiligen, teilen Sie sie in Kleingruppen auf. Jede Gruppe bekommt eine Aufgabe, die beinhaltet, nach welchen Waldmaterialien sie suchen soll. D. h. eine Gruppe sucht nach schönen Steinen, die andere nach Moosen, nach Flechten, nach Rindenstücken usw. Je unterschiedlicher und vielseitiger die Fundstücke sind, desto phantasievoller kann später die Krippe und das Drumherum gestaltet werden.
Damit die Kinder ihre Waldschätze tragen können, geben Sie ihnen Taschen oder Körbe mit. Die Gruppe, die nach knorpeligen Wurzelstöcken sucht, sollte darauf achten, dass diese weder zu frisch noch alt und morsch sind. Am geeignetsten sind gebogene Wurzeln.
Die Moose, nach denen eine andere Gruppe sucht, dienen später als Bodenabdeckung für die Grundplatte. Je größer diese Platte ist, desto mehr Moose müssen sie mitnehmen. Vielleicht finden die Kinder auch unterschiedliche Moosarten?

Nach dem Spaziergang bringen Sie die Wurzelstöcke mit Axt oder Säge so in Form, dass sie eben auf dem Grundbrett aufliegen und von unten her verschraubt werden können. Für den Grotteneingang verwenden Sie zwei entsprechend gebogene Wurzeln, die Sie hinstellen, dass sich eine Kuppel bildet. Die Kinder füllen Ritzen mit kleineren Wurzeln, Flechten, Moosen oder Rinden auf, die sie vernageln oder anleimen.

Platzieren Sie die Bodenplatte mit Krippe an einem hellen Platz. In einer dunklen Ecke kommt Ihre Krippe nicht zur Geltung. Um die Krippe noch effektvoller zu gestalten, bringen Sie noch eine verdeckte elektrische Beleuchtung im Inneren des Stalls an. Auf diese Weise werden die Figuren gut ausgeleuchtet. Verlegen Sie das Kabel und den Trafo so, dass sie verdeckt werden.

Tipps:

* Die Kinder besprühen das Moos ab und zu. So bleibt es während der Zeit frisch
* Wenn Sie eine große Bodenplatte haben, pflanzen Sie kleine Christsterne ein bzw. stellen sie in Töpfen hinzu. Die Töpfe deckten Sie mit Moos ab.
* Legen Sie vierundzwanzig kleinere Baumscheiben als Weg zur Krippe. Jeden Tag werden Maria und Josef einen Schritt weiter gestellt.
* Schneiden Sie am St. Barbaratag (04.12.) Zweige vom Kirschbaum ab und stellen Sie diese in einer mit Wasser gefüllten Vase auf die Krippenlandschaft. Sie können auch Forsythien-, Apfel-, Weiden-, Flieder- oder Haselnusszweige nehmen. Wechseln Sie regelmäßig das Wasser. Laut Legende blühen die Zweige zu Weihnachten. Erzählen Sie den Kindern, woher der Brauch kommt.

☞ Die heilige Barbara

Der Brauch der Heiligen Barbara stammt aus der Zeit, als Christen wegen ihres Glaubens verfolgt wurden. Barbara entschloss sich damals gegen den Willen ihres Vaters Christin zu werden. Um sie dazu zu bringen, ihren Glauben aufzugeben, sperrte er sie in einem Turm. Da dies nichts half, ließ sie der Vater ins Gefängnis bringen. Auf dem Weg dorthin, verfing sich ein Kirschenzweig in ihrem Kleid. Barbara stellte ihn in einen Wasserkrug. Sie wurde genau an dem Tag als der Zweig aufblühte zum Tode verurteilt. Sie soll zu dem kleinen Zweig gesagt haben:
„Du schienst wie tot. Aber du bist aufgeblüht zu schönerem Leben. So wird es auch mit meinem Tod sein. Ich werde zu neuem, ewigem Leben aufblühen."
Die Heilige Barbara ist die Schutzpatronin der Bergleute. So wie in Barbaras Turm, in den sie ihr Vater einsperrte, fällt auch in den Kohlenschacht kein Sonnenlicht.

* Stellen Sie kleine Lichter, z.B. Teelichter in Gläsern am St. Luciatag – am 13. Dezember – hinzu. Erzählen Sie den Kindern, die Legende von der Heiligen Lucia.

☞ **Die heilige Lucia**

Das Fest der Heiligen Lucia wird auch „Lichterfest" genannt. Auch Lucia starb wie Barbara für ihren Glauben. Als gläubige Christin brachte sie anderen Christen Nahrungsmittel in die Katakomben. Um beide Hände zum Tragen freizuhaben, ging sie mit einer Krone aus brennenden Kerzen auf den Kopf in die dunklen Gänge. Sie wurde von ihrem Verlobten aus Enttäuschung verraten und mit dem Tode bestraft, als sie dem weltlichen Leben entsagen und Nonne werden wollte.

Der 13. Dezember ist seitdem der Tag von Santa Lucia. Bis ins 16. Jahrhundert galt die vorausgehende Nacht als die längste des Jahres, mit Lucia begann die Zeit des Lichtes.

In Schweden wird der 13. Dezember besonders gefeiert. Die Lussibrud (Lucienbraut), ein weiß gekleidetes Mädchen, trägt einen Kranz mit brennenden Kerzen auf dem Kopf. Sie weckt in der Familie die Schlafenden und bringt ihnen Gebäck. Auch in manchen Gegenden Deutschlands, besonders in katholischen Regionen, wird heutzutage der Brauch praktiziert, dass ein weiß gekleidetes Mädchen mit dem Lichterkranz in die dunkle Kirche kommt und einen Glanz verbreitet.

Weihnachtliche Krippe mit Figuren

Für diese Krippe brauchen Sie keinen Hammer oder Nagel. Sie ist auch für die Kinder relativ einfach herzustellen.

Material: 5 Klorollen, Karton, Leim, Naturmaterialien (Heu, Moos, 2 Kiefernzapfen, 1 Nussschale), 3 Holzkügelchen, Watte, einen schwarzen Stift, braune Flüssigmalfarbe, ein wenig Filz oder Stoff

Durchführung: Die Kinder malen die fünf 5 Klorollen braun an. Während diese trocknen, schneiden Sie aus dem Karton 2 Halbkreise zu. Messen Sie diese vorher ab. Sie sollten in der Größe zu den Klorollen passen. Wenn die Rollen trocken sind, kleben die Kinder diese auf einen der Halbkreise. Diese Seite stellt den Krippenboden dar. Den anderen Halbkreis kleben sie als Dach oben auf die Klorollen. Anschließend befestigen die Kinder mit Leim so viel Moos auf dem Dach, bis kein Karton mehr sichtbar ist. Auf den Boden kleben sie Heu bzw. Stroh. Maria und Josef werden aus den zwei Kieferzapfen hergestellt. Als Köpfe dient je ein Holzkügelchen, das auf einen Zapfen geklebt wird. Aus Filz oder Stoff schneiden die Kinder für Josef einen Hut und für Maria einen Umhang aus, den sie auf den Kopf kleben. Mit einem Stift malen sie die Gesichter auf. Das

Jesuskind wird mit dem dritten Holzkügelchen dargestellt. Dieses kleben die Kinder in die Nussschale und decken es mit Watte zu. Auf diese Weise ist es auch nicht nötig, einen Körper zu gestalten. Mit dem Stift wird auch dem Jesuskind das Gesicht aufgemalt.

Wenn die Kinder Lust und Interesse haben, gestalten sie die anschließend noch mit eigenen Ideen aus.

Tipp: Jedes Kind stellt nach dieser Anleitung und evtl. mit Ihrer Unterstützung seine eigene Krippe her, die es nach eigenen Wünschen noch erweitert und vervollständigt.

Krippenfiguren aus Pappe und Filz

Materialien: leichte Pappe, dünner Filz, Blumendraht, Perlen, Watte- oder Holzkugeln, evtl. Zahnstocher, Wollreste, Goldpapier, Filzstifte, Klebstoff

Durchführung: Zeichnen Sie Halbkreise auf Pappe. Die Kinder schneiden diese aus und kleben sie zu einem Kegel zusammen. Danach beziehen sie diese mit Filz und stecken je nach Größe eine Perle, eine Wattekugel oder eine Holzkugel als Kopf auf. Je nach Gewicht des Kopfes wird dieser von mit einem Tropfen Klebstoff oder mit einem eingesteckten Holzstäbchen befestigt.

Ziehen Sie einen Blumendraht für die Arme durch den Kegel. Als Ärmel zeichnen sich die Kinder ebenfalls Halbkreise und formen daraus Kegel, allerdings etwas kleiner als die des Körpers. Diese kleineren Kegel kleben sie dann seitlich an die Körper. An die offenen Enden der Kegel kleben Sie Fäustlinge, die sie aus Filz ausgeschnitten haben. Dazu schneiden die Kinder jede Hand doppelt aus, legen sie zwischen den Draht und kleben sie zusammen. Zum Schluss verzieren sie die Figuren noch, in dem sie ihnen z. B. mit Filzstiften Gesichter aufmalen, aus Wollresten Haare ankleben und aus Goldpapier Kronen für die Könige und die Geschenke basteln.

Krippenfiguren aus Naturwolle und Filz

Diese Krippenfiguren sind in der Herstellung etwas schwieriger. Das Bastelangebot eignet sich daher eher für ältere Kinder oder als Anleitung für Sie.

Material: braunen Filz (20x24 cm), grünen oder beigen Filz (16x16 cm), braune Wollreste, 100 g ungesponnene und ungefärbte Naturwolle (Sie können auch die Naturwolle teilweise durch Watte ersetzen), etwas braune oder rötliche Naturwolle, Fellreste, Klebstoff, Schere, Nadel und Faden, 1 Untertasse, Bleistift

Durchführung: Passend für einen naturverbundenen Schäfer stellen Sie aus natürlichen unverfälschten Materialien den Hirten her. Die Grundfigur kann durch Verwendung von anderen Farben und Dekorationen so variiert werden, dass Sie Figuren für eine komplette Weihnachtskrippe herstellen können.
Sie erhalten Naturwolle in allen Farben in Bastelgeschäften. Für eine Hirtenfigur oder Krippenfigur benötigen Sie 100 g.

Formen Sie aus der ungefärbten ungesponnenen Naturwolle eine Kugel von etwa 7 cm Durchmesser. Ziehen Sie ein Stück dünn und flach gezogene Naturwolle darüber. An einer Stelle fassen Sie die Enden zusammen und binden sie mit einem Wollfaden ab: Fertig ist der Kopf.
Für den Körper benötigen Sie das 20x24 cm große Rechteck aus braunem Filz. Formen Sie dieses Rechteck zu einem Zylinder und kleben Sie an den Seiten etwa 1cm übereinander. Stülpen Sie nun die untere Kante 2cm nach innen. Ziehen Sie einen Wollfaden mit großen Vorstichen 1 cm unterhalb des oberen Randes ein. Danach stecken Sie den Kopf mit dem verknoteten Teil nach innen in den Körper hinein, ziehen den Wollfaden an und verknoten ihn. Den Körper selbst stopfen Sie mit viel Naturwolle aus, dass er so fest und prall gefüllt ist, dass er stehen kann. Drehen Sie nun aus vier 1m langen braunen oder beigen Wollfäden eine Kordel. Diese binden Sie dem Hirten fest als Gürtel um die „Taille".

Damit er wie ein richtiger Schäfer aussieht, kleben Sie ihm noch ein Stück Fell über die Schultern. Gestalten Sie mit brauner oder rötlich gefärbter Naturwolle die Haare und den Bart, die Sie auf die Figur kleben.
Für den Hut legen Sie eine Untertasse auf dunkelgrünen oder beigen Filz und malen den Umriss mit Bleistift nach. Anschließend schneiden Sie den Kreis aus. Nähen Sie nun etwa 3cm innerhalb des Kreisrandes einen braunen Wollfaden mit großen Vorstichen ein. Ziehen Sie danach den Anfang und das Ende des Wollfadens zusammen. Das bewirkt eine Wölbung in der Mitte des Filzes, wodurch eine Erhöhung für den Kopf entsteht. Der Hutrand wird wellig.

Verknoten Sie die Wolle. Die Enden bleiben als Zierde hängen und werden in beliebiger Länge angeschnitten. Kleben Sie diesen Hut nun auf den Kopf.

(Idee aus: U.-Barff / I.Burkhardt / J.Maier, Das große farbige Bastelbuch für Kinder. Falken-Verlag: Oberursel)

Adventskalender

☞ Herkunft des Adventskalenders

Der Adventskalender, so wie wir ihn kennen, entstand erst am Anfang dieses Jahrhunderts. Seine eigentlichen Ursprünge lassen sich bis in das 19. Jahrhundert zurückverfolgen. Die ersten Formen des Adventskalenders kommen aus dem protestantischen Umfeld. In religiösen Familien wurden dabei im Dezember 24 Bilder nach und nach an die Wand gehängt.
Es gab auch Strichkalender, bei denen 24 an die Wand oder Türe gemalte Kreidestriche von den Kindern täglich um einen verringert wurden. Auch wurden Strohhalme in eine Krippe gelegt, für jeden Tag bis Heilig Abend. Weitere Formen waren eine Weihnachtsuhr, oder aber eine Adventskerze die jeden Tag bis zur nächsten Markierung abgebrannt werden durfte.
Die früheste Form eines selbst gebastelten Adventskalenders stammt wohl aus dem Jahre 1851.
Den Kindheitserlebnissen des schwäbischen Pfarrersohnes Gerhard Lang (1881–1974) aus Maulbronn verdankt das erste gedruckte Exemplar seine Existenz. Seine Mutter zeichnete auf einen Karton 24 Kästchen – auf jedes war ein „Wibele" genäht. Als Teilhaber der lithographischen Anstalt Reichhold & Lang verzichtete Gerhard Lang auf die Gebäckstücke und verwendete stattdessen farbenprächtige Zeichnungen, die ausgeschnitten und auf einen Pappkarton geklebt werden konnten. 1908 wurde dieser erste, wenn auch noch fensterlose Adventskalender gedruckt. Damals nannte man ihn „Weihnachts-Kalender" oder „Münchener Weihnachts- Kalender".
1920 erschienen in etwa die ersten Adventskalender mit Türchen zum Öffnen auf dem Markt, so wie wir sie heute kennen. Auch die badische Sankt Johannis Druckerei fertigte Anfang der 20er Jahre religiöse Adventskalender an, in deren geöffneten Fenstern anstatt der Bilder Bibel Verse zu lesen waren.
Aufgrund von Papierknappheit und dem Verbot, Bildkalender herzustellen, hatte die Entwicklung von Adventskalendern mit Beginn des 2. Weltkrieges zunächst ein Ende. Erst in der Nachkriegszeit gab es in der Entwicklung von Adventskalender weitere Erfolge.

Mandarinenkisten-Kalender

Material: eine kleine Obstkiste aus Holz (aus dem Supermarkt), 1 große Rolle orangefarbenes Krepp-Papier, grünes Bastelpapier, Kleber, evtl. Lackstift, 24 kleine Geschenke oder Süßigkeiten.

Durchführung: Schneiden Sie aus dem Krepp-Papier 48 Stücke, die eine Größe von ca. 15 x 15 cm haben. Falls die Überraschungen größer sind, schneiden Sie entsprechend größere Stücke zu.
Verpacken Sie jedes Geschenk in zwei Lagen Krepp-Papier und formen Sie dabei kleine runde Mandarinen (oder Orangen). Aus dem grünen Papier schneiden Sie Blätter aus und kleben diese auf die Früchte auf.
Schreiben Sie evtl. mit goldenem Lackstift die Zahlen 1–24 drauf.
Zum Schluss dekorieren Sie die Orangen ansprechend in der Kiste.

Schlitten aus Holz mit verschiedenen kleinen Päckchen

Material: Holz oder Pappe, Farbe, (selbst gemachtes) Geschenkpapier, 24 kleine Überraschungen

Durchführung: Bauen Sie einen Schlitten aus Holz oder Pappe, den Sie an einem besonderen Platz dekorieren. Auf den Schlitten packen Sie 24 kleine bunte Päckchen, die mit kleinen Überraschungen gefüllt sind. Die Päckchen werden mit Nummern von 1–24 versehen.

Tipp: Ein Kalender aus Holz ist dauerhaft und kann jedes Jahr als Ritual wieder verwendet werden.

24 kleine Rentiere

Material: leere Klorollen, braunes Tonpapier, brauner Fotokarton, Kordel, kleine Geschenke, Watte

Durchführung: Bekleben Sie die Klorollen mit dem Tonpapier. Schneiden Sie aus dem Fotokarton ein Vorderteil mit Kopf und Beinen und ein Hinterteil mit Beinen aus. Ziehen Sie eine kleine Kordel und bringen Sie diese als Schwanz an. Die Rollen können mit kleinen Geschenken gefüllt werden. Stellen Sie die Rentiere auf einen Teppich aus Watte auf einem Schrank oder in der Fensterbank auf. Sicher freuen sich die Kinder, wenn sie ihr kleines Rentier mitnehmen dürfen.

☞ Warum gerade Rentiere

Rentiere sind als stille Helfer des Weihnachtsmannes bekannt. Sie ziehen seinen Schlitten durch die Lüfte und warten treu und geduldig an jedem Haus, bis er seine Gaben verteilt hat und wieder zum Schlitten zurückkehrt.

Ob Sie es glauben oder nicht, aber erst im Jahre 1868 tauchte der Rentierschlitten erstmalig in einer Zeichnung im Harper's Magazine in den USA auf. Die Vorstellung, dass der Weihnachtsmann durch den Kamin in die Häuser steigt, stammt auch aus Amerika. In dem Gedicht „Ein Besuch vom Nikolaus" von Clement Moore werden die Rentiere, die den Schlitten ziehen, erstmals schriftlich erwähnt.

Eine Vermutung ist, dass Rentiere einfach deshalb gewählt wurden, weil sie als Zugtiere für Schlitten bei den Nomaden eine lange Tradition haben. Es gibt aber auch andere Theorien:

So verehrten einige nordostsibirische Stämme (die Korjaken, Tschuktschen und Kamtschadalen) den großen Rentiergeist. Die Schamanen waren in der Lage mit diesem Geist Kontakt aufzunehmen. Dazu verzehrten sie Fliegenpilzen als Sud oder in getrocknetem Zustand. Berauscht von den halluzinogenen Pilzen „schwebte" der Schamane durch das Rauchabzugsloch seiner Hütte in die Welt der Rentiergeister. Aus dieser Welt brachte er Tänze, Geschichten und Lieder als „Geschenke" für sein Volk mit. Wenn man nun den Rauchabzug durch einen Kamin und die Lieder und Tänze durch Spielzeug für die Kinder ersetzt, ist man schon ziemlich nah am Weihnachtsmann.

Eine weitere Theorie basiert auf einem muslimischen Wanderprediger namens Sari Saltuk. Die zahlreichen Legenden, die sich um diese Gestalt gebildet haben, decken sich teilweise mit Erzählungen vom Nikolaus in Europa. Vermutlich flossen in die Gestalt des Weihnachtsmannes Elemente dieses Wanderpredigers mit ein. Sari Saltuk gelangte schließlich auf dem geflügelten Pferd Ankabil nach Lappland, wo er unsterblich weiterlebt. Möglicherweise entstanden aus diesem geflügelten Rappen die fliegenden Rentiere.

Eine Adventsstadt

Material: 24 Dosen oder Schachteln, weißer oder roter Tonkarton, Tonpapier oder Glitzerpapier, Alufolie, Klebstoff, Filzstift, Klebezahlen 1–24

Durchführung: Die Kinder bekleben die Dosen mit beliebigem Papier. Auch die Fenster und Türen schneiden sie nach eigener Phantasie aus verschiedenen Papieren zurecht und kleben sie auf.
Als Dach schneiden sie einen Kreis oder ein Quadrat aus weißem oder rotem Tonkarton aus, der im Durchmesser doppelt so groß ist wie die Dose. Hierbei sollten Sie die Kinder unterstützen. Wenn die Dose z.B. einen Durchmesser von 10 cm hat, brauchen Sie für das Dach einen Kreis mit 20 cm Durchmesser.
Der Kreis wird an einer Stelle bis zum Mittelpunkt eingeschnitten und zu einer Tüte gedreht, so dass diese auf den Deckel passt. Die Dächer werden auf einige Dosendeckel geklebt. Wenn die Kinder wollen, können sie auch die Dosen stapeln und dadurch Türme herstellen. Bei den Türmen erhält dann jede Dose eine Klebezahl.

Eine Himmelsleiter

Material: verschiedene Holzstücke, zwei größere Stäbe, 6–7 kleine Stöcke, Bast, ggf. Geschenkband, Schleifen, Goldfolie, 24 kleine Päckchen mit Überraschungen

Durchführung: Sammeln Sie mit den Kindern zunächst verschiedene Holzstücke. Die größeren Stäbe dienen als Leiterwangen und die kleinen Stöcke als Sprossen. Die Verbindungsstellen zwischen den Wangen und Sprossen binden Sie mit Bast zusammen. Wenn Sie wollen, können Sie diese noch mit attraktivem Geschenkband umwickeln oder Schleifen daran befestigen.
Aus Goldfolie schneiden Sie eine Sternschnuppe mit Schweif aus und bringen diese an der obersten Sprosse an. Nun hängen Sie 24 kleine Päckchen mit Überraschungen oder Gutscheinen an die Leiter.
Wenn die Päckchen im Laufe des Advents abgenommen werden, ersetzen Sie diese durch einen Stern aus Gold- oder Silberfolie.

Adventhaus

Material: großer Karton, Stift, Pappe, 24 kleine Überraschungen

Durchführung: Aus einem großen Karton, der zunächst auf der Rückseite geöffnet ist, gestalten Sie ein Haus mit 23 oder 24 Fenstern und einer Tür. Zeichnen

Sie sich zunächst die Fenster auf und schneiden Sie diese so ein, dass sie sich später öffnen lassen. Auf der Rückseite bringen Sie in jeder Fensterreihe eine Pappleiste an, auf der Sie die Überraschungen verbergen können. Das Haus wird entweder fest geschlossen oder so an eine Wand gestellt oder gehängt, dass die Rückseite für die Kinder nicht zu sehen ist.

Von vorn dürfen die Kinder dann jeweils ein Fenster öffnen, hinter dem sich ein Geschenk befindet.

Variante: Sie können auch hinter jedem Fenster ein nettes Bild oder eine Kurzgeschichte anbringen. Die Geschenke verbergen sich alle hinter der Tür. Dann dürfen die Kinder täglich die Tür öffnen und eine Überraschung herausnehmen.

Kleine Häuschen an einem Ast

Material: Ast, Lichterkette, blauer Tüll, weißer Karton, Goldfolie

Durchführung: Wickeln Sie eine Lichterkette um den Ast, den Sie ins Fenster hängen. Schlagen Sie den Ast und die Lichterkette etwas weitläufig mit dem Tüll ein. Gestalten Sie für die Überraschungen kleine Häuser aus dem Karton. Kleben Sie Fenster und Türen aus Goldfolie auf. Die Häuser hängen Sie nun wie ein kleines Dorf an den Ast. Wenn die Lichterkette in der Morgendämmerung die goldenen Fenster und Türen anstrahlt, gibt dies eine sehr schöne Atmosphäre.

Die Häuser, die abgenommen werden, können durch kleine Sterne aus Goldfolie ersetzt werden.

Auf die Sterne darf das jeweilige Kind, das ein Häuschen abgenommen hat, einen Wunsch malen, schreiben oder diesen von Ihnen schreiben lassen.

Weihnachtssack

Material: dicke Pappe, Jutestoff bzw. andere weihnachtliche Stoffe, Schleife, Nadel, Garn, Gardinenringe, 24 kleine Päckchen oder Säckchen

Durchführung: Dazu schneiden Sie aus einer großen dicken Pappe eine Sackform aus. Diesen „Pappsack" bekleben Sie mit Jutestoff oder anderen weihnachtlichen Stoffen. Vergessen Sie die Schleife nicht. An dem Stoff befestigen Sie mit ein paar Nadelstichen 24 Gardinenringe. An diese Ringe können Sie jedes Jahr kleine gefüllte Päckchen oder ebenfalls kleine Säckchen hängen.

Riesen-Nikolausstiefel

Das Verfahren für die Erstellung dieses Adventskalenders ist das gleiche wie beim Weihnachtssack. Nur das Motiv und der Stoff werden anders gewählt. Eine weitere Variante wäre ein Riesenweihnachtsmann, der die Geschenke in der Tasche hat.

☞ Tipps zur Befüllung eines Adventkalenders:

Kostenloses aus dem Internet: Mal- oder Bastelvorlagen, Rätsel, Witze, Liedertexte, Brettspiele zum ausdrucken, Kurzgeschichten
Als Adventskalender eignet sich hier am besten der Nikolaus. Auf der Internetseite: http://www.bavaria97.de/weihnachten/adv_kal_serv_niko.htm können Sie eine Schablone für einen Nikolaus als Adventskalender ausdrucken.

Beispiele für die Gutscheine: Lieblingsessen kochen, Lieblingslied singen, Lieblingsgeschichte vorgelesen bekommen, gemeinsam einen Kuchen oder Kekse backen, einmal beim Aufräumen zusehen dürfen, gemeinsam ein Hexenhäuschen gestalten; ein Spiel aussuchen, das in der Gruppe oder im Bewegungsraum mit allen Kindern gespielt wird; eine Massage; mit einem Freund oder einer Freundin eigener Wahl, einen Vormittag in der Weihnachtswerkstatt verbringen

Sie können den Inhalt eines Adventkalenders auch so gestalten, dass sich nach und nach eine Kreativecke in einem Gruppenraum einrichten lässt:
Schere, Tesafilm, Uhu, Stifte, Lochzange, verschiedene Zackenscheren, Perlen, Stempelkissen, Stempel zum Selbstgestalten, Strohhalmspalter, Strohsternlegeform, Fimo, Window-Colour, Kerzenengel, Stoffmalstifte, Pfeifenputzer, Bast, Cutter

Als Gemeinschaftsgeschenk für die Gruppe: Wenn nicht jedes Kind ein eigenes kleines Geschenk bekommen soll, können Sie ein großes Geschenk in 24 Teile zerlegen oder 24 Teile für die Gruppe schenken.
Zum Zerlegen eignet sich ein Memory, Puzzle, Gesellschaftsspiel oder Kartenspiel.

Für die Gruppe gesamt:
* ✦ Autos für die Bauecke
* ✦ Tiere aus Holz oder Kunststoff
* ✦ Puppe und Puppenkleider
* ✦ Murmeln

☞ Der ganz andere Adventskalender

Haben Sie schon einmal daran gedacht, einen „lebenden" Adventskalender einzurichten? Nutzen Sie die Adventszeit als Zeit der Begegnung und schaffen Sie Begegnungsräume in Form eines Adventskalenders.

Hierzu gibt es verschiedene Möglichkeiten:

Zum einen können Sie mit den Kindern und Eltern Ihrer Gruppe vereinbaren, an jedem Tag ein anderes Kind zuhause zu besuchen.

Ebenso können Sie im Stadtteil aktiv werden und mit den Kindern Präsenz zeigen.

Fragen Sie bei Vereinen, anderen Einrichtung oder besonderen Personen, z.B. den Bürgermeister oder den Pastor, ob sie sich beteiligen wollen und an einem Tag im Advent ihr Haus öffnen, um Gäste Willkommen zu heißen.

Wenn Ihnen 24 Aktionen zu viel erscheinen, können Sie sich auch auf eine Aktion pro Adventswoche beschränken.

9. Zeit für Geschenke

☞ Der Brauch des Schenkens

Im frühen Mittelalter wurden die Kinder am Fest der unschuldigen Kinder (28. Dezember) beschenkt. Durch die Zunahme des Nikolaus-Kults in ganz Europa etablierte sich im 14. Jahrhundert der 6. Dezember als Geschenktermin. Um 1500 waren Geschenke an Weihnachten noch völlig ungebräuchlich. Erst durch den Einfluss der Reformation verlagerte sich dieser Termin ganz allmählich auf Weihnachten und wurde nach 1900 dann in ganz Deutschland als Geschenkfest üblich.

Das Beschenken der Erwachsenen untereinander begann erst mit dem Verständnis von Weihnachten als einem Familienfest. Bis zur Reformation schenkten Erwachsene einander nichts, allenfalls Dienstboten sollten von ihren Dienstherren eine Kleinigkeit erhalten. Den Armen schenkte man das, was sie zum Leben brauchten, in der Regel etwas zum Essen und Trinken.

Geschenke hatten vor allem symbolische Bedeutung und sollten zum Ausdruck bringen, dass der Beschenkende sich in den Beschenkten einfühlen kann. Zugleich wollte der Beschenkende mit seinem Geschenk auch etwas für ihn ganz Persönliches schenken, z.B. etwas selbst Gebackenes. In Zeiten standardisierter Geschenke und medial übermittelter Aufforderungen, bestimmte Dinge zu kaufen, droht diese Einheit von Person und Sache verloren zu gehen.

Darum liegt auch ein tieferer Sinn darin, Kinder für den Wert selbst gemachter Geschenke zu sensibilisieren und die Vorweihnachtszeit zur Gestaltung kreativer Geschenke für Eltern, Großeltern, Geschwister und Freunde zu nutzen.

Geschenkanhänger

Material: Orangen- oder Zitronenschalen, Plätzchenformen, Backofen (zum Trocknen), Gold- oder Silberdraht, Zimtstangen, Anis

Durchführung: Aus den frischen Schalenresten lassen sich mit Plätzchenformen schöne Motive ausstechen, die anschließend auf der Fensterbank, oder wenn's eilig ist, im Backofen getrocknet werden.

Die getrockneten Motive werden mit Gold- oder Silberdraht umwickelt oder auch mehrer übereinander befestigt. Zusätzlich können Sie noch kleine Zimtstangen, Sternanis oder einen Ilexzweig mit einbinden. Als Anhänger an einem Geschenk sieht das sehr dekorativ aus.

Rußfliesen

Material: weiße Fliesen und Sprühlack (aus dem Baumarkt), Tesafilm, Kerze, Nadeln zum Pricken bzw. Schaschlikspieße, Klarlack (zum Sprühen), Aufhänger

Durchführung: Kleben Sie den Rand der Fliesen mit Tesafilm ab. Halten Sie die Fliese über eine brennende Kerze, so dass diese durch den Ruß geschwärzt wird. Ältere Kinder probieren selbst, die Fliesen zu schwärzen. Mit Prickelnadeln oder Schaschlikspießen malen die Kinder Muster oder Bilder darauf. Besprühen Sie die Fliesen anschließend mit Klarlack. Nach dem Trocknen ziehen Sie vorsichtig den Tesafilm wieder vom Rand ab. Damit die Fliesen wie Bilder an die Wand gehängt werden können, kleben die Kinder zum Schluss einen Aufhänger auf die Rückseite.

Achtung: Da dabei gesundheitsgefährliche Gase freigesetzt werden, führen Sie das Aufsprühen am besten draußen durch und holen die Fliesen erst hinein, nachdem sie völlig getrocknet sind. Die Kinder kleben zum Schluss ein Teelicht darauf.

Scherenschnitt-Portraitbilder

Ein sehr persönliches Geschenk ist ein Scherenschnitt-Portraitbild der Kinder. Es hat noch nach Jahren einen hohen Erinnerungswert an die Kindheit.

Material: Tonpapier, Overhead- oder Diaprojektor, Bleistift, Scheren

Durchführung: Befestigen Sie Tonpapier an einer freien Wand. An der gegenüberliegenden Seite bauen Sie einen Overhead- oder Diaprojektor auf, dessen Licht genau auf das Tonpapier fällt. Stellen Sie einen Stuhl so an die Wand, dass das Profil des Kindes, wenn es sich anschließend darauf setzt, gut auf dem angestrahlten Papier zu erkennen ist. Das Schwierige an dem Angebot ist, dass das Kind einige Zeit ganz ruhig und ohne sich zu bewegen sitzen bleiben muss. Währenddessen übertragen Sie mit Bleistift die Konturen seines Profils, die als Schatten auf das Tonpapier fallen.
Anschließend schneidet das Kind sein Scherenschnitt-Portrait aus und klebt es auf einen andersfarbigen Tonkarton. Vergessen Sie nicht, auf die Rückseite das Datum zu schreiben, damit noch nach einigen Jahren zu erkennen ist, wie alt das Kind zu dem Zeitpunkt des Scherenschnitts war.

Jutetaschen als Kunstwerke

Material: unbedruckte, helle Jutetaschen, Stifte, Papier, Stofffarben und Farben bzw. Stoffmalstifte

Durchführung: Bevor jedes Kind eine Tasche bemalen darf, überlegt es sich, welches Motiv es dafür wählt. Um die eigene abstrakte Vorstellung zu visualisieren, malt es dies mit Stiften auf Papier auf. Wenn das Motiv dem Kind gefällt, überträgt es diese mit Stoffmalfarbe auf die Tasche. Bei der Motivwahl sollten Sie dem Kind freie Entscheidung lassen. So entstehen ganz unterschiedliche und individuelle Kunstwerke auf den Taschen, wie z.B. Muster, Weihnachtsmotive oder andere Bilder.

Spezielle Stoffmalstifte erleichtern den Kindern das Malen, da sie ihre gemalten Bilder vom Papier besser übertragen können. Bei flüssiger Farbe, die mit dem Pinsel aufzutragen ist, besteht die Gefahr, dass sie schneller ineinander verläuft, das Motiv verschmiert oder dass die Kinder nicht so fein damit malen können. Außerdem brauchen Sie bei einigen Stoffmalstiften die Farben nicht mehr anschließend fixieren.

Marmorieren

Marmorieren ist eine sehr einfache und schnelle Technik, um wirkungsvolle Weihnachtsgeschenke herzustellen. Durch die marmorierte Musterung verzaubern Sie Weihnachtskugeln, Kerzen, Papier oder Holzschachteln.

Auch jüngere Kinder erzielen innerhalb weniger Sekunden ein Erfolgserlebnis, wenn sie mit dieser Technik arbeiten.

Material: spezielle Marmorierfarbe (aus dem Fachhandel, geeignet für Kunststoff, Holz, Acrylglas, Kerzen und Pappmaché), Gefäß oder kleiner, alter Eimer, Holzstäbchen (z.B. ein Schaschlikspieß oder einen Zahnstocher), Gegenstände zum Marmorieren, Papier, genügend Malkittel und Gummihandschuhe, Trocken- und Ablageplatz zum Aufhängen bzw. Hinstellen der marmorierten Gegenstände sowie evtl. alte Zeitungen zum Unterlegen

Durchführung: Tragen Sie und die Kinder beim Marmorieren Malkittel und Gummihandschuhe.

Füllen Sie den Eimer bzw. das Gefäß so mit Wasser, dass der Gegenstand mit seiner gesamten Größe eingetaucht werden kann. Tropfen Sie die Marmorierfarbe auf dem Tropfgläschen direkt auf die Wasseroberfläche. Die beste Wirkung erzielen Sie, wenn Sie zwei bis drei Farbtöne verwenden.

152

Ziehen Sie mit dem Holzstäbchen sofort ein Muster auf die Oberfläche. Die Kinder tauchen nun langsam den Gegenstand in das Wasser und ziehen diesen schnell wieder heraus. Danach muss das Kunstwerk nur noch trocknen, um dann evtl. von den Kindern als Geschenk eingepackt zu werden.

Tipp: Ziehen Sie nach jedem Marmoriervorgang mit der Kante eines Papierblatts den überschüssigen Farbfilm vollständig, aber vorsichtig von der Wasseroberfläche. Damit vermeiden Sie, dass Farbrückstände auf der Wasseroberfläche die gleichmäßige Verteilung der neuen Farbe verhindern.

Gewürzbilderrahmen mit persönlichem Foto

Material: Sperrholzplatte, Feile, Sandpapier

Vorbereitung: Sägen Sie aus einer großen Sperrholzplatte gleichgroße Holzstücke à 20x15 cm aus. Schleifen Sie unebene oder raue Kanten bzw. Stellen mit einer feinen Feile oder Sandpapier ab. Mit einem Bleistift markieren Sie rings um die Holzstücke einen Rand von zwei Zentimetern.
Stellen Sie Schälchen auf den Tisch, die mit unterschiedlichen Inhalten gefüllt sind, z.B. Anissterne, Pfefferkörner, Sesam- und Senfkörner, Kümmel, Maiskörner, Sonnenblumenkerne.

Durchführung: Geben Sie jedem Kind ein Holzstück, dessen Rand es mit den unterschiedlichen Gewürzen und Körnern bestückt und diese mit Leim festklebt. Die Kinder können nun bei der Gestaltung ihrer Phantasie freien Lauf lassen. Je dichter der Holzrand beklebt ist, desto interessanter ist die Wirkung.

ROHE WEIHNACHTEN!

Tipp für das Foto: Da Kinder sich gern verkleiden, nutzen Sie diese Vorliebe für die Fotos. Legen Sie verschiedene Kostüme bereit, für die sich die Kinder entscheiden können, z.B. einen roten Weihnachtsmannmantel und eine rote Mütze oder ein weißes Gewand und Engelflügel. Einige Kinder wollen sich vielleicht als Weihnachtselfe oder Weihnachtswichtel verkleiden, sofern sie genügend Material zum Verkleiden zur Verfügung haben.
Natürlich können Sie auch Kostüme unabhängig von Weihnachten wählen.
Stellen Sie den Kindern nur ausreichend Verkleidungssachen zur Verfügung, sie werden selbst auf die unterschiedlichsten Ideen kommen.

Wichtig ist, dass die Kinder selbst ihr Kostüm auswählen, worin sie sich bei der anschließenden Fotosession am wohlsten fühlen. Die entwickelten Fotos kleben die Kinder auf ihre gestalteten Bilderrahmen.

Variation: Etwas anspruchsvoller wird es, wenn Sie mit den Kindern eine kleine Fotogeschichte machen.
Überlegen Sie mit den Kindern, um was für eine Geschichte es sich handeln soll. Machen Sie entsprechende Bilder von den Kindern. Dies können sowohl spontane Fotos als auch gestellte Szenen sein.
Mit etwas Phantasie können Sie aus gut platzierten Bildern eine kleine Geschichte erzählen. Dabei müssen Sie den Kindern helfen, ihren Text darunter oder als Sprechblase einzufügen.

Kerzenständer aus Sägemehl

Material: Sägemehl, Kleister, Sieb

Vorbereitung: Dafür müssen Sie zunächst die Modelliermasse herstellen, mit der später die Kerzenständer geformt werden.
Fragen Sie in der Holzabteilung im Baumarkt, ob dort Sägemehl für Sie zurückgelegt werden kann. Dies sollten Sie aber schon rechtzeitig machen, da man manchmal etwas warten muss. Aber im Prinzip fallen dort ja täglich Sägearbeiten an.

Durchführung: Dieses Sägemehl geben Sie dann durch ein Sieb und sortieren so die großen Holzteile aus. Rühren Sie nun eine Packung Tapetenkleister mit zwei bis drei Litern Wasser an. Nach ca. 20 Minuten sollte dieser ausreichend durchgezogen sein. Nun geben Sie der glibberigen Masse etwa die gleiche Menge an Sägemehl hinzu.
Sollte die Masse zu weich sein, können Sie noch Sägemehl dazufügen. Ist sie zu hart, geben Sie noch Kleister dazu.

Hinweis: Die Masse bitte nicht mit Wasser auffüllen! Wasser mindert die Stabilität der gesamten Masse.

Tipp: Wenn Sie nicht mit Sägemehl arbeiten möchten, können Sie sich im Bastelladen auch lufttrocknende Modelliermasse kaufen.

Achtung: Lassen Sie die Kerzen nie unbeaufsichtigt und achten Sie darauf, dass Sie nicht ganz herunterbrennen, damit der Kerzenständer nicht mit aufbrennt.

Käseschachtel-Mosaike

Material: Käseschachteln, Papier, Naturmaterialien

Vorbereitung: Mittlerweile gibt es viele schöne Käseschachteln aus Span. Fragen Sie die Eltern, ob sie diese Schachteln für die Kinder sammeln können. Diese Schachteln eignen sich hervorragend als Bilderrahmen.

Durchführung: Als Bilder können die Kinder kleine Mandalas oder Mosaike auf Papier hineinkleben. Sie dürfen auch mit Naturmaterialien kleine Bilder gestalten.

Briefbeschwerer aus Stein

Material: kleine Pflastersteine (aus dem Baumarkt) oder größere Steine (mit den Kindern sammeln und dann gründlich reinigen), Gold- und Silberfarbe, Sprühlack

Durchführung: Auf diese Steine malen die Kinder mit Gold- und Silberfarben besondere Muster. Übersprühen Sie die Steine anschließend (im Freien!) mit Lackfarben.

Variante: Die Kinder kleben mit Perlen oder Flimmer Muster auf die Steine. Verwenden Sie hierfür Steinkleber.

Duftende Seifen

Material: Seifenreste, Parfumöl, Topf, Kochplatte, Küchenhandtuch, Sieb, Backblech, Backpapier, Plätzchenformen, Unterlage zum Trocknen, ggf. Zellophantüten

Vorbereitung: Sammeln Sie im Laufe des Jahres Seifenreste. Da Sie diese sicher nicht in der Kita verwenden, sollten Sie die Eltern bitten, Seifenrestestücke für die Kita zu sammeln.

Durchführung: Alle Seifenreste werden in einem Topf mit etwas Wasser erwärmt. Geben Sie einige Tropfen Parfumöl dazu, erwärmen Sie die Reste weiter, bis eine dicke Masse entsteht. Legen Sie ein Küchenhandtuch in das Sieb und gießen Sie das Seifenwasser dadurch ab. Legen Sie ein Backblech mit Backpapier aus. Jetzt streichen Sie die Seifenmasse darauf aus. Lassen Sie dies etwas abkühlen.

Die Kinder können nun mit Keksausstechern kleine Seifen in verschiedenen Formen ausstechen. Diese werden dann auf eine glatte Unterlage zum Trocknen gelegt.

Tipp: Einige Seifen in einer kleiner Zellophantüte hübsch dekoriert sind ein tolles Geschenk.

Schneeschüttelglas

Material: ein möglichst glattes Marmeladenglas, Fimo, Schnee für Schüttelgläser (ist im Bastelläden erhältlich), destilliertes Wasser, ein paar Tropfen Glycerin (gibt es in der Apotheke), Lackfarben, künstliche Minitannenbäume aus Kunststoff (gibt es im Bastelladen als Modelleisenbahnzubehör), verschiedene kleine Dinge (z.B. aus Überraschungseiern)

Durchführung: Zunächst bemalen die Kinder den Schraubdeckel mit Lackfarben und lassen ihn trocknen. Sie überlegen sich, was für eine Landschaft sie im Glas darstellen wollen. Die Landschaft gestalten sie nach Bastelanleitung aus Fimo und kleben diese mit Silikon auf den Deckel.
In das Glas füllen Sie etwas destilliertes Wasser und einige Tropfen Glycerin. Anschließend geben Sie Schnee hinzu. Um den Schnee gut zu verteilen und ein Klumpen zu verhindern, schwenken Sie das Glas etwas hin und her.
Erst jetzt wird das Glas bis zum Rand mit destilliertem Wasser aufgefüllt. Überprüfen Sie noch einmal, ob die Landschaft fest auf dem Deckel sitzt. Geben Sie nun noch etwas Silikon an den Deckelrand und schrauben das Glas zu. Jetzt können die Kinder das fertige Glas kräftig schütteln und es schneit in der schönen Weihnachtslandschaft.

Auf gekauftes Geschenkpapier verzichten

Verzichten Sie der Umwelt zuliebe auf buntes, glitzerndes Geschenkpapier, wenn Sie mit den Kindern die Weihnachtsgeschenke für die Eltern einpacken. Jahr für Jahr füllen Berge dieser Hochglanz-Geschenkpapiere die Mülltonnen. Diese Papiere enthalten oftmals auch kritische Substanzen wie Azofarbstoffe oder anorganische Pigmente aus Cadmium-, Blei- oder Chromverbindungen.

Mit etwas Fantasie und Mühe können Sie auf das Geschenkpapier verzichten. Die Kinder bekleben kleine Kartons mit Werbeanzeigen aus Illustrierten oder

bemalen diese mit bunter Plakafarbe an. In diese Geschenkkartons werden anschließend die Geschenke hinein gelegt. Eine andere Möglichkeit ist, dass die Kinder Packpapier bemalen.

Geschenkverpackungen

Schön dekorierte Schachteln können Sie als Schmuckdose oder auch als Geschenkverpackung gestalten. Nehmen Sie dazu verschieden große Schachteln aus unterschiedlichen Materialien. Lassen Sie die Kinder eine Schachtel, die sie mögen auswählen.

Material: Schachteln, Glanzpapier, Muscheln, kleine Zapfen, buntes Papier, gebrauchtes Geschenkpapier, Stoffreste, Federn, kleine Perlen, Watte

Durchführung: Die Kinder dürfen die Schachteln nach ihrer Fantasie gestalten. Vielleicht kommen sie ja auch auf die Idee, die Schachtel von der Innenseite zu bemalen oder gar mit Stoff oder Watte auszukleiden.

Tipp: Auch die Geschenke, die die Kinder vielleicht für die Gruppe vom Weihnachtsmann oder vom Christkind erhalten, können ohne Geschenkpapier sein. Dennoch können sie geheimnisvoll verstaut sein, um so die Spannung und Freude für die Kinder auf die Geschenke zu bewahren. Besorgen Sie sich einen großen Jutesack, in dem Sie alles verstauen. Dieser könnte plötzlich während der Weihnachtsfeier vor der Gruppentür stehen. Zusammen wird der Sack geöffnet und die Kinder können nacheinander die Gaben herausnehmen und bestaunen.

10. Weihnachtliche Lieder und Spiele

☞ **Weihnachtslieder und Krippenspiele**

Schon für das 3. Jahrhundert lassen sich spezielle Hymnen und Antwortge-
sänge nachweisen, die ihrerseits aber wieder auf ältere Vorlagen zurückgreifen.
Im Mittelalter dienten die Weihnachtslieder auch dazu, die aufkommenden
Krippenspiele stimmungsvoll abzurunden. Elemente solcher Feiern vor dem
Gottesdienst waren: Herbergssuche und Geburt, Kindlein wiegen, Verkündi-
gung des Engels auf dem Felde bei den Hirten, Anbetung der Hirten an der
Krippe. Die aufkommenden reformatorischen Weihnachtslieder wendeten sich
ab von den kirchlichen Krippenfeiern und hin zu familienzentrierter, be-
sinnlicher Feierkultur.
Ein ganz eigenes inhaltliches Spektrum haben die Weihnachtslieder, die sich
heute im Kindergarten und in der Schule besonderer Beliebtheit erfreuen:
Schnee, Lichtsymbolik, Geschenke und ein mystisch-märchenhaftes Umfeld
bieten auch Kirche und Glauben eher Fernstehenden einen Zugang.

Geh, ruf es auf dem Berge

Nach der Melodie des Amerikanischen Volksliedes: Go, tell it on the mountain

Refrain:
  Geh, ruf es auf dem Berge,
  Über die Hügel, weit in das Land!
  Geh, ruf es auf dem Berge,
  Dass Jesus ist gebor'n.

1. Den Hirten bei den Schafen
  Erschien ein Engel klar,
  Er sprach: „Ihr sollt nicht schlafen,
  Das sag ich euch fürwahr."

Refrain:
  Geh, ruf es ...

2. Wollt ihr das recht verstehen,
  Zu Bethlehem zieht ein.
  Ein Kindlein werd't ihr sehen
  In einem Kripplein klein.

Refrain:
  Geh, ruf es ...

3. Die Hirten zu der Stunde
  Machten sich auf die Fahrt,
  Das Kindlein sie bald fanden
  Mit seiner Mutter zart.

Refrain:
  Geh, ruf es ...

Die Weihnachtstänzer kommen

Kleine Wichtel und Engel tanzen gerne. Mit ihren Armen schwingen sie sich durch den Raum. Auf Fußspitzen sind sie zart unterwegs.
Die Wichtel und Engel sind ein wenig tapsig, fühlen sich aber nicht weniger wohl. Sie drehen sich im Kreis, fassen sich an den Händen und tanzen eine Polonaise durch den Raum.
Und die Musik dazu? Den Wichtel und Engel gefällt jede Musik, die rhythmisch schwungvoll klingt.

Das Wichtel-Engel-Spiellied

Kleine Wichtel und Engel singen gerne und besonderen Spaß macht es ihnen, wenn sie sich selbst ein Lied ausdenken
So könnte es zum Beispiel sein, dass sie das bekannte Kinderlied „Wir sind zwei Musikanten und kommen aus Schwabenland" umdichten in „Wir sind die Weihnachtshelfer zu Besuch im Weihnachtsdorf"
Dann klingt es so: „Wir sind zwei Weihnachtshelfer zu Besuch im Weihnachtsdorf. ..."

Und was machen die Weihnachtshelfer im Weihnachtsdorf? Sie flöten und trommeln und spielen all die Instrumente.

Es gibt noch andere Kinderlieder, aus denen ganz einfach ein lustiges Weihnachtshelferlied werden kann. Zum Beispiel das alte Lied „Zeigt her eure Füße, zeigt her eure Schuh und sehet den fleißigen Waschfrauen zu". Daraus wird das Weihnachtshelfer-Lied „Zeigt her eure Mützchen, zeigt her eure Schuh und sehet den lustigen Weihnachtshelfern zu."

Wie geht es in dem Lied dann weiter? Die kleinen Weihnachtshelfer tanzen, klatschen und machen all die lustigen Sachen, die den Kindern so einfallen.

Zwei kleine Weihnachtswichtel

Ein Wichtellied nach der Melodie „10 kleine Negerlein"

Die Kinder bilden einen Kreis. Drei Kinder als Weihnachtswichtel machen die Spielbewegungen nach. In der letzten Strophe gehen sie zu den anderen Kindern und diese spielen dann die Weihnachtswichtel.

Zwei kleine Weihnachtswichtel tanzen durch den Wald,
sie springen hin und springen her, ihr Singen laut erschallt.

Zwei kleine Weihnachtswichtel fallen über einen Baum,
sie liegen still im weichen Moos und träumen einen Traum.

Zwei kleine Weihnachtswichtel tanzen einfach so,
sie drehen sich im Kreis herum, sind glücklich und sehr froh.

Zwei kleine Weihnachtswichtel, die sind nicht allein,
gemeinsam ist das Tanzen schön, so soll es immer sein.

Zwei kleine Weihnachtswichtel finden Tanzen fein,
sie kuscheln und sie streicheln sich, woll´n immer Freunde sein.

Zwei kleine Weihnachtswichtel klopfen an ein Haus,
die Tür geht auf, was ist zu sehen, zwei Wichtel kommen raus.

Eine Geschichte, die man auch tanzen kann

In einer Waldlichtung haben die Kinder Weihnachtswichtel gesehen.
Einer hat eine grüne Zipfelmütze aus Blättern auf dem Kopf, ein anderer trägt eine braune Zipfelmütze.
Nur der kleinste Wichtel hat keine Zipfelmütze, aber total strubbeliges Haar.
Eine kleine Wichteline trägt einen Blätterkranz.
Am Tage sind die Weihnachtswichtel eher ruhig und beobachten das Geschehen im Wald, aber in der Abenddämmerung fangen sie an, sich zu bewegen! Sie wackeln mit ihren Köpfen und bewegen die Arme. Das sieht so lustig aus, dass die Engelelfen, die gerade vorbeifliegen, Lust bekommen, mitzutanzen.
Sie fliegen um die einzelnen Weihnachtswichtel herum und kitzeln sie an den Nasen und im Nacken. Das ist den Weihnachtswichteln gar nicht recht. Sie drohen mit kleinen Stöcken, die sie vom Waldboden aufgehoben haben.

Die Engelelfen tanzen nun im Kreise um die Weihnachtswichtel herum. Das gefällt den Weihnachtswichteln, und auch sie versuchen sich zu drehen. Schön langsam, damit kein Blatt vom Kopf fällt.
Am nächsten Morgen gehen alle Engelelfen und Weihnachtswichtel wieder an ihrem Platz.
Nur die kleine Wichteline tanzt und summt noch ein bisschen vor sich hin.

Musikbegleitung:
Weihnachtswichtel – „tiefe Klänge" (Schlagen von Akkordfolgen)
Engelelfen – „weiche Klänge" (Zupfen verschiedener Akkorde)

Für die Geschichte stehen 5 Kinder als Weihnachtswichtel in der Mitte des Raumes, 10 Kinder stehen als Engelelfen am Rand des Raumes. Die Kinder bewegen sich nach der Geschichte in folgender Weise:

1. Die Weihnachtswichtel bewegen die Köpfe.
2. Die Engelelfen wirbeln um die Weihnachtswichtel.
3. Die Weihnachtswichtel bewegen drohend die Arme.
4. Die Engelelfen tanzen im Kreis.
5. Die Weihnachtswichtel drehen sich langsam im Kreis.
6. Die Engelelfen tanzen im Kreis um die Trolle.
7. Die Weihnachtswichtel drehen sich langsam herum
8. Alle Kinder (bis auf das Wichtelinchen) stellen sich wieder an ihren Platz

Der Pfefferkuchenmann

Unbekannter Verfasser

Setz den Teig mit Honig an,
knack die braunen Kerne,
einen Pfefferkuchenmann
haben alle gerne.
Mach' ein großes Feuer an,
dass die Funken stieben,
fertig ist der braune Mann,
Knöpfe hat er sieben.
Ich und du und du und ich,
jeder will ihn haben.
Nikolaus (Weihnachtsmann), wir bitten Dich,
bring uns Deine Gaben.

Wi, Wa, Weihnachtsmaus

Knister, aus „Knusperhaus im Weihnachtshaus", Edition Bücherbär im ARENA-Verlag

1. Die Wi, die Wa, die Weihnachtsmaus, die freut sich auf den Weih-nachts-schmaus. In ih-rem Mi, Ma, Mäu-se-nest träumt sie vom nächs-ten Weih-nachts-fest.

1. Die Wi, die Wa, die Weihnachtsmaus,
   die freut sich auf den Weihnachtsschmaus.
   In ihrem Mi, Ma, Mäusenest
   träumt sie vom nächsten Weihnachtsfest.

2. Der Ki, der Ka, der Kirchturmhahn
   zieht Weihnachten die Handschuh an.
   Sein Fi, sein Fa, sein Federkleid
   ist Weihnachten meist zugeschneit.

3. Das Sti, das Sta, das Storchenpaar
ist Weihnachten in Afrika.
Die Sonne schi, scha, scheint so heiß,
drum gibt's zur Weihnacht Himbeereis.

4. Die Mi, die Ma, die Maulwurfsfrau
hält Winterschlaf im Maulwurfsbau.
Sie kennt kein Wi, Wa, Weihnachtsfest,
denn jeden Winter schläft sie fest.

Weihnachtslieder blinzeln

Spielhinweis: Setzen Sie sich mit den Kindern schön gemütlich zusammen und singen Sie einmal ein Weihnachtslied in einer anderen Form, indem die Kinder abwechselnd singen. Wenn den Kindern zunächst nichts einfällt, beginnen Sie mit einem bekannten Lied. Natürlich sollten auch die Kinder nur Beispiele bringen, die allgemein bekannt sind.

Durchführung: Der Sänger blinzelt während des Liedes irgendwann jemandem zu und der muss nun nahtlos weiter singen, während der andere nun wieder solange leise sein muss, bis er wieder dran ist! So wird das Lied immer von einem zum anderen gegeben.

Tipp: Wenn ein Kind sich nicht allein zu singen traut, können sich auch zwei oder drei Kinder zusammenfinden. Dann müssen sie aber vorher festlegen, wer der Blinzler in dieser kleinen Gruppe ist.

Rhythmus klatschen

Spielhinweis: Auch dieses Spiel bietet sich für den Sitzkreis an. Ein Kind, das es sich zutraut, darf den Rhythmus eines Weihnachtsliedes klatschen. Die anderen raten, um welches es sich handelt. Wenn die Kinder wollen, dürfen sie auch mitsingen. Das Kind, dass auch noch sagen kann, wie dieses Lied heißt, ist als nächstes an der Reihe ein Lied zu klatschen.

Fingerspiele

Vor allem für die jüngeren Kinder werden solche Angebote eine gute Möglichkeit sein, einfache Bewegungsabläufe mit den Inhalten der Verse zu verbinden und so dem Fest auf die Spur zu kommen.

Hier steht ein großer Tannenbaum
(Überliefert)

Spielvorschlag: Stellen Sie sich mit den Kindern in zwei Kreisen auf, in einem Außenkreis und einem Innenkreis.
Sprechen oder singen Sie dann mit den Kindern den Text.

Hier steht ein großer Tannenbaum
mit bunten Lichtern dran.
(Im Innenkreis steht ein Kind als Tannenbaum.)

Da kommt, trapp, trapp,
der Weihnachtsmann
und steckt ein Lichtlein an.
(Ein weiteres Kind kommt in die Mitte und steckt dem Tannenbaumkind Lichter in Form von bunten Wäscheklammern an.)

Das Glöcklein tönt ganz leis und sacht
ruft alle, groß und klein.
(Sie selbst oder ein Kind lassen ein Glöckchen erklingen,)

Die Weihnachtstür wird aufgemacht
„Ihr Kinder, kommt herein!"
(Jetzt heben zwei Kinder aus dem Innenkreis die Arme und Formen so ein Tor, durch dass die Kinder aus dem Außenkreis hindurchgehen.)

Wenn die Kinder wollen könnte nun das Spiel von vorn beginnen, dabei tauschen die Kreise ihre Rollen.

Der Blick ins Weihnachtsmannhaus

Alle neugierigen Kinderlein schauen ins Haus des Weihnachtsmannes rein.
(die Kinder formen mit den Fingern eine Brille oder ein Fernglas)

Der Weihnachtsmann hämmert ganz laut.
(die Kinder hauen mit der rechten Faust auf den flachen linken Handteller)

Was er da wohl baut?
Der Weihnachtsmann nimmt eine große Schere in die Hand .
(die Kinder bilden mit dem Zeige- und Mittelfinger eine Schere)

Und dreht sich damit hin zu einer Wand
Was will er bloß damit machen?
Man hört ihn hinter vorgehaltener Hand kichern und lachen.
(die Kinder nehmen ihre Hand vor den Mund und kichern und lachen)

Nun holt er sein Säckel,
(die Kinder geben vor einen Sack zu holen)

das öffnet er und packt etwas Geheimnisvolles zu den anderen Päckel.
(diesen zu öffnen und etwas hinein zu packen)

Was mag das wohl für ein Geschenk sein,
das der Weihnachtsmann tat hinein?
Das wird natürlich noch nicht verraten.
Da müsst ihr noch bis Weihnachten warten.

Die Mäuschen der Weihnachtswichtel

Die Weihnachtswichtel leben in ihrem Häuschen
(die Kinder formen mit ihren Händen ein Haus)

mit zehn 10 kleinen, süßen Mäuschen.
(die Kinder halten die Hände vor den Körper und wackeln mit den einzelnen Fingern)

Die Mäuschen rennen hin und her,
(die Kinder bewegen ihre Finger schnell von rechts nach links)

und futtern genüsslich die Vorratskammer leer.
(die Finger bewegen sich in schnellem Tempo abwechselnd auf den Oberschenkeln)

Sie klettern wie wild,
(die Kinder wackeln mit ihren Finger vor ihrem Körper nach oben)

um ein großes eingerahmtes Bild.
(die Finger umkreisen das fiktive Bild)

Sie hüpfen und springen
(die Kinder bewegen ihre Hände mit ihren wackelnden Fingern abwechselnd auf und ab)

und sind davon nicht abzubringen.
Doch jeder Versuch die Mäuschen zu fangen,
lässt sie nicht bangen.
Sie suchen sich schnell ein Versteck
und schwupps – sind sie weg.
(die Kinder lassen ihre Finger verschwinden; dabei dürfen sie sich den Platz dafür aussuchen, z.B. in die Fäuste, hinter dem Rücken, unter die Beine)

Frohe Weihnachtszeit

Das ist der Weihnachtsmann, lieb und gut;
das ist der Weihnachtsengel mit frohem Mut;
das ist der Weihnachtssack gefüllt und groß;
das ist der Weichnachtswichtel mit einem
großen Päckchen auf dem Schoß.
Auch das neugierige Kindlein ist nicht mehr weit
– und wir alle hier freuen uns auf die Weihnachtszeit.
(die Kinder zeigen vom Daumen beginnend nach der Reihe jeden Finger)

Die Katze im Tannenbaum

Hier steht ein großer Tannenbaum,
(die Kinder spreizen die Finger der linken Hand)

der erstrahlt im ganzen Raum.
Doch plötzlich kommt die Katz herein,

(die Kinder spreizen den Zeigefinger und der kleinen Finger der rechten Hand ab, der Mittel-, der Ringfinger und der Daumen sind eingeknickt. Sie stellen so einen Katzenkopf dar)

Sie schleicht auf leisen Sohlen rein.
Sie klettert hoch, von Ast zu Ast,
(die Kinder bewegen den „Katzenkopf" vom Daumen beginnend nach der Reihe auf jeden Finger der linken Hand)

oje, der Baum, der fällt ja fast.
(die linke Hand wankt vor und zurück)

Die Äste wackeln immer doller,
(die Finger der linke Hand werden abwechselnd hin und her bewegt)

der Katze gefällt es immer toller.
(die Kinder lassen den Katzenkopf auf den Fingern der linken Hand weiter springen)

Auch der Weihnachtsschmuck wackelt hin und her,
Die Katze ist dem Baum viel zu schwer.
Er ächzt und wankt vor und zurück,
(die Kinder bewegen die linke Hand und die einzelnen Finger immer stärker vor und zurück und hin und her; die rechte Hand lassen sie weiter von Finger zu Finger springen)

die Katze springt ab, welch ein Glück
(die rechte Hand wird mit Schwung zurückgezogen; die linke Hand wird immer ruhiger und die einzelnen Finger werden nicht mehr bewegt)

Das Geschenk

Bei der Durchführung dieses Fingerspieles stellen Sie ein kleines Päckchen in die Mitte, an dem die Kinder ausprobieren können, ob es tatsächlich so ist, wie in dem Fingerspiel benannt. Sie können auch für jedes Kind ein kleines Päckchen zurechtlegen.

Fünf Finger stehen hier und fragen:
„Wer kann denn dieses Geschenk wohl tragen?"
Der Erste sagt: „Ich kann das nicht."

Der Zweite sagt: „Es hat viel zuviel Gewicht!"
Der Dritte sagt: „Ich kann es nicht alleine heben."
Der Vierte sagt: „Das schafft ich nie im Leben."
Der Fünfte aber spricht: „Ganz allein, so geht das nicht!"
Gemeinsam heben kurz darauf fünf Finger das Geschenk schon auf.

Zum Weihnachtsfest

Der Erste die Kekse backt
und dazu die Nüsse hackt.

Der Zweite hängt auf dem Stern.
Das haben alle besonders gern.

Der dritte packt die Päckchen ein,
was wird denn da wohl drinnen sein?

Der Vierte zündet die Kerzen an,
damit man richtig feiern kann.

Der Fünfte stimmt an ein Lied,
da singen alle Kinder mit: ...

Die Kinder zeigen vom Daumen beginnend nach der Reihe jeden Finger. Anschließend können Sie gemeinsam mit den Kindern noch ein Lied singen.

Fünf Wichtel

Das ist der dickste und erste,
der holt den Tannenbaum.

Das ist der zweite und nächste,
der bringt den Schmuck für den Baum.

Das ist der dritte und längste,
der holt die Kerzen heran.

Das ist der vierte Wichtel,
der steckt die Kerzen an.

Und der fünfte Wichtel klein.
läutet mit dem Glöckchen und ruft alle herein.

Beim Erzählen zeigen die Kinder nacheinander die jeweiligen Finger.

Der Winter ist da

Habt ihr schon den Winter gesehen?
(Hand suchend über die Augen halten)

Er kommt mit Sturm und Schnee.
(Hände über dem Kopf bewegen)

Schnell den Schlitten hergebracht – wir wollen rodeln: Juchhe!
(mit den Händen zeigen, wie es den Berg hinunter geht)

Wo ist der Schneeanzug?
(fragend umschauen)

Zieh ihn an!
(spielerisch den Anzug anziehen)

Setz auf den Kopf die Mütze
(beide Hände ziehen eine Mütze an)

und an die Füße die dicken Stiefel.
(auf die Füße zeigen)

Jetzt noch die Handschuh schnell.
(mit den Händen so tun, als ziehen sie die Handschuhe an)

Und nun hinaus in den Winterwald.
So gut gekleidet wird keinem mehr kalt.

Spiele am Platz

Ein selbst gebasteltes Brettspiel kommt sicher gut bei den Kindern an. Sie können es sowohl mit den Kindern gemeinsam gestalten, aber auch als Weihnachtsgeschenk für die Gruppe verwenden.

Einfaches Brettspiel

Material: Pappe, einen Würfel, ein Lineal, Buntstifte, Spielsteine oder was als solches dienen kann

Gestaltungs- und Spielhinweis: Zeichnen Sie auf die Pappe einen Startpunkt, z.B. einen Schlitten und als Zielfeld vielleicht eine Tür. Dazwischen zeichnen Sie einen Weg aus Tannenzapfen, Tannen, Kerzen und Sternen.
An einer Ecke des Feldes oder auf einem Extrablatt schreiben Sie eine Legende. D.h. für jede Farbe eine Erklärung, was zu tun ist, wenn ein Kind auf ein solches Feld kommt, z.B.: Tanne (zwei Felder vor), Kerze (einmal aussetzen) usw. Den dazugehörigen Würfel und die Spielsteine können Sie auch selbst gestalten.

Adventliches Mensch ärgere dich nicht

Material: Holzplatte, Fimo, Fingerfarbe, Klarlack, Würfel

Gestaltungs- und Spielhinweis: Für die Würfelspiele wie, z.B. „Mensch-ärgere-dich-nicht", gestalten Sie eine Holzplatte sowie kleine Weihnachtswichtel als Figuren aus Fimo, die nur zu Weihnachten zur Anwendung kommen. Auf diese Weise wird das Spiel für die Gruppe etwas ganz besonderes. Statt Weihnachtswichtel können auch Tannen oder Schneemänner als Spielfiguren dienen.

Würfelspiel zur Tannenbaumspitze

Material: Pappe oder Holz, Buntstifte, Würfel, ggf. Süßigkeit

Gestaltungs- und Spielhinweis: Malen Sie auf Pappe oder Holz einen Tannenbaum auf. An die Spitze des Baumes malen Sie einen Stern.
Jetzt zeichnen Sie noch Spielfelder vom Stamm bis zur Spitze ein. Mit einem Zahlenwürfel dürfen die Kinder nun immer soweit vorgehen, wie die Zahl zeigt, die sie gewürfelt haben.

170

Der letzte Wurf bis zum Stern muss genau aufgehen. Sollte die letzte Zahl größer sein, so darf das Kind seine Spielfigur nicht auf den Stern setzen, sondern muss es in der nächsten Runde erneut versuchen.

Sie können auf dem Stern ein kleines Kästchen stellen, unter dem Sie eine kleine Süßigkeit o. Ä. unterbringen. Wer die Spitze erreicht hat, darf sich bedienen.

Weihnachtsmemory

Material: Pappstücke bzw. Holzplättchen, Weihnachtssymbole, Kleber

Gestaltungs- und Spielhinweis: Nehmen Sie gleich große Pappstücke oder Holzplättchen und kleben auf eine Seite typische Weihnachtssymbole wie Sterne, Kerzen, Tannenbäume, Weihnachtsmänner. Sie können den Kindern auch anbieten, aus zwei gleichen Katalogen Weihnachtsgeschenke auszuschneiden und diese aufzukleben.

Die Spielregeln sind die gleichen wie vom bekannten Memoryspiel.

Nusstunnel

Material: Papprollen, Klebeband, Buntpapier, Nüsse

Gestaltungs- und Spielhinweis: Für einen Nusstunnel brauchen Sie mehrere Papprollen, welche die Kinder bunt bekleben. Die Rollen werden mit Klebeband miteinander verbunden und die Kinder dürfen Sie nach freier Phantasie verzieren. Wenn Sie nun die Nüsse durch den Tunnel rollen, werden die Kinder von diesem Spielzeug fasziniert sein.

Die elektrische Nuss

Material: Nüsse

Spielhinweis: Verteilen Sie auf dem Tisch ca. 10 bis 15 Nüsse. Ein Kind wird vor die Tür geschickt, während die anderen beraten, welche von den Nüssen die elektrische Nuss ist.

Nun wird das Kind wieder herein gerufen. Es sammelt nach und nach die Nüsse ein. Berührt es aber die elektrische Nuss, so schreien alle Kinder und trampeln auf den Boden. Das Kind, das die Nuss greifen wollte, wird sich erschrecken und die Nuss sofort fallen lassen.

Die Nüsse, die es aufgesammelt hat, bevor es die elektrische Nuss berührte, darf es behalten. Jetzt werden wieder neue Nüsse auf den Tisch gelegt und das nächste Kind darf nach draußen.

Walnuss-Wackelturm

Material: Walnuss-Schalen

Spielhinweis: Geben Sie jedem Kind, das bei diesem Spiel mitmachen will, zwei Walnussschalen. Der Reihe nach legen die Kinder nun jeweils eine Schale auf die andere, so dass ein Turm entsteht. Bis zu welchem Kind hält der Turm? Wenn der Turm einstürzt, erhält dieses Kind die bis zu diesem Zeitpunkt aufgestapelten Nussschalen. Wer als erstes keine Nussschalen mehr hat, hat gewonnen.

Nikolaussack packen

Spielhinweis: Dieses Spiel ist eine Weihnachtsvariante von dem bekannten Spiel „Kofferpacken". Das erste Kind beginnt mit den Worten: "Ich packe in meinen Nikolaussack eine Apfelsine." Das nächste Kind sagt: "Ich packe in meinen Nikolaussack Apfelsine und eine Nuss."
Das nächste Kind sagt: "Ich packe in meinen Nikolaussack eine Apfelsine, eine Nuss und einen Schokoladenzapfen." So geht es immer weiter der Reihe nach, bis ein Kind die genaue Reihenfolge nicht mehr genau weiß und sich vertut. Dieses Kind muss ausscheiden und das Kind, das nach ihm dran ist, muss versuchen, es besser zu machen. Das Spiel geht solange, bis das Kind mit dem besten Gedächtnis feststeht.

Walnussrennen

Material: für jedes Kind eine Walnusshälfte (ggf. farbig markiert) und eine Murmel

Spielhinweis: An einer schiefen Ebene, die möglichst glatt sein sollte, markieren Sie eine Startlinie.
Jedes Kind steckt nun seine Murmel unter die Walnusshälfte und legt sie an die Startlinie. Auf Ihr Kommando lassen die Kinder ihre Nuss los.
Welche Nuss ist zuerst unten? Um die Nüsse besser auseinander halten zu können, markieren die Kinder sie farbig.

Nuss-Angeln

Material: Schüssel, 10–15 Nüsse, für jedes Kind einen Löffel

Spielhinweis: Legen Sie in eine Schüssel mit Wasser ca. 10 bis 15 Nüsse. Die Nüsse schwimmen oben, daher lassen Sie sich mit einem Löffel gut herausangeln.
Die Angler nehmen dazu einen Löffel in den Mund (jeder Angler sollte seinen eigenen Löffel haben).
Auf Ihr Kommando dürfen nun die Nüsse herausgeangelt werden.
Wenn alle Nüsse aus dem Wasser sind, ist das Spiel zu Ende. Sieger ist das Kind mit den meisten Nüssen.

Nusspyramide

Dieses Spiel kann am Tisch oder auch auf dem Boden gespielt werden.

Material: für jedes Kind 21 Nüsse und ein kleines Säckchen (in dem die Nüsse gesammelt werden können)

Spielhinweis: Jedes Kind, dass mitspielt, baut sich aus den Nüssen eine Pyramide, indem in die unterste Reihe sechs Nüsse nebeneinander, darüber fünf, dann vier, drei, zwei und an die Spitze schließlich eine Nuss gelegt werden.
Jetzt wird dem Uhrzeigersinn nach gewürfelt. Wenn ein Kind eine Zwei würfelt, darf es zuerst die Reihe mit den zwei Nüssen in sein Säckchen legen.
Wenn es in der nächsten Runde wieder eine Zwei würfelt, darf es nicht nur bei sich, sondern auch bei den anderen Mitspielern die Nüsse abräumen.
Das Spiel dauert so lange, bis keine Pyramide mehr vorhanden ist. Wer die meisten Nüsse in seinem Säckchen sammeln konnte, ist Nusskönig oder Nusskönigin.

Bewegungsspiele

In der Advents- und Weihnachtszeit herrscht draußen meist Matschwetter und weil es früh dunkel wird, bekommen die Kinder kaum Gelegenheit im Freien zu spielen. Diese Zeit ist auch in vielen Kindertagesstätten eine besonders bewegungsarme Zeit, da sie eher als stille Zeit mit Kerzenschein und besinnlichen Geschichten genutzt wird. Allerdings wächst bei den Kindern die innere Spannung auf das Weihnachtsfest. Zusätzlich sind viele Erwachsene gestresst und verbreiten auch zu Hause vorweihnachtliche Hektik.

In dieser Zeit ist es besonders wichtig, für die Kinder einen Ausgleich an Bewegung zu schaffen.

Nüsse-Wettsammeln

Material: viele Nüsse, mehrere Schale, pro Kind ein Löffel

Spielhinweis: Eine große Anzahl von Nüssen wird auf einen Haufen gelegt. Jedes Kind, das mitspielen möchte, bekommt einen Löffel.
Die Kinder stellen sich in einiger Entfernung in zwei Gruppen zu dem Nusshaufen auf. Ihre Aufgabe ist es, zu dem Haufen zu laufen, eine Nuss auf den Löffel zu nehmen und diese zurück zu bringen. Wieder am Standort angekommen, wird die Nuss in eine Schale gelegt. Jetzt darf das nächste Kind loslaufen.
Wenn alle Nüsse in den Schalen sind, wird gezählt. Welche Gruppe die meisten hat, hat gewonnen.

Walnusskönig

Material: eine leere Schachtel, für jedes Kind 10 Walnüsse

Spielhinweis: Von einer Grundlinie versuchen die Kinder nacheinander die Nüsse in die Schachtel zu werfen. Wer es zuerst schafft oder wer die meisten Nüsse in die Schachtel wirft, ist Walnusskönig.

Pfefferkuchen und Zimt

Spielhinweis: Eine Reihe von Kindern steht einem einzelnen Kind, welches zuvor ausgewählt wurde, gegenüber. Auf „Los" dreht sich dieses Kind nach Belieben lange im Kreis, hat dabei die Augen geschlossen und die Hände vor das Gesicht

gehalten und ruft immerzu „Pfefferkuchen und Zimt!" Für die anderen Kinder gilt es nun, so schnell wie möglich, das einzeln stehende Kind zu erreichen und anzutippen, was allerdings nur in der Zeit erlaubt ist, in der sich das Kind „blind" dreht. Es darf allerdings nach Belieben das Vorwärtskommen der anderen stoppen, indem es ein letztes Mal laut „Zimt!" ruft und auf der Stelle in der Bewegung verharrt. Auch alle anderen Kinder müssen auf das Kommando augenblicklich in ihrer Bewegung einfrieren. Wer von dem „Pfefferkuchen und Zimt"-Kind in der Bewegung erwischt wird, muss auf Anordnung dieses Kindes zur Strafe eine bestimmte Zahl von Schritten (Mäuse- oder Elefantenschritte) zurückgehen. Das Kind, welches zuerst unbemerkt das „Pfefferkuchen und Zimt"-Kind erreicht hat, ist Sieger und nimmt in der folgenden Spielrunde seine Position ein. Der Reiz dieses Spieles liegt darin, dass durch das plötzliche Stoppen in der Bewegung bei allen Kindern lustige Standfiguren entstehen können, die natürlich beibehalten werden müssen, bis das „Pfefferkuchen und Zimt"-Kind seine Augen erneut verschließt.

Stallwächter

Material: Dreifuß aus drei Holzstangen, Ball

Spielhinweis: Die mitspielenden Kinder bilden einen Kreis, in dessen Mitte der Stall (ein Dreifuß aus drei Holzstangen) und ein weiteres Kind als Stallwächter stehen. Die Kreiskinder müssen mit Hilfe eines Balles versuchen, den Stall zu Fall zu bringen, direkt oder auch durch Zuspielen. Die Aufgabe des Stallwächters ist es, den Stall durch Fangen oder Abwehren zu schützen, mit Händen, Füßen oder auch dem Körper. Wem es gelingt, den Stall zum Einzustürzen zu bringen, wird der neue Stallwächter.

Variante: Jedes Kind spielt einmal den Stallwächter und die Zeitdauer wird notiert. Wer den Stall am längsten halten konnte, war der beste Wächter.

Die Englein des Weihnachtsmanns

Spielhinweis: Teilen Sie die Kinder in zwei gleich große Gruppen auf. Jede Gruppe sollte aus mindestens 3 Spielern bestehen.
Die Kinder fassen sich an den Händen und bilden so zwei gleichstarke Ketten. Diese stehen sich im Abstand von ca. 5 Metern gegenüber.
Jede Gruppe ernennt ein Kind zum Nikolaus, Weihnachtsmann oder Engel. Nur dieses Kind hat dann das Recht, einen aus seiner Gruppe loszuschicken.
Das geschieht, indem er laut ruft: „Der Weihnachtsmann, (Engel) schickt seine Elfen aus, er schickt (z.B. Monika) heraus!" Dieses Kind versucht nun die Kette der Gegenmannschaft zu durchbrechen, indem es sie einfach durchläuft.
Schafft es das Kind nicht und wird aufgehalten, gehört es fortan zur anderen Gruppe. Gelingt es ihm aber und die Kette zerbricht, darf er sich ein Kind von den zwei Spielern aussuchen, durch deren Mitte er gerade gelaufen ist. Dieser wechselt in die Mannschaft, aus dem das Kind ausgesandt wurde.
Anschließend ist andere Gruppe dran. Welche Mannschaft schafft am längsten sich zu halten?

Weihnachtsputzstaffel

Material: Stühle, kleine Hüte oder Matten, pro Mannschaft ein Schrubber und ein Putzlappen

Spielhinweis: Bauen Sie zwei gleiche Strecken mit verschiedenen Hindernissen auf. Als Hindernisse können Sie Stühle, Hütchen oder auch Matten verwenden. Teilen Sie die Kinder in zwei gleichgroße Mannschaften ein. Statten Sie die Mannschaften mit je einem Schrubber und einem Putzlappen aus.
Die Gruppen bauen sich an der Start und Ziellinie auf.
Zum Weihnachtsfest soll die Wohnung sauber sein, daher geht es bei diesem Spiel darum, welche Gruppe schnellstmöglich mit Schrubber und Putzlappen die Hindernisse überwinden kann.
Auf Ihr Kommando rennt jeweils das erste Kind mit seinem Schrubber und den darunter befindlichen Putzlappen los. Es muss um sämtliche Hindernisse und wieder zurück laufen. Dann schicken Sie den nächsten Spieler ins Rennen. Der Schrubber muss während der ganzen Strecke immer am Boden bleiben und der Putzlappen darf nicht verloren wird. Die Kinder müssen auf dem Hin- und Rückweg jedes Hindernis einmal vollständig umrunden.
Welche Läufer können am schnellsten putzen?

Walnusswettlauf

Auch dieses Spiel ist ein altbewährtes Spiel, das Kindern viel Freude macht.

Material: zwei Holzlöffel und zwei Walnüsse

Spielhinweis: Mit Walnüssen auf den Löffeln laufen die Kinder eine Strecke. Hierbei ist es auch möglich, dass sie Hindernisse überwinden müssen. Wer zuerst am Ziel ankommt und die Walnuss immer noch auf dem Löffel hat, hat gewonnen.

Glöckchen-Suche

Material: Glöckchen, Tücher (zum Verbinden der Augen)

Spielhinweis: Stellen Sie im Raum ein Glöckchen auf, dies kann für alle gut sichtbar hingestellt werden. Jetzt werden zwei Kinder ausgewählt, denen die Augen verbunden werden. Sie werden ein paar Mal um sich selbst gedreht, so verlieren sie die Orientierung.
Beide werden gleichzeitig losgeschickt, nach dem Glöckchen zu suchen. Wer es von ihnen zuerst findet und bimmelt, darf die nächsten Sucher auswählen.

11. Weihnachtliche Schlemmereien

In der Weihnachtsbäckerei werden besondere Gewürze verwendet. Da diese Gewürze nicht unbedingt alltäglich sind, sollten Sie den Kindern die Möglichkeit geben, die Gewürze der Weihnachtszeit und deren Bedeutung einmal näher kennen zu lernen. Schließlich kann man auch Gewürze erforschen und mit allen Sinnen wahrnehmen.

Gewürze

Am bekanntesten ist sicher der Gebrauch von Gewürzen als Zutaten bei Back- und Kochrezepten. Viel älter jedoch ist ihre Verwendung als Arznei. Im alten China sind Kräuter und Arzneivorschriften bereits im Jahr 2700 vor Christus belegt. Und die Ägypter haben schon 1500 vor Christus in ihren Papyrusrollen festgehalten, wie sie mit Gewürzen Krankheiten behandeln. In ihren Rezepten finden sich unter anderem Wermut, Anis, Safran und Koriander. Die Gewürze wurden zermahlen, zerstoßen oder aber in Öl eingelegt.

Es ist nicht überliefert, wann der Mensch begann, Kräuter und Gewürze zu verwenden, aber wahrscheinlich schon bevor er das Feuer zur Nahrungszubereitung nutzte. Der Ursprung der Gewürzproduktion liegt in Asien. Jahrhunderte lang wurden Gewürze etwa aus China auf der berühmten Seidenstraße, einer Karawanenstraße, quer durch Asien nach Europa transportiert. Gewürze aus Indien erreichten auf dem Schiffswege über Arabien die europäischen Länder.

Gewürze waren aber nicht nur begehrte Handelswaren zur Verfeinerung von Speisen. Gewürze haben in der Heilkunde Asiens auch heute noch eine wichtige pharmakologische Bedeutung: So finden dort schwarzer Pfeffer, Kurkuma, Ingwer, Gewürznelke, Muskatnuss, Zimt und Kardamom in fast allen medizinischen Fachbereichen ihre Anwendung. In Europa wurde die Heilwirkung der getrockneten Pflanzenteile vor allem in den Klöstern erforscht (nach Manuela Mahn, Gewürze. Reclam: Stuttgart 2001, S. 14).

Andere Gewürze wurden zu Duftstoffen verarbeitet. Getrocknete Kräuter und Harze legte man auf heiße Kohlen oder Steine und verbrannte sie. Der entstehende Rauch stieg nach oben in den Himmel zu den dort vermuteten Göttern. Heute wird Weihrauch immer noch, allerdings wesentlich sparsamer, in der katholischen und in der orthodoxen Kirche bei den Gottesdiensten und den Zeremonien verwendet.

Verschiedene Gewürze in der Weihnachtsbäckerei

Ingwer

Ingwer ist eine Gewürzlilie und stammt ursprünglich aus Indien. Das Gewürz wird aus dem Wurzelstock der Pflanze gewonnen, daher der Name Ingwerwurzel. Im Mittelalter war Ingwer fast genauso begehrt wie der teure Pfeffer.

Im feuchtwarmen Tropendschungel kann der Wurzelstock mitunter bis zu einen Meter hohe Stauden entwickeln.

In Indien und China wurde Ingwer bereits vor 3000 Jahren für heilende Zwecke angebaut. Heute soll der beste Ingwer von Jamaika kommen.

Ingwer riecht und schmeckt leicht nach Zitrone. Er soll möglichst frisch verwand werden, da getrockneter und pulverisierter Ingwer oft kalkige Zusatzstoffe enthält. Am Schärfsten ist der chinesische Ingwer, karibischer dagegen besonders mild. Er ist ein Bestandteil aller Rezepturen der Heilmittel in der ayurvedischen Medizin. Das Gewürz wirkt krampf- und schleimlösend, schmerzstillend, antibakteriell, verdauungsfördernd, schweißtreibend und aphrodisierend und ist ein Mittel zum Entgiften des Körpers und zur Stärkung des Immunsystems. Inzwischen weiß man, dass Ingwer eine Blut verdünnende Substanz enthält: Gingerol, das chemisch mit dem Aspirin verwandt ist. Kandierter Ingwer kann also nicht nur bei Übelkeit auf Reisen, sondern auch zur Vorbeugung gegen Herzinfarkt und Schlaganfall genossen werden.

Ingwertee bringt den Fettstoffwechsel in Schwung. Dazu schneidet man einen Teelöffel frischen Ingwer in dünne Scheiben und übergießt ihn mit heißem Wasser, fünf Minuten ziehen lassen, fertig.

Gewürznelke

Gewürznelken sind ein uraltes Gewürz. Sie wurden wegen ihres außergewöhnlich starken Aromas schon immer von Köchen in Europa, Nordafrika und dem größten Teil Asiens sehr geschätzt.

Ihre Heimat sind die Molukken und Madagaskar. Die Holländer sorgten für die Verbreitung des Nelkenbaums auf die umliegenden Inseln der Region. Aber erst nach dem Ende des holländischen Monopols wurde die Pflanze auch in andere Ländern eingeführt. Heute sind Madagaskar, Tansania, Sri Lanka, Malaysia und Grenada Anbauländer, Indonesien ist der einer der größten Produzenten.

Die Gewürznelke ist die getrocknete Blütenknospe des Gewürznelkenbaumes. Schon im alten China waren die wohlduftenden Gewürznelken bekannt. Sie wurden dort vor allem als „Kaugummi" geschätzt. Die Diener des Kaisers durften sich nur dann ihrem Herrn nähern, wenn sie gleichzeitig Gewürznelken kauten. Ihr lästiger Mundgeruch war ihm nicht zuzumuten!

Zärtliche Namen ranken sich um dieses lieblich duftende, feurig schmeckende Gewürz: Näglein, Negelke. Es ist die verkleinerte Form von Nagel, ihm sahen früher die handgeschmiedeten Nägel ähnlich.

Der Gewürznelkenbaum gedeiht am besten im tropischen Seeklima und kann eine Höhe von 12–15 m erreichen. Auf ihm wachsen lorbeerähnliche, immergrüne, ledrige Blätter und weiße Blüten. Die getrockneten Blütenknospen werden als Gewürz genommen, entweder ganz oder gemahlen. Ganze Nelken können verwendet werden in Glühwein. Gemahlene Nelken können verwendet werden in Apfelkompott, Birnenkompott, Obstsuppen, Obstsalaten, Kürbiskompott, Pudding, Gebäck, Fruchtsaucen, Fruchtsäften, Rotkraut, Weißkraut, Schmorbraten, Zunge, Kalbsragout, Huhn, Schweine-, Hammelbraten, Ragouts, gekochtem Seefisch, Heringsmarinaden, Lebkuchen-, Einmachgewürz, Marinaden und Glühwein. Gewürznelken wirken desinfizierend, schmerzstillend, verdauungsfördernd, magenschonend und appetitanregend. Sie sind ein beliebtes Hausmittel bei Zahnschmerzen und Entzündungen im Mund. Nelkenöl wird auch als Anästhetikum in der Zahnheilkunde verwendet.

Kardamom

Der Kardamom-Strauch stammt aus dem südwestlichen Vorderindien, genauer gesagt, aus dem Kardamom-Gebirge. Der Kardamomstrauch wird heute in Indien, Sri Lanka, Laos, Guatemala und El Salvador in Plantagen angebaut. Bekannt war er schon bei den alten Griechen und Römern. Dort diente er zur Parfumherstellung. Die Samenkapseln dieser Staude werden zum Würzen verwendet. Sie werden „unreif" geerntet, d.h. bevor sie aufspringen, und in Trockenkammern oder in der Sonne getrocknet. Kardamom ist in vielen Gewürzmischungen der orientalischen Küche zu finden. Im Mittleren Orient würzt man damit auch seinen Kaffee. Kardamom soll blähungstreibend und magenstärkend sein. Auf den Körper kann Kardamom einen wärmenden und entkrampfenden Effekt haben. Das Öl fördert die Durchblutung in den Kapillargefässen und kann bei Spannungskopfschmerz Linderung schaffen.

Koriander

Korianderkraut, sowohl die Wurzel als auch die unreifen Früchte, hat einen sehr starken Geruch. Beim ersten Kontakt erinnert er an Seife oder zerquetschte Wanzen. Sein Name ist abgeleitet von dem griechischen Koris (Wanze). Daher trägt er auch den Beinamen „Wanzendill". Aus den weiß-rötlichen Blüten des einjährigen Korianders reifen aromatische, würzig duftende Samenkugeln heran, die warm, nussig und würzig schmecken. Früchte und Blätter besitzen völlig verschiedene Aromen und lassen sich daher nicht gegenseitig ersetzen.
Koriander erinnert an Petersilie. Die Blätter können sich ziemlich ähnlich sehen und werden am besten roh verwendet. Beim längeren Kochen verlieren sie stark an Geschmack. Die den Blättern ähnlich schmeckende Wurzel verträgt das Kochen viel besser. Die Ähnlichkeiten motivieren zu Namen wie indische oder chinesische Petersilie für Koriander.
Die Blätter können nicht ohne empfindlichen Geschmacksverlust getrocknet werden.
Korianderfrüchte sind in vielen europäischen Ländern ein übliches Gewürz, in Nordafrika sowie West-, Zentral- und Südasien.
Der Koriander, der in Russland und Mitteleuropa angebaut wird (var. microcarpum), hat kleinere Früchte (unter 3 mm) und enthält mehr ätherisches Öl als die orientalische Abart (var. vulgare), die von Nordafrika bis China sowohl wegen der Früchte als auch wegen des frischen Krauts angebaut wird. Den besten gibt es natürlich aus dem angenehm warmen Mittelmeerraum, aber auch in Thüringen, Franken und Baden-Württemberg wird der Koriander angepflanzt. Dieses altbekannte Gewürz wurde schon im Alten Testament erwähnt und mit Manna verglichen. Im Mittelmeergebiet lässt sich der Korianderanbau bis ins alte Ägypten zurückverfolgen. Im alten Ägypten wurde es auch den Pharaonen ins Jenseits mitgegeben.

Sein ätherisches Öl hilft bei Störungen im Magen- und Darmbereich. Es regt die Darmmuskulatur an, stärkt den Magen und beruhigt die Nerven.

Koriander ist Hauptbestandteil vieler Brot- und Wurstgewürzmischungen sowie des Currypulvers. Nicht wegzudenken ist Koriander aus Marinaden für Gurken, Rote Beete, sauer eingelegtes Gemüse, Fisch, Wild, Fleisch und Chutneys. Lebkuchen und Spekulatius würden ohne Koriander eher untypisch schmecken.

Muskatnuss

Die Heimat des Muskatnussbaums sind die Molukken. Der Baum liefert die Muskatnuss und die Muskatblüte (Macis). Arabische Händler brachten im 6. Jahrhundert die Muskatnuss nach Konstantinopel. Sie war bereits um 1200 n.Chr. in Europa bekannt, wurde jedoch zunächst zum Ausräuchern von Räumen benutzt. Als die Portugiesen im 16. Jahrhundert damit zu handeln begannen, wurde sie erst für die Küche entdeckt.

Die Muskatnuss ist der Samen dieses Baumes. Seit dem Mittelalter gehört es zu den beliebtesten Gewürzen. Zum Würzen kann man auch die Haut des Samens verwenden. Sie wird als Muskatblüte bezeichnet. Das die Nuss umgebende Fruchtfleisch ist wertlos und wird entfernt. Auf 400 Kilogramm Muskatnuss fällt 1 Kilogramm Muskatblüte an. Es ist daher ein wertvolles und teures Gewürz. Sein Aroma ist milder als das der Muskatnuss.

Gerieben verliert die Muskatnuss schnell das Aroma. Größere Mengen der Muskatnuss wirken giftig. Zuerst führen sie zu Unwohlsein. Muskatnuss verstärkt die berauschende und einschläfernde Wirkung von Alkohol.

Außer zum Würzen wird Muskat auch in der Kosmetik, der Seifen- und Parfümherstellung sowie in der Heilkunde verwendet.

Die Samen werden gegen Insektenfraß in Kalkmilch getaucht. Diese Entdeckung machten die Niederländer. Sie wollten durch das Kalken ursprünglich den unerwünschten Export von keimfähigen Nüssen verhindern.

Piment

Die ursprüngliche Heimat des Pimentbaumes ist Westindien. Weitere Herkunftsregionen sind Zentral- und Südamerika.

Piment wurde von Kolumbus und seinen Gefährten nach Europa gebracht, wo man ihn zunächst für Pfeffer und ihn deshalb auch spanisch „pimienta", Pfeffer nannte. Piment wird auch als Nelkenpfeffer oder „Viergewürz" bezeichnet. Der Name kommt wohl daher, dass Piment ein Aroma hat, das eine Mischung aus Nelke, Zimt, Muskat und Pfeffer zu sein scheint. Noch heute wird Piment in vielen Sprachen als Pfeffer bezeichnet, allerdings mit einem Zusatz, der seine karibische Herkunft verdeutlicht oder eben den würzigen Geschmack betont, zum Beispiel Jamaika-Pfeffer oder Gewürzpfeffer.

Die Früchte werden reif, aber noch grün geerntet, weil sie mit der Vollreife ihr Aroma verlieren würden. Beim Trocknen färben sich die Beeren rotbraun.

Es empfiehlt sich, ganze Beeren zu kaufen und diese nach Bedarf in der Pfeffermühle zu mahlen. Das aromatische Gewürz gibt Gebäck, Pudding, Fleischgerichten, aber auch Eintöpfen, Gemüse, Suppen und Fischmarinaden eine besondere Note. Glühwein und Heißgetränken verleiht Piment ein würziges Aroma. In diversen Magenbittern und Likören wird Piment ebenfalls verarbeitet.

In der Karibik wird Piment sehr vielfältig eingesetzt: So verleiht er zum Beispiel den feurigen Pasten, mit denen Fleisch vor dem Grillen eingerieben wird, den typischen Geschmack. In England und den USA wird er vor allem für sauer eingelegtes Gemüse verwendet.

Bereits die Azteken und die Indianer würzten ihre Schokolade mit Piment.

Das gewonnene Pimentöl aus Beeren und Blätter fördert die Verdauung und soll eine belebende Wirkung auf das Nervensystem haben. Pimentöl wird zur Herstellung von Parfüm und Likör verwendet. Die Rinde des Pimentbaumes soll bei Venenproblemen und der Steigerung des Immunsystems helfen.

Eine antiseptische und beruhigende Wirkung hat etwas gemahlener Piment im Badewasser – es duftet zudem wunderbar.

Pfeffer

Der Pfeffer wurde über viele Jahrhunderte aus Indien über Karawanenstraßen nach Europa transportiert. Pfeffer war, im wahrsten Sinne des Wortes, Gold wert. Daran erinnert die Redewendung, dass manche Preise „gepfeffert" sind. Im 16. Jahrhundert war Pfeffer im Übrigen sehr praktisch. Als es noch keinen Kühlschrank gab, wurde nicht mehr ganz taufrisches Fleisch so intensiv mit Pfeffer gewürzt, dass man den schlechten Geruch nicht mehr wahrnehmen konnte

Zimt

Sri Lanka gilt als klassischer Zimtlieferant. Angebaut werden die Zimtbäume aber auch in Madagaskar, in Indien und in China. Die Zimtstangen werden aus der inneren Schicht junger Zweige gewonnen. Die innere Rinde wird ausgelöst, gerollt und anschließend getrocknet. Im Altertum wurde Zimt für die Zubereitung von würzigen Weinen, Ölen und Salben verwendet.

Es gibt zwei Bäume, die Zimt liefern: Der ursprünglich in China beheimatete Zimtbaum, als Kassia- oder Chinazimt bekannt. Und der auf Sri Lanka vorkommende Ceylonzimt, der viel feiner und aromatischer ist. Kassia gehört zu den ältesten Gewürzen. In Ägypten wurde er zur Mumifizierung benutzt und in der Bibel ist zu lesen, dass man Trinkwasser damit versetzte, um Krankheitserreger zu vernichten. Erst Anfang des 16. Jahrhunderts entdeckten die Portugiesen den Ceylon-Zimt, der dann bald Europa eroberte.

Zimt ist feurig-würzig und leicht süßlich im Geschmack.

Kassia-Zimt schmeckt etwas bitterer als Ceylon-Zimt, ist aber hoch aromatisch. Bratäpfel, Milchreis und Glühwein werden mit Zimt gewürzt, Pflaumenmus, Kuchen und die gesamte Weihnachtspalette sind ohne Zimt nicht vorstellbar. Zimt wirkt verdauungsfördernd und kreislaufanregend. Er ist Bestandteil etlicher Magentonika, er wirkt wärmend bei kalten Füßen und Gelenkproblemen. Zimt gehört heute zu den gebräuchlichsten Gewürzen. Kinder kennen ihn sicher als Beigabe zum Milchreis. Zimt soll auch ein Bestandteil des streng geheimgehaltenen Coca-Cola-Rezeptes sein.

Lebkuchen

Das in der Weihnachtszeit beliebte Lebkuchengewürz ist meist eine Mischung aus Anis, Gewürznelken, Koriander, Kardamom, Muskatnuss, Piment und Zimt. Der Name „Lebkuchen" stammt wahrscheinlich von dem lateinischen „libum", was soviel wie Fladen oder Kuchen heißt. Ganz sicher ist das aber nicht. Unumstritten ist hingegen, dass die Ägypter schon vor 2000 Jahren Honigkuchen backten. Sie haben vermutlich sogar den Lebkuchen erfunden. In 1.500 Jahre alten ägyptischen Gräbern hat man in Honigkuchen als Grabbeigaben gefunden.
In Europa gibt es den Lebkuchen seit ungefähr 600 Jahren. In Deutschland ist besonders Nürnberg für seine Lebkuchen bekannt. Dies liegt wahrscheinlich darin begründet, dass die Stadt früher an den alten Handelsstrassen lag. Dadurch war bei den Gewürzen immer für Nachschub gesorgt. Denn Anis, Ingwer, Kardamon, Koriander, Nelken, Piment und Zimt kommen aus der ganzen Welt. Zudem gab es um Nürnberg herum dichte Wälder mit vielen Bienen, die den Honig lieferten, der der wichtigste Bestandteil des Lebkuchens ist.
Heute werden die Lebkuchen mit Maschinen hergestellt. In einem riesigen Kessel wird aus Ei, Mehl, Honig, Marzipan und Gewürzen der Teig angerührt. Anschließend spritzt eine Maschine kleine Portionen auf die Oblaten. Der Teig wird darauf gestrichen und mit Puderzucker bestäubt. Nach einer kurzen Trocknungsphase wird er auf einem Fließband in den Ofen geschoben.
So ein Ofen kann durchaus 40 Meter lang sein.
Nach dem Abkühlen werden die Lebkuchen mit Zuckerguss oder Schokolade glasiert. Sobald sie trocken sind, werden sie verpackt und in alle Welt geschickt. In der Zeit vor Weihnachten werden in manchen Nürnberger Lebkuchenfirmen täglich drei Millionen Lebkuchen hergestellt.

Rezepte

Weihnachtsbaumkekse

Zutaten (für ca. 50 Stück)	Zubereitung
4 Eier	Die Kinder trennen mit Ihrer Hilfe das Ei-weiß vom Eigelb und schlagen das Erstere zu steifem Schnee.
200g Zucker	rühren sie nach und nach unter.
2 Tropfen Bittermandelöl 200g Kokosraspel	heben die Kinder vorsichtig unter den Ei-schnee.

Im Anschluss setzen die Kinder mit einem Teelöffel kleine Häufchen auf das Back-blech. Achten Sie darauf, dass die Tannenbäume nach dem Backen auf einem Teller abkühlen.

Grüner und weißer Zuckerguss.	Zu guter Letzt übergießen die Kinder die Tan-nenbäume damit.

Tipp: Die Kinder formen die Kekse mit zwei Teelöffeln, in dem sie mit dem ei-nen Löffel Teig nehmen und mit dem anderen den Teig vom Löffel auf das Back-blech schieben. Backen Sie die Bäume 25 Minuten bei 150 Grad.

Adventsschnitten

In der Vorweihnachtszeit wird oft und viel genascht. Da dies nicht so gesund ist, sollte umso mehr darauf geachtet werden, den Kindern auch die anderen Nahrungsmittel schmackhaft zu machen.
Schneiden Sie mit den Kindern Weihnachtsmotive aus Brotscheiben aus. Bestrei-chen Sie die Brote mit ebenfalls in Weihnachtsmotive geschnittenem Käse. Vermitteln Sie diese Anregungen auch den Eltern.

Schneeberge

Zutaten	Zubereitung
750g Vollmilchschokolade	Brechen Sie diese in kleine Stücke und schmelzen Sie die Stücke in einem Wasserbad. Die geschmolzene Schokolade füllen Sie in einen Mixbecher.
300 – 350g Rice Crispies	rühren Sie nach und nach unter

Zum Schluss sollte eine kompakte Masse entstehen. Nun müssen Sie zügig arbeiten, damit die Masse nicht zu schnell hart wird.
Mit einem Löffel geben Sie etwas Schokoladenmasse auf eine Tortenplatte und formen einen Hügel daraus. Stellen Sie die Hügel dicht beieinander.
Wenn die Schokomasse hart geworden ist, überstreuen Sie diese mit Puderzucker.
Sie haben nun eine kleine Winterlandschaft, die gern vernascht werden darf.

Glücksschweinbrötchen
(auch zum Verschenken geeignet)

Zutaten	Zubereitung
400 g Weizenmehl 200g Roggenmehl	in eine Schüssel geben und in die Mitte eine Mulde drücken
1 Würfel Hefe	in die Mulde bröckeln
1 Teelöffel Zucker 5 Esslöffel lauwarme Milch	dazugeben

Verrühren Sie die Hefe mit etwas Mehl zu einem Vorteig, decken Sie die Schüssel nun mit einem sauberen Küchenhandtuch ab und lassen das Ganze an einem warmen Ort ca. 15 Minuten gehen.

350 ccm Milch (lauwarm) 2 Teelöffel Salz 100g Erdnussbutter	Geben Sie die Zutaten nach und nach dazu und verkneten alles zu einem glatten Teig.

Lassen Sie den Teig nun weitere 20 Minuten abgedeckt an einem warmen Ort gehen.

Auf etwas Mehl rollen Sie den Teig auf der Arbeitsplatte etwas 1,5 cm dick aus. Stechen Sie nun je 10 Kreise in den Größen 8,5 cm und 4 cm Durchmesser aus. Die kleinen Kreise setzen Sie als Schnauze auf die großen Kreise und stechen zwei große Nasenlöcher hinein.

Rosinen	Drücken Sie jeweils zwei Rosinen als Augen in den Teig.

Aus den Teigresten schneiden Sie nun noch kleine Ohren aus, die Sie an den Kopf drücken.

Legen Sie die Brötchen auf ein mit Backpapier ausgelegtes Backblech und lassen Sie diese dort noch einmal 15 Minuten gehen.

Dann können Sie die Glücksschweinchen im vorgeheizten Backofen bei 200 Grad (Umluft 170 Grad) etwas 10 bis 15 Minuten backen.

Lebkuchen am Band

Zutaten	Zubereitung
100 g Butter oder Margarine 125 g Honig 125 g Zuckerrübensirup 125 g Zucker	zusammen unter rühren und in einem Topf erwärmen
Lebkuchengewürz 1 Esslöffel Kakao 1 Ei, 1 Prise Salz	dazurühren
500 g Mehl 100g gemahlene Haselnüsse	unterkneten

Stellen Sie den Teig 1 bis 2 Stunden kalt.

Anschließend können Sie ihn auf einer bemehlten Arbeitsfläche ausrollen und Lebkuchen in verschiedenen Formen ausschneiden oder ausstechen.

Wenn Sie in den oberen Bereich mit einer Nadel ein Loch einstechen, können Sie dort nach dem Backen ein Band durchziehen, um die Lebkuchen aufzuhängen.

Backen Sie die Lebkuchen im vorgeheizten Ofen bei 175 bis 200 Grad ca. 15 Minuten.

Wenn die Lebkuchen abgekühlt sind, steht es Ihnen frei, sie noch mit Zuckerschrift zu verzieren.

Pfaffenhütchen

Zutaten	Zubereitung
200 g Butter oder Margarine *2 Eier, 2 Eigelb* *250 g Puderzucker* *500g Mehl* *Lebkuchengewürz*	Stellen Sie aus allen Zutaten zunächst einen Rührteig her. Wenn der zum Schluss des Rührens fester wird, kneten Sie ihn weiter.

Stellen Sie dann den Teig für 1 bis 2 Stunden kalt.
Anschließend rollen Sie ihn auf einer bemehlten Fläche aus und schneiden Dreiecke (ca. 6cm Kantenlänge) zurecht.

Pflaumenmus	Geben Sie auf jedes Dreieck etwas Pflaumenmus und schlagen die Ecken zur Mitte über das Mus.
Eigelb	Damit bepinseln Sie die Hütchen.

Legen Sie die Pfaffenhütchen auf ein mit Backpapier ausgelegtes Backblech und backen Sie diese bei 180 Grad ca. 18 Minuten.

Tipp: Das bei diesem Rezept übrige Eiweiß können Sie gut für Haselnuss- oder Griesmakronen verwenden.

Griesmakronen

Zutaten	Zubereitung
2 Eiweiß *125 g Zucker*	verrühren und steif schlagen
125 g gemahlene Mandeln *60 g Gries*	dazugeben und verrühren
Oblaten	Mit zwei Teelöffeln setzen Sie kleine Teighäufchen auf die Oblaten.

Backen Sie die Griesmakronen bei 200 Grad 15 Minuten.

Knuspersterne

Zutaten (für ca. 60 Stück)	Zubereitung
300g Mehl, eine Prise Salz 200g brauner Zucker 1 Teelöffel Mandelessenz	vermischen
200g Butter oder Margarine (weich), 150 g Marzipanroh-masse, 3 Esslöffel Milch	dazugeben und zu einem Teig verkneten.
Alufolie	Verpacken Sie darin den Teig und stellen ihn eine Stunde kalt.

Rollen Sie den Teig in zwei Portionen auf etwas Mehl aus und stechen Sterne aus. Legen Sie diese auf ein mit Backpapier ausgelegtes Backblech und backen Sie die Sterne bei 180 Grad ca. 8 Minuten.

Streifen aus Ingwer-Mandeln

Zutaten	Zubereitung
250 Gramm Butter, 125 Gramm Zucker, 1 Prise Salz 125 Gramm gemahlene Mandeln, 375 g Mehl 1 Esslöffel Zitronensaft 3 bis 4 Teelöffel frisch geriebener Ingwer	mit wenig Wasser zu einem glatten Teig verkneten und zwei Stunden kühl stellen
Etwas Mehl	Teig darauf ausrollen und mit einem Wellenrädchen (oder Messer) Rechtecke (2,5 mal 4 Zentimeter) ausschneiden
abgezogene Mandeln zum Verzieren	auf jedes Rechteck eine halbe Mandel drücken

Legen Sie die fertigen Rechtecke auf ein mit Backpapier belegtes Blech und backen Sie diese im vorgeheizten Ofen bei 175 Grad etwa 15 Minuten goldgelb.

Haferflockenmakronen

Zutaten	Zubereitung
65 g Butter 125 g Zucker 1 bis 2 Eier	schaumig rühren
Zitronensaft oder Vanille 50 g Mehl 250 g Haferflocken 1 Päckchen Backpulver	mit dem Schaum vermengen

Formen Sie mit zwei Teelöffeln kleine Bällchen und backen Sie diese bei mäßiger Hitze.

Knusperle

Zutaten	Zubereitung
125 g Butter, 250 g Zucker 2 Eier	schaumig rühren
2 Päckchen Vanillinzucker 500 g Mehl, 1 Prise Salz 1 Päckchen Backpulver	dazugeben

Kneten Sie den Teig leicht durch, rollen Sie ihn aus und verzieren Sie ihn mit einer Keksrolle oder durch leichtes Andrücken einer Reibe. Anschließend stechen Sie runde Plätzchen aus. Diese backen Sie bei mittlerer Hitze hellgelb.

Orangenstäbchen

Zutaten für den Teig	Zubereitung
175 g Butter	schaumig rühren
75 g Zucker	nach und nach dazugeben

abgeriebene Schale einer unbehandelten Apfelsine, 3 Esslöffel Apfelsinensaft, 1 Eigelb	dazugeben und mitrühren
200 g Mehl, 75 g Stärkemehl 1 Teelöffel Backpulver	miteinander vermischen und ebenfalls unterrühren

Zutaten für den Guss	Zubereitung
200 g Puderzucker 4 Esslöffel Apfelsinensaft	verrühren

Füllen Sie den Teig in einen Spritzbeutel und spritzen Sie ca. 3 bis 4 cm lange Stäbchen auf ein mit Backpapier belegtes Backblech. Backen Sie die Plätzchen bei ca. 200 Grad 10–15 Minuten
Die Stäbchen bestreichen Sie dann nach dem Backen mit dem Guss.

Mürbeteig-Plätzchen

Zutaten (für ca. 50 Stück)	Zubereitung
250 g Mehl	auf die Arbeitsfläche häufen
175 g kalte Butter	in Stücke schneiden, auf dem Mehl verteilen
100 g Saure Sahne	darauf geben

Hacken Sie alles mit einem großen Messer durch. Mit bemehlten Händen verkneten Sie es zu einem Mürbeteig, formen eine Kugel, die Sie in Folie wickeln und ca. eine Stunde kaltstellen.
Den Teig rollen Sie nun zwischen zwei Lagen leicht bemehlter Klarsichtfolie ca. 4mm dick aus. Stechen Sie Plätzchen aus.
Kneten Sie Teigreste zu einer Rolle und stellen Sie diese kalt, bevor Sie weitere Plätzchen ausstechen. Backofen auf 180 Grad vorheizen. Plätzchen auf ein mit Backpapier belegtes Blech setzen.

1 Eigelb	Bestreichen Sie vor dem Backen die Plätzchen damit.
ca. 30 g Zucker 1 TL Zimt .	Vermischen Sie diese beiden Zutaten und streuen Sie alles darüber.

Die Mürbeteig- Plätzchen können Sie im Ofen auf der mittleren Schiene 10 bis 12 Minuten backen. Lassen Sie die Plätzchen im Anschluss auf einem Kuchengitter abkühlen.

Wenn wir heute Plätzchen backen

Text: Rolf Krenzer, Melodie: Detlev Jöcker
aus: Kleine Kerze leuchte. Menschenkinder Verlag u. Vertrieb GmbH, Münster

1. Wenn wir heute Plätzchen backen,
   sind wir gleich bereit.
   Dann hilfst du mir,
   ich helfe dir,
   denn das klappt gut zu zweit.
   Dann hilfst du mir,
   ich helfe dir,
   denn das klappt gut zu zweit.

2. Wenn wir heute Plätzchen backen,
   wird der Teig gerührt.
   Dann hilfst du mir,
   ich helfe dir,
   damit es richtig wird!
   Dann hilfst du mir,
   ich helfe dir,
   damit es richtig wird!

3. Wenn wir heute Plätzchen backen,
   stechen wir sie aus,
   dann hilfst du mir,
   ich helfe dir,
   dann wird auch was daraus.
   Dann hilfst du mir,
   ich helfe dir,
   dann wird auch was daraus.

4. Wenn wir heute Plätzchen backen,
   auf dem Backblech dann,
   dann hilfst du mir,
   ich helfe dir,
   dass nichts passieren kann.
   Dann hilfst du mir,
   ich helfe dir,
   dass nichts passieren kann.

5. Wenn wir heute Plätzchen backen,
   muss das Blech zum Herd.
   Dann hilfst du mir,
   ich helfe dir,
   dann wird auch nichts verkehrt.
   Dann hilfst du mir,
   ich helfe dir,
   dann wird auch nichts verkehrt.

6. Wenn wir heute Plätzchen backen,
   kann es leicht passier'n,
   dann hilfst du mir,
   ich helfe dir,
   sie alle zu probier'n.
   Dann hilfst du mir,
   ich helfe dir,
   sie alle zu probier'n.

Mandelkringel

Zutaten	Zubereitung
100 g Butter	glatt rühren
2–3 Eidotter 80 g Kristallzucker	dazugeben und die Masse schaumig rühren
200 g Mehl 1 Essl. Zitronensaft	darunter mischen

Den Teig formen Sie zu einer langen, dünnen Wurst, von der Sie kleine Stücke abschneiden. Formen Sie aus denen Kringel. Diese legen Sie auf ein mit Backpapier belegtes Backblech.

2–3 Eidotter	Die Kringel damit bestreichen.
Mandelstifte Hagelzucker	Die Kringel damit verzieren.

Backen Sie die Kringel bei mäßiger Hitze goldbraun.

Naschhütten aus Keks

Zutaten (pro Hütte)	Zubereitung
1 Esslöffel Puderzucker	in eine Tasse geben
etwas Wasser	Dazugeben und beides zu einer zähen Klebmasse verrühren. Das ist eine Art Klebstoff, den man essen kann. Mit ihm werden die Kekse zusammengeklebt.
1 Butterkeks *1 Dominostein*	Mit einem Klecks Zuckerguss einen Dominostein auf einem Butterkeks festkleben.
2 Butterkekse	2 Kekse mit einem Messer kürzer machen. Wie bei einem Kartenhaus stellen Sie die Kekse von beiden Seiten an den Dominostein. Sie werden ebenfalls mit Zuckerguss festgeklebt.
2 Gummibärchen	Vor das Haus ein oder zwei Gummibärchen kleben.
Puderzucker	Durch ein Sieb als Schnee auf das Häuschen geben.

Aus mehreren fertigen Keks-Häuschen können Sie ein ganzes Dorf zusammenstellen.

Schmackhafte Schneemänner

Zutaten (pro Schneemann)	Zubereitung
1 Esslöffel Puderzucker	in eine Tasse geben
etwas Wasser	Dazugeben und beides zu einer zähen Klebmasse verrühren. Das ist eine Art Klebstoff, den man essen kann. Mit ihm werden die Kekse zusammengeklebt.

5 Pfefferkuchen (weiße Plätzchen)	Kleben Sie 2 mal 2 Plätzchen als Kugeln zusammen. Diese 2 Kugeln kleben Sie aufeinander. Das 5. Plätzchen legen Sie mit der Wölbung nach oben auf eine Unterlage. Nun kleben Sie die beiden Kugeln auf dieses Plätzchen, damit der Schneemann stehen kann.
1 schwarze Beere von den Berries	Kleben Sie die Beere als Hut auf. Wenn Sie keine Beere haben, eignet sich auch ein Schokoladen-Dominostein.
1 rote Beere von Berries	Die rote Beere vierteln. Ein viertel als Nase ankleben.
Zuckerfarbe (Zuckerschrift)	Malen Sie Augen und Mund auf, wenn Sie wollen auch einen Schal oder Knöpfe.

Lassen Sie den Schneemann über Nacht trocknen.

1 kleiner Kirschlolli	Stecken Sie diesen am nächsten Tag seitlich als Besen in den Schneemann.

12. Feste und Feiern vorbereiten und durchführen

Wenn Sie eine Weihnachtsfeier mit Kindern und Eltern oder nur mit Kindern planen, so können Sie auch die unterschiedlichen Anregungen aus den vorhergehenden Kapiteln dazu nutzen und diese entsprechend ausbauen.

Sicher werden Sie im Verlauf der Zeit besondere Interessen und Schwerpunkte bei den Kindern Ihrer Einrichtung beobachten können:

Eine besondere Herausforderung für eine Weihnachtsfeier kann es z.B. sein, wenn die Kinder ein Theaterstück vorführen. Ganz nebenbei trainieren die Kinder auch ihre Stimmen und es erschließt sich ihnen, wie wichtig eine deutliche Aussprache ist.

Ebenso reizvoll kann es aber auch sein, wenn Sie mit Ihrem Team oder einigen Eltern für die Kinder ein Weihnachtmärchen einüben und den Kindern auf der Feier vorführen. Dies könnte beispielsweise Ihr Weihnachtsgeschenk an die Kinder sein.

Nachfolgend möchten wir Ihnen aber zunächst noch einige Anregungen für eine dekorative Gestaltung Ihrer Einrichtung geben, bevor wir dann abschließend einen Vorschlag für eine konkrete Adventfeier machen. Bitte erinnern Sie sich bei allem Engagement an unseren Wunsch, die stimmungsvollen und besinnlichen Seiten der Vorweihnachtszeit nicht durch zu viele Aktivitäten zu belasten. Wir würden uns sehr freuen, wenn Sie mit unseren Vorschlägen eine für Kinder und Erwachsene ausgewogene Balance zwischen Aktion und Besinnung finden können, die es Ihnen ermöglicht, sich schon jetzt auf die nächste Weihnachtzeit im Kindergarten zu freuen.

Dekorative Ideen für die Kita

Türschild: Willkommen in der Weihnachtzeit

Material: Sperrholzplatte, Deckfarbe, Klarlack, Glitzerstreu

Gestaltungshinweis: Sägen Sie mit den Kindern ein Schild aus einer Sperrholzplatte in der Größe von ca. 50 x 30 cm aus. Bestreichen Sie das Schild in einer Grundfarbe und schreiben Sie „Herzlich Willkommen in der Weihnachtszeit" darauf. Lassen Sie die Kinder das Schild am Rand mit bunter Farbe, Glitzerstreu oder ähnlichem dekorieren. Anschließend wird es mit Klarlack bepinselt oder besprüht und im Eingangsbereich Ihrer Einrichtung aufgehängt.

Varianten: Wenn die Kinder Spaß an der Gestaltung eines Schildes gefunden haben, können Sie noch mehrere kleine Schilder mit Sprüchen gestalten und im Haus verteilen. Auf diesen Schildern könnte stehen:

★ Angel crossing
★ Weihnachtswerkstatt
★ Zum Weihnachtsmann
★ Zum Wunschzettelbriefkasten

Der Wunschzettelbriefkasten

Material: Pappkarton, gelbe Farbe, Klebefolie

Gestaltungshinweis: Gestalten Sie aus einem Pappkarton einen Briefkasten. Dazu malen die Kinder den Karton gelb an oder bekleben ihn mit Papier. Dieser Briefkasten bekommt einen besonderen Platz im Haus, so dass er von jedem gleich entdeckt wird und auch genutzt werden kann. Wenn Sie den Karton mit klarer Buchbindefolie überziehen, wird er haltbarer und kann im nächsten Jahr wieder genutzt werden.

Weihnachtsmannhaus

Material: Karton (z.B. von großen Elektrogeräten), Farbe, Bunt- und Glanzpapier, alte Teppiche und Stoffe

Gestaltungshinweis: Besorgen Sie sich einen großen Karton, aus dem Sie mit den Kindern ein Haus gestalten. Die Vorstellung, dass es so ein Haus ist, in dem der Weihnachtsmann wohnt, wird die Kinder zu vielen Rollenspielen animieren. Legen Sie das Papphaus mit alten Teppichen und Stoffen aus. Die Kinder werden Ihnen sicher genau sagen können, wie so ein Haus vom Weihnachtsmann auszusehen hat.

☞ Die Geschichte des Tannenbaums

Jedes Jahr stehen mehr als 25 Millionen Weihnachtsbäume in deutschen Wohnzimmern. Der Weihnachtsbaum ist als Symbol so sehr in unserer Kultur verwurzelt, das man sich kaum vorstellen kann, dass er wirklich erst seit etwas mehr als 300 Jahren zum Christfest dazu gehört
Woher stammt eigentlich dieser Brauch? Seit wann gibt es ihn? Und wie sieht es mit der Geschichte vom „Tannen-Baum" in anderen Ländern und Kulturen aus?
Schon den Römern war es nicht fremd, den Jahreswechsel mit den Zweigen immergrüner Gewächse zu feiern. Und auch in Deutschland verzierten die Menschen schon im Mittelalter Haus und Hof mit Tanne, Mistel oder Wacholder. Sie meinten, sich so vor Gefahren zu schützen: Die immergrünen Pflanzen sollten mit ihrer Lebenskraft böse Geister verscheuchen und gute Geister anziehen.
Im deutschsprachigen Raum ist der erste Christbaum für das Jahr 1605 in Straßburg belegt, der dort als Gabenbaum, aber ohne Kerzen hergerichtet war. In den Zunfthäusern des städtischen Handwerks Bremens führte man diesen Brauch fort und stellte kleine Tannenbäumchen behängt mit Datteln, Nüssen, Äpfeln auf. Vor allem zur Freude der Kinder, die diese Bäume plündern durften. In Basel zogen in diesem Zeitraum Handwerksgesellen mit grünen Bäumen durch die Straßen. Wenn sie in ihrer Unterkunft ankamen, wurden die mit Äpfeln und Käse verzierten Bäume dort aufgestellt und die Leckereien in geselliger Runde verzehrt.
Im Laufe des 18. und 19. Jahrhunderts fand der Weihnachtsbaum mit brennenden Kerzen schließlich seinen Weg in die Wohnstuben der evangelischen Familien. Ab dem 19. Jahrhundert stellten auch zunehmend katholische Familien zu ihrer Krippe auch den Tannenbaum (nach Becker-Huberti, Lexikon der Bräuche und Feste. Herder: Freiburg 2001, S. 51ff.).
Nach dem 1. Weltkrieg hatte sich der Weihnachtsbaum überall durchgesetzt und war zum Mittelpunkt des Heiligen Abends geworden. Trotz des Versuches der Vereinnahmung durch den Nationalsozialismus, der Entwertung durch die Werbung sowie den Konsumrausch seit den Wirtschaftwunderjahren, hat der Weihnachtsbaum diese Stellung bis heute nicht verloren.

Tannengeflüster

Wenn die ersten Fröste knistern
in dem Wald bei Bayrisch-Moos,
geht ein Wispern und ein Flüstern
in den Tannenbäumen los,
ein Gekicher und Gesumm
ringsherum.

Eine Tanne lernt Gedichte,
eine Lärche hört ihr zu.
Eine dicke, alte Fichte
sagt verdrießlich: „Gebt doch Ruh!
Kerzenlicht und Weihnachtszeit
sind noch weit!"

Vierundzwanzig lange Tage
wird gekräuselt und gestutzt
und das Wäldchen ohne Frage
wunderhübsch herausgeputzt.
Wer noch fragt: „Wieso? Warum?"
Der ist dumm.

Was das Flüstern hier bedeutet,
weiß man selbst im Spatzennest:
Jeder Tannenbaum bereitet
sich nun vor aufs Weihnachtsfest.
Denn ein Weihnachtsbaum zu sein:
Das ist fein!

© James Krüss, 2001, aus „Der wohltemperierte Leierkasten"
C. Bertelsmann Jugendbuch-Verlag, München, in der Verlagsgruppe Random-House GmbH

☞ Christbaumschmuck

Dem Weihnachtsbaum wohnte schon immer eine seltsame Faszination inne.
Aus der Tradition des Paradiesbaumes kommend war der Christbaum pa-
radiesisch geschmückt: Weihnachtsbäume wurden früher mit Äpfeln, Schleifen, Papierrosen, Nüssen, Plätzchen und Zuckerzeug geschmückt.

Dabei hatte jeder Schmuck seine eigene Bedeutung. Der alte Christbaum-schmuck verdeutlichte den Zusammenhang von Weihnachten und Ostern, von Krippe und Kreuz: Die Auferstehung und der Opfertod Jesu werden durch die Äpfel und die roten Schleifen symbolisiert. Später wurde der Apfel durch die Christbaumkugel abgelöst.

Die Papierrose erinnert an viele Legenden. Das Lied „Es ist ein Ros' ent-sprungen" vergleicht die Geburt Christi mit dem Aufblühen einer Rose im tiefen kalten Winter. Außerdem wird damit Liebe, Blut und Tod symbolisch dargestellt.

Die Nüsse stehen als Christussymbol und beschreiben mit der Nussschale das Holz des Kreuzes, mit der Hülle der Frucht das Fleisch Christi und der Kern symbolisiert das süße Innere der Gottheit. Es spendet Nahrung und das Öl ermöglicht das Licht.

Im Laufe der Zeit wurde der Christbaum auch mit Süßigkeiten behängt zur großen Freude der Kinder. Sie durften diese Leckereien spätestens am Drei-königsfest vom Baum holen.

In der Industrialisierung entstand für die gewerbliche Herstellung von Christbaumschmuck ein kompletter Wirtschaftszweig. Dies führte zu der Ver-drängung des ursprünglich selbst hergestellten Christbaumschmucks.

Geschenke waren früher ein Teil des Weihnachtsschmuckes. Erst später wurden sie unter den Christbaum gelegt. Von diesem Brauch sind allerdings die Miniaturspielsachen als Schmuck noch erhalten geblieben.

Die ersten Christbäume hatten auch keine Kerzen, denn für den Normalbürger waren Wachs-kerzen zu teuer und Talgkerzen rußten zu sehr. Wenn Lichter aufge-stellt wurden, dann meist getrennt vom Baum.

Erst Mitte des 18. Jh. wurden Lichter am Baum angebracht.

Im 19. Jahrhundert gewann der künstliche Schmuck immer stärker an Bedeutung und entwickelte eine unglaubliche Formen-vielfalt.

Der Christbaumschmuck war auch Ausdruck des jeweiligen sozialen Status. In den letzten 150 Jahren wurde aus den unterschiedlichsten Materialien Baumschmuck produziert.

Baum mit Schleierkraut und Rosen

Material: reichlich frisches weißes Schleierkraut, rosa Seidenrosen (Blüten-
durchmesser 4–6 cm), goldener Basteldraht, rosa oder weiße Kerzen, goldene
Kerzenhalter, Seitenschneider, Schere

Gestaltungshinweis: Binden Sie aus dem Schleierkraut viele kleine Sträuße, binden Sie diese mit Basteldraht zusammen, verdrehen Sie die Drahtenden gegen-
einander und schneiden Sie diese ab.
Verteilen Sie gleichmäßig über den Baum die Rosenblüten und die Schleierkraut-
Sträuße. Befestigen Sie diese mit Basteldraht an den Zweigen. Bringen Sie dazwischen die Kerzenhalter mit den Kerzen an.

Engel aus Naturwolle

Material: ein fingerdicker Wollstrang, goldenes Bändchen, Schere

Gestaltungshinweis: Lassen Sie den Wollstrang mehrmals durch die Finger glei-
ten, um ihn in eine gleichmäßig lange Form zu ziehen. Binden Sie in die Mitte
des Wollstrangs einen Knoten und falten ihn dann doppelt.
Aus dem Knoten entsteht ein Kopf mit Gesicht und Haaren. Binden Sie diesen mit
einem goldenen Bändchen ab. Unterteilen Sie die Wolle unterhalb des Kopfes mit den
Fingern nun in zwei Flügelstränge und einen Körper. Ziehen Sie die Flügel glatt und
binden Sie diese hinter dem Rücken des Engels bogenförmig in Gürtellinie mit einem goldenen Bändchen ab. Auf diese Weise sind die Flügel nun am Rumpf befestigt.
Ziehen Sie die unten überstehende Wolle zu einem breit gefächerten Rock auseinander. Nach Wunsch können Sie diese auch ein wenig in Form schneiden. Aus
einem restlichen kurzen Stück Wolle drehen Sie die Arme des Engels und binden Sie an beiden Enden mit einem Bändchen ab. Öffnen Sie nun leicht den Rumpf
seitlich und schieben Sie die Arme durch die entstandene Rumpföffnung, so dass
rechts und links des Rumpfes zwei Hände erscheinen. Der Engel aus Naturwolle
fühlt sich luftig und leicht an.

Himmelsleiter

Material: Goldfolie, Schere, Kleber

Gestaltungshinweis: Schneiden Sie aus Goldfolie zwei lange, ca. 3 cm breite Strei-
fen. Legen Sie die Enden im rechten Winkel übereinander und fixieren Sie die-

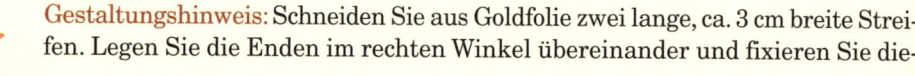

se mit etwas Kleber. Falten Sie nun abwechselnd immer den oberen Streifen über den unteren. Viele solcher Treppen aneinander geklebt ergeben eine Himmelsleiter, die von den Kindern um den Weihnachtsbaum gewickelt werden kann.

Holzschmuck

Material: Äste (die Sie von einem Spaziergang mitgebracht haben), grobes und feines Schmirgelpapier, Handbohrer, bunte Bänder

Gestaltungshinweis: Lassen Sie die Kinder verschieden dicke Äste sammeln, die sie mit Ihrer Hilfe schräg in Scheiben schneiden oder sägen.
Anschließend schmirgeln sie von beiden Seiten die Astscheibe zuerst mit grobem, dann feinem Schmirgelpapier und zwar solange, bis die Oberfläche sich ganz glatt und weich anfühlt.
Mit einem Handbohrer bohren sie vorsichtig ein Loch in jede Astscheibe und ziehen bunte Bänder hindurch. Auf diese Weise ist ein natürlicher Schmuck für den Weihnachtsbaum entstanden.

Naturmaterialien als Weihnachtsschmuck

Material: Tannenzapfen, Kastanien (in der Schale), silberne oder goldene Plakatfarbe, Basteldraht

Vorbereitung: Bereits im Herbst Kastanien in der Schale sammeln.

Gestaltungshinweis: Die Natur bietet schöne Materialien, um den Weihnachtsbaum dekorativ zu verzieren. Tannenzapfen und Kastanien in der stacheligen Schale sehen sehr dekorativ aus, wenn die Kinder diese vorher mit silberner oder goldener Plakatfarbe anmalen.
Nach dem Trocknen wird ein dünner Basteldraht durchgezogen. Nun dürfen die Kinder den Schmuck an den Weihnachtsbaum hängen.

Weihnachtsschmuck aus Lebkuchen

Material: Lebkuchenteig, Backformen (z.B. Sterne, Herzen, Monde, Engel), Zuckerglasur und Zuckerperlen, Bänder (zum Aufhängen)

Gestaltungshinweis: Bereiten Sie Lebkuchenteig vor, aus dem die Kinder Sterne, Herzen, Monde oder Engel ausstechen. Anschließend stechen sie mit einem Strohhalm ein kleines Loch aus. Backen Sie den Teig und überziehen ihn danach mit Zuckerglasur.
Nachdem der Teig getrocknet ist, verzieren die Kinder ihn mit bunter Zuckerfarbe und Zuckerperlen.
Zum Schluss ziehen Sie ein Band durch die Öse und hängen die Anhänger an den Baum oder an die Tannenzweige.

Paradiesäpfel

Material: Luftballons, rotes und gelbes Transparentpapier, ggf. Blätter, Faden

Gestaltungshinweis: Die Kinder pusten kleine Luftballons (Wasserbomben) auf und bestreichen sie mit Kleister.
Reißen Sie mit den Kindern zusammen aus rotem und gelbem Transparentpapier Schnipsel, die die Kinder anschließend auf den Luftballon kleben. Wenn zwei bis drei Schichten Papier darauf sind, werden die Äpfel zum Trocknen weggelegt. Nachdem Sie anschließend vorsichtig den kleinen Luftballon aus dem Inneren der Papierschichten entfernen, erhalten Sie einen federleichten Apfel. Die Kinder verschließen die offenen Stellen mit Papier und schmücken den Apfel evtl. mit kleinen Blättern. Zum Schluss wird ein Faden daran befestigt, so dass ihn die Kinder an den Weihnachtsbaum hängen können.

Weihnachtsschmuck aus buntem Wachs

Material: Kerzenreste, Plätzchenformen, Nadel, Faden

Gestaltungshinweis: Aus Kerzenresten können Sie bunten Wachsschmuck herstellen, der sowohl für den Weihnachtsbaum als auch als Raumschmuck geeignet ist.
Erhitzen Sie das Wachs und gießen Sie es in kleine Plätzchenformen. Wenn es sich abgekühlt hat, nehmen Sie es vorsichtig aus der Form. Um die Wachsfiguren anschließend aufzuhängen, ziehen Sie mit einer Nadel einen Faden durch.

Sterne aus Lederresten

Material: Lederreste, Federn, Kleber, Faden, ggf. Holzstangen (für Mobiles)

Gestaltungshinweis: Diese Bastelidee führt zu einem etwas „alternativen", aber sehr dekorativen Stern. Lassen Sie die Kinder aus Lederresten Sterne ausschneiden. Zwischen je zwei Sterne dürfen die Kinder nach Lust und Laune bunte, oder einfarbige Federn kleben. Diesen Federstern können Sie als Christbaumschmuck nehmen oder auch ein Mobile daraus gestalten.

Sterne aus Feenhaar

Material: Pappe, Feenhaar, ggf. Golddraht, Faden, Kleber

Gestaltungshinweis: Ähnlich wie bei den Lederresten lassen Sie die Kinder Pappsterne ausschneiden. Diesmal werden aber keine Federn dazwischen geklebt, sondern die Sterne werden mit Feenhaar dekoriert. Wenn Sie mögen, können Sie auch noch zarten Golddraht darum wickeln.

Lebkuchenmotive aus Holz aussägen und anmalen

Material: Holz, Laubsäge, Plakatfarbe

Gestaltungshinweis: Weihnachtszeit ist Lebkuchenzeit. Da bietet es sich an, wenn Sie aus Holz viereckige oder runde Motive auszusägen und diese von den Kindern wie einen Lebkuchen bemalen lassen. Da die Größe der Holzstücke sehr unterschiedlich sein kann, darf auch die Nutzung sehr unterschiedlich sein. Ob als Christbaumschmuck, Mobile oder gar als Wandbild – alles ist möglich.

Eine Adventfeier planen und durchführen

✯ Wer bereitet mit vor?

Planen Sie einen stimmungsvollen Höhepunkt in Form einer Adventfeier in die Vorweihnachtszeit ein. Laden Sie hierzu auch die Eltern ein, die vielleicht nicht nur als Gäste, sondern auch als aktive Teilnehmer etwas zum Fest beitragen. Sie können das Fest beispielsweise durch Mitbringen von Kaffee und Kuchen bereichern, als Helfer bei verschiedenen Angeboten aktiv werden oder auch selbst eigene Beiträge oder Aufführungen übernehmen. Beteiligen Sie auch die Kinder so viel wie möglich bei der Feier. Sie können bereits bei der Vorbereitung eigene Vorstellungen und Ideen zum Fest einbringen. So können Sie bei der Gestaltung der Dekoration und der Räumlichkeiten ebenso helfen wie bei der Durchführung. Mit dem Vortragen von Gedichten oder kleinen Aufführungen können Sie den Ablauf bereichern. Bei der Nachbereitung sollten Sie die Kinder ebenso mit einbeziehen. Sie können aufräumen und abdekorieren. Je mehr alle Teilnehmer beteiligt werden, desto mehr werden es alle als „ihr" Fest empfinden.

✯ Wie wird gefeiert?

Ob Sie die Feier besinnlich religiös planen oder den Schwerpunkt auf ein gemütliches Zusammensein legen, bei dem alle Beteiligten eine feierliche Stille fern vom Weihnachtstrubel erleben sollen, liegt in Ihrem Ermessen.
Ebenso sollten Sie sich im Team zuvor überlegen, in welchem Rahmen die Feierlichkeiten durchgeführt werden sollen, z.B. ob Sie alle Eltern und Großeltern einladen wollen oder nur eine bestimmte Personengruppe.

✯ Wo wird gefeiert?

Überlegen Sie, welche räumlichen Gegebenheiten Sie zur Verfügung haben, um ein solches Fest auszurichten. Entscheiden Sie im Vorfeld, ob Sie die Feier in einem Raum oder in mehreren Räumen stattfinden lassen bzw. ob Sie auch einen Teil der Feier in der Kirche durchführen wollen. In dem Fall können Sie den Weg zwischen Kindertagesstätte und Kirche mit einer kleinen Lichterprozession verbinden. Das wird für die Kinder bestimmt ein besonderes Erlebnis sein, mit einer brennenden Kerze den Weg zu gehen. Wenn Sie mit den Kindern das Lied „Tragt in die Welt nun ein Licht" eingeübt haben, wäre das eine schöne Gelegenheit, dieses bei dem Gang zu singen. Die brennenden Kerzen verleihen bestimmt eine sehr stimmungsvolle Atmosphäre und dienen als Blickfang, wenn sie alle nebeneinander an einem passenden Platz in der Kirche bzw. in der Kindertagesstätte gestellt werden.

Tipp: Jedes Kind bringt im Vorfeld ein größeres Glas mit. Dieses füllt es zu ca. einem Drittel mit Sand. Zum Schluss wird eine Kerze hinein gestellt. Durch den Sand bekommt die Kerze den nötigen Halt. Das Glas schützt ihre Flamme vor Wind. Außerdem dient dies der Sicherheit (Brandschutz).

✸ Checkliste

Damit Sie mit der Durchführung einer Adventsfeier nicht in zusätzlichen Stress geraten, sollten Sie sich rechtzeitig eine Checkliste anlegen, welche Arbeiten auf Sie zukommen und welche Aufgaben Sie vielleicht auch an andere delegieren können.

Eine optimale Planung und Durchführung sichert den Erfolg einer solchen Veranstaltung. Denn schließlich soll es ja ein Fest für alle Beteiligten werden.

Hier eine kleine Anregung, wie Sie eine solche Checkliste aufstellen können:

Priorität	Was ist zu tun?	Wann?	Wer kann unterstützen? Wer ist beteiligt?	Erledigt
	Größe und Art der Veranstaltung festlegen		Leitung, Team	
	Termin festlegen		Leitung, Team; Eltern; Träger	
	Ggf. Raum buchen		Leitung	
	Einladungen vorbereiten		Ggf. Kinder	
	Veranstaltungsablauf festlegen		Leitung	
	Vorträge, Theaterspiele planen		Kinder; Eltern; Puppenbühne	
	Dekoration vorbereiten		Kinder	
	Beköstigung planen		Eltern	
	Ggf. Geschenke vorbereiten		Kinder	
	Ansprachen vorbereiten		Elternrat; Träger	

★ Gemeinsames Singen als Festbeginn und Abschluss

Durch das gemeinsame Singen am Anfang und am Ende leiten Sie Ihre Feier stimmungsvoll ein und aus. Natürlich können Sie auch zwischendurch zum gemeinsamen Singen und Musizieren einladen.

★ Aufführungen und Darbietungen

Bestimmt gibt es Kinder, die gern etwas vortragen wollen oder die Sie animieren können etwas bei der Feier darzubieten. Dies können Einzelauftritte sein, wie z. B. ein Gedicht vorzutragen, ein Lied vorzusingen oder mit einem Instrument ein Musikstück zu präsentieren. Sie können aber auch mit den Kindern eine Gemeinschaftsaufführung einüben und vorbereiten, z.B. ein Krippenspiel oder ein kleines Theaterstück einüben. Ältere Kinder können auch als Moderatoren durch das Festprogramm führen und mit eigenen kleinen Beiträgen die Feier bereichern. So kann jeder z.B. nacheinander ein kleines Stück der Weihnachtsgeschichte vorlesen.

Vielleicht haben die Eltern auch das Interesse und die Lust, sich in dieser Form an der Feier zu beteiligen. Für die Kinder wäre es bestimmt eine schöne Überraschung, wenn ihre Eltern ein kleines Theaterstück für sie präsentieren würden.

Eiskerzenständer

Gestaltungshinweis: Befüllen Sie Plastikbecher oder kleine Schüsseln mit Wasser und stellen Sie diese am Tag zuvor ins Gefrierfach. Am nächsten Tag ist das Wasser zu Eis erstarrt.

Kurz vor der Feier nehmen Sie die Behälter heraus und lösen das Eis aus den Bechern. Probieren Sie aus, wie der Eisklotz am besten steht. Übergießen Sie ihn dann oben an einer Stelle kurz mit heißem Wasser, das Sie sofort wieder auskippen. An dieser Stelle ist nun eine kleine Mulde entstanden, in die Sie ein Teelicht stellen können. Die brennende Kerze wird nach und nach ins Eis versinken.

Erinnerungsplakat

Material: freies Plakat, Buntstifte

Vorbereitung: Hängen Sie zu Beginn der Feier ein großes Plakat auf und legen Sie verschieden farbige Buntstifte oder Wachsmaler bereit.

Gestaltungshinweis: Bitten Sie alle Gäste, gleich zu Beginn oder im Laufe der Feier etwas darauf zu malen, dass sie mit Weihnachten oder mit Advent ver-

binden. Das kann ein Stern, ein Tannenbaum, eine Kirche, eine Krippe etc. sein. Am Ende der Feier wird das Plakat mit ganz unterschiedlichen Weihnachtssymbolen verziert sein.

Fortführung: Lassen Sie das fertige Plakat auch nach der Adventfeier gut sichtbar hängen. So können es sich die Kinder oder auch die Eltern jederzeit ansehen. Erinnerungen an die erlebte Adventfeier werden wach.

Basar

Material: Informationsmaterial zu sozialkaritativen Initiativen und Projekten; Klebeplättchen, Steine oder Murmeln; vielfältige Verkaufsgegenstände (z.B. noch gut erhaltene Spiele, Bücher, selbst Gebasteltes)

Vorbereitung: Organisieren Sie einen Basar. Dort kann z.B. Gebasteltes der Kinder oder Erwachsenen verkauft werden oder auch mitgebrachte Kuscheltiere. Der Verkauf kann am Rande der Feier starten, aber während der gesamten Vorweihnachtszeit weiter laufen. Überlegen Sie mit den Kindern im Vorfeld, welches soziale Projekt sie mit dem Erlös unterstützen wollen. Da die Kinder mit einer solchen Aufgabe allein überfordert sind, suchen Sie vorweg ein paar Projekte aus. Stellen Sie diese den Kindern vor. Verdeutlichen Sie jedes dieser Projekte mit Fotos oder Bildern und legen Sie sie aus bzw. hängen Sie sie auf. Geben Sie den Kindern Klebeplättchen, Steine, Murmeln o.ä. Je nachdem, für welches Projekt sie sich entscheiden, legen sie ihr Steinchen etc. auf das jeweilige Bild oder Plakat. Machen Sie den Kindern bei der Aktion deutlich, dass Weihnachten nicht nur ein Fest des Nehmens ist, sondern auch des Gebens und dass die Kinder durch ihre Hilfe anderen etwas Gutes tun können.

Durchführung: Bei der Adventfeier stellen einige Kinder das Projekt vor, damit auch die Eltern erfahren, wofür der Erlös des Basars gedacht ist.

Weihnachtliche Sticker

Zur stimmungsvollen Darstellung des Angebots können Sie auch Sticker nutzen.

Gestaltungshinweis: Schneiden Sie in den Farben gelb, orange, braun und rot je vier bis fünf Stücke Tonpapier in der Form eines Apfels, einer Glocke, einer Nuss o.ä. aus. Falzen Sie die Mitte, bestreichen Sie die Falzstelle mit Klebstoff und kleben Sie die Motive um den oberen Teil eines Schaschlikspießes.

Weihnachtliche Schlemmereien gemeinsam genießen

Bei einer Adventfeier darf das Genießen von weihnachtlichen Schlemmereien in einer stimmungsvollen Atmosphäre nicht fehlen. Um genügend und verschiedene Leckereien anzubieten, bitten Sie die Eltern zu Hilfe. Diese werden sich bestimmt gern mit einem Kuchen oder mit selbstgebackenen Plätzchen an der Feier beteiligen. Auch die Kinder werden mit Sicherheit viel Freude haben, mit Ihnen im Vorfeld Kekse zu backen und somit ihren Beitrag zum Fest zu leisten.

Ein Überraschungsgast kommt

Als Überraschung für die Kinder erscheint während der Feier der Nikolaus, der Weihnachtsmann, das Christkind oder ein Wichtel. Dieser bzw. dieses bringt den Kindern und vielleicht auch den Eltern eine Kleinigkeit wie beispielsweise Süßigkeiten mit.

Trinkhalm-Merker

Wollen Sie bei der Feier Trinkhalme verwenden? Achten Sie darauf, dass diese nicht verwechselt werden.

Material: Pappe, grafische Motive als Vorlagen, Strohhalme

Gestaltungshinweis: Eine gute Methode die Verwechslung zu vermeiden ist die Nutzung von Trinkhalm-Merkern. Diese können ganz leicht aus Pappe selbst hergestellt werden.
Sie brauchen dazu nur ein Motiv (Glocke, Stern, Apfel, Nuss o.ä.). Übertragen Sie dies auf Pappe, ritzen Sie es in der oberen und in der unteren Hälfte ein und stülpen Sie es anschließend über einen Strohhalm.

Schenken macht Freude

Bereiten Sie mit den Kindern im Vorfeld kleine Geschenke für die Eltern oder anderen Gästen vor, die sie ihnen zum Schluss der Feier überreichen. Dies könnten z.B. in Zellophan eingepackte selbstgemachte Pralinen sein. Außerdem können die Kinder auch jedem Gast einen kleinen Zweig überreichen, den sie am Barbaratag abgeschnitten haben. Vor der Übergabe erzählen die Kinder etwas

zu dem Weihnachtsbrauch und weisen die Gäste darauf hin, den Zweig zu Hause in eine Vase zu stellen. Wenn die Zweige dann zu Weihnachten blühen, werden alle an die Adventsfeier erinnert.

Väterfrühstück

Eine ganz andere Adventfeier zu der Sie gemeinsam mit den Kindern einladen können, könnte ein Väterfrühstück sein. Wie der Name schon sagt, werden nur die Väter zum Frühstück an einem Samstag oder Sonntag eingeladen.
Die Kinder verwöhnen ihre Väter, in dem sie das Frühstück mit vorbereiten, sie bedienen und beim anschließenden Aufräumen mit helfen. Bestimmt haben sie auch viel Freude daran, ihren Vätern ein eingeübtes Lied vorzusingen und ggf. mit Instrumenten zu begleiten oder auch ein kleines Theaterstück vorzuführen. Die Väter, die aufgrund ihrer oftmals längeren Berufstätigkeit den Alltag ihrer Kinder nicht so wie viele Mütter verfolgen können oder auch Festlichkeiten versäumen, werden bestimmt diesen Ehrentag genießen.

Am Tag danach

Für Kinder ist es wichtig, bestimmte Dinge noch einmal nachzuempfinden. Geben Sie den Kindern an den Tagen nach der Feier Gelegenheit in Rollenspielen die Feier nachzuspielen. Sollten Sie Aufführungen durchgeführt haben, so ist es sicher für die Kinder ein schönes Erlebnis, wenn sie am Tag darauf einige Utensilien vorfinden, mit denen sie dieses nachspielen können.
Sie können auch mit den Kindern die Feier reflektieren. Nehmen Sie die Aussagen der Kinder mit einem Diktiergerät oder Kassettenrekorder auf oder schreiben Sie diese mit und gestalten Sie mit den Aussagen und dem Erinnerungsplakat eine „sprechende Wand" oder eine Mappe.

Rund um die Weihnachtszeit

1. Tipps für eine stressfreie Adventszeit

Mit dieser Checkliste als Planungshilfe verringern Sie unnötigen Stress und können sich auf diese Weise auf eine besinnlichere Adventszeit einstimmen. Denn der Anspruch, mit den Kindern eine unvergessliche Weihnachtszeit in der Gruppe zu verbringen, erfüllt sich vor allem dann, wenn auch Sie mit der inneren Ruhe und Zufriedenheit diese Zeit begehen.

Bereits vor Beginn der Adventszeit:
* ✦ Weihnachtskiste für die Bilderbücher zusammenstellen.
* ✦ Stellen Sie eine Mappe mit Weihnachtsliedern aus dem ganzen Haus zusammen.

Einkaufen:
* ✦ Dekorationsmaterial
* ✦ Adventskränze
* ✦ Kerzen und Schmuck für Adventskränze
* ✦ Tannenbaum für Flur (rechtzeitig bestellen)
* ✦ Kisten mit Weihnachtsschmuck bereitstellen
* ✦ Kerzen
* ✦ Schleifenband
* ✦ Servietten
* ✦ Adventskalender

Backen in den Gruppen:
* ✦ Stellen Sie Rezepte zusammen.
* ✦ Kaufen Sie Zutaten ein.
* ✦ Klären Sie im Team ab:
  * • Wer kauft ein und wann?
  * • Was wird von den Kolleginnen besorgt, was mit den Kindern?

Organisieren und verteilen Sie die nötigen Arbeiten:
* ✦ Gruppengeschenke einkaufen.
* ✦ Geschenkpapier / Weihnachtssäcke zurechtlegen.
* ✦ Sehen Sie auch nach, ob die Kugeln für den Weihnachtsbaum noch heil sind oder ob Sie neue brauchen.
* ✦ Klären Sie im Team den Ablauf und die Planung der Weihnachtszeit ab. Stimmen die Wünsche nicht überein, kann z.B. jeder abwechselnd die „Verantwortung" für einen Festtag oder eine Aufgabe übernehmen.
* ✦ Verlangen Sie nicht zuviel Harmonie. Planen Sie „Außenprogramme".
* ✦ Weihnachtsfeier mit den Kindern – wann? Was vorführen? 1–2 Sketche? Wer spielt mit? (siehe auch 2.12 Feste und Feiern)

* Klären Sie Termine für evtl. geplante Außenaktivitäten und Feiern im Team ab.

Bis zum 1. Dezember:
* Spätestens jetzt sollte eine Liste der zu besorgenden Geschenke fertig sein.
* Raumdeko zur Adventszeit anbringen:
  • Tannenbaum im Flur, wer schmückt ihn? Wer holt ihn?
  • Kränze in den Gruppen?

Bis zum 01. Advent:
* Sollten Sie die Planung des Nikolaustags geklärt haben:
  • Kommt der Nikolaus in die Kita?
  • Gibt es eine gemeinsame Aktion (Frühstück o.ä.) in den Gruppen?
* An den Weihnachtsmann schreiben.
* Briefkasten für Wünschzettel in Flur stellen.

Bis zum 02. Advent:
* Sollten Sie die Weihnachtspost erledigen.

Bis zum 3. Advent:
* Hängen Sie die Weihnachtgrüße, die sie bekommen, dekorativ auf.
* Genießen Sie die letzten Tag vor dem Fest.

Und nun: gestalten Sie sich ein frohes Fest! Genießen Sie, feiern Sie, öffnen Sie sich – es sind die kleinen Freuden des Augenblicks, die unseren Alltag bereichern: Fröhliche Weihnachten!

2. Tipps für eine sichere Adventszeit

Die Adventszeit wird wegen ihrer stimmungsvollen Atmosphäre, mit unzähligen aufgestellten Lichter und Kerzen, oft als schönste Jahreszeit bezeichnet. Besonders die Kinder sind fasziniert vom Anblick des Feuers. Die Brandgefahr ist jedoch durch das offene Feuer enorm.

Tipps zum vorbeugenden Brandschutz:
* Achten Sie darauf, dass Sie den Adventskranz möglichst zeitnah zum ersten Advent kaufen und dass er aus frischen Zweigen geflochten ist. Falls er zu dem Zeitpunkt schon nadeln sollte, sind die Zweige viel zu alt.
* Bewahren Sie den Adventskranz bis zum ersten Advent möglichst im Freien auf.

* Sorgen Sie dafür, dass Kerzenhalter aus nicht brennbarem Material bestehen.
* Stellen Sie Kerzen grundsätzlich auf feste Untersetzer.
* Verwenden Sie generell nur Stoffe der B1-Klasse, da diese schwer entflammbar sind. Stoffe, die schwer entflammbar sind, glimmen nur, wenn Sie ein Feuerzeug daran halten würden.
* Haben Sie die Kerzen angezündet, lassen Sie den Kranz nie unbeaufsichtigt.
* Stellen Sie den Kranz nicht in der Nähe von Vorhängen, Lampen oder Heizkörpern auf. Weiterhin sollten Sie darauf achten, dass die Kerzen nicht zu weit herunterbrennen. Vor allem ausgetrocknete Adventskränze können verpuffungsartig verbrennen und schnell zu Brandverletzungen führen.
* Selbstverständlich sollten Sie Zündhölzer und Feuerzeuge so aufbewahren, dass sie nicht durch Kinderhände erreichbar sind.
* Halten Sie Fluchtwege offen. Der 1. Rettungsweg ist grundsätzlich immer der, durch den das Gebäude betreten wird.
* Kontrollieren Sie, ob in Ihrem Haus eine Fluchtwegkennzeichnung vorhanden ist.
* Bringen Sie ggf. an den Terrassentüren Pfeile an, damit auch bei Aufregung die Tür richtig aufgemacht werden kann.

Wenn Sie diese Dinge beherzigen, steht einer stimmungsvollen Adventszeit in Ihrer Kita nichts mehr im Wege.

Gut vorbereitet in die Weihnachtszeit

Eine gute Vorbereitung für die Zeit im Kerzenlicht ist es, wenn Sie im Oktober oder November ein Feuerprojekt mit den Kindern durchführen und dabei den Brandschutz thematisieren.

Tipps:
* Wenn Sie auf dem Außengelände ein Feuer machen wollen, sollten die Kinder wegen des Funkenfluges einige Meter Abstand halten.
* Vergessen Sie nicht, dieses geplante Feuer rechtzeitig beim Ordnungsamt anzumelden.
* Stellen Sie einen Eimer mit Wasser oder Sand in die Nähe.
* Führen Sie bei diesem Projekt mit den Kindern Brandschutzerziehung durch. Planen Sie als Abschluss des Projektes bzw. der Brandschutzerziehung einen Besuch bei der Feuerwehr ein.

Was im großen Brandfall zu tun ist

1. Bewahren Sie die Ruhe.
2. Bringen Sie alle Kinder aus der Gefahrenzone. Vergewissern Sie sich durch Nachzählen, dass alle Kinder in Sicherheit sind.
3. Informieren Sie alle weiteren Gruppen, so dass wirklich alle Kolleginnen und Kollegen Bescheid wissen und bedarfsgerecht handeln können.
4. Bei großen Bränden sofort die Feuerwehr unter der Nummer 112 anrufen. Merken Sie sich die fünf „Ws“:
   - WER meldet? Geben Sie Ihren Namen und den Standort an.
   - WO ist es passiert? Geben Sie eine genaue Ortsangabe an.
   - WAS brennt? Beschreiben Sie kurz, was passiert ist.
   - WIE ist die Situation? Geben Sie an, ob Menschen oder Tiere noch in Gefahr sind oder ob z.B. schon jemand verletzt ist.
   - WARTEN Sie auf eventuelle Rückfragen!

Tipps:
- ✯ Führen Sie regelmäßig Feueralarmübungen durch.
- ✯ Klären Sie die Kinder über das richtige Verhalten bei einem Brand auf. Wichtig dabei ist, den Kindern zu verdeutlichen, dass sie sich bei einem Brand nicht verstecken dürfen und sofort bei einem Erwachsenen Hilfe suchen sollten.
- ✯ Verwenden Sie bei diesen Übungen ein bestimmtes durchdringendes Signal, bei dem jeder weiß, dass es sich um Feueralarm handelt.
- ✯ Üben Sie zusammen mit Ihren Kolleginnen und Kollegen den Ernstfall ein:
  - Das Feuer sollte immer auf den Bereich begrenzt werden, wo es entsteht. Halten Sie Türen deshalb geschlossen.
  - Haben Sie mehrere Etagen oder eine Hochebene in der Gruppe, muss an der Treppe oder dem Zugang eine Person stehen, die mit der oberen Ebenen Kontakt hält, um zu sichern, dass die Personen, die sich oben aufhalten, entweder über die Treppe oder eine Feuerleiter das Haus verlassen können.

Was im Verbrennungsfall zu tun ist
(bei leichten Verbrennungen oder auch Verbrühungen)

1. Unbedingt Ruhe bewahren.
2. Brandstelle sofort mit fließendem kalten Wasser kühlen.
3. Versuchen Sie bei Verbrühungen, die heiße Kleidung zu entfernen.
4. Rufen Sie ggf. den Rettungsdienst unter der Nummer 112 an.

Was in einem schweren Verbrennungsfall zu tun ist

1. Steht eine Person in Flammen, muss sie sofort gelöscht werden:
   - durch Wälzen auf der Erde
   - mit einer Decke
   - mit Wasser
   - mit Pulverlöscher, aber hierbei aufpassen: Diese dürfen nicht auf das Gesicht gerichtet werden.

2. Brandwunden sofort mit fließendem kalten Wasser kühlen.
3. Tragen Sie auf keinem Fall Brandsalben, Puder oder Hausmittel auf die Wunden auf.
4. Rufen Sie so schnell wie möglich den Rettungsdienst unter der Nummer 112 an.

3. Bücher zur Advents- und Weihnachtszeit

Bilderbücher

Eric Carle: Traumschnee. Gerstenberg: Hildesheim 2001
Es ist kurz vor Weihnachten und noch immer ist kein Schnee gefallen. Während der alte Bauer darüber nachdenkt, schläft er in seinem Lehnstuhl ein und träumt von herabfallenden Schneeflocken, die sacht alles bedecken. Beinahe hätte der Bauer Weihnachten verschlafen, aber gerade noch rechtzeitig wacht er auf und überrascht seine Freunde mit einem klingenden Weihnachtsbaum.

Elizabeth Clark, Jan Ormerod: Das Eselchen und der Weihnachtsmann. Coppenrath: Münster
„Es war Weihnachtsabend, eine Nacht voll Dunkelheit und Stille. Es war klar und sehr kalt. Auf der Dorfweide stand frierend ein zottiges, altes Eselchen." So beginnt die zauberhafte, große und kleine Leser gleichermaßen anrührende Geschichte, in der das einsame Eselchen dem Weihnachtsmann die letzten Geschenke austragen hilft und schließlich ein liebevolles Zuhause findet.
Das poetische Weihnachtsmärchen ist für Kinder ab 4 Jahren geeignet.

B.G. Hennessy: Stille Nacht. Kerle: Freiburg 2000
„Da waren eine Mutter, ein Vater und ein Kind. Das Kind lag in einem Bett aus Stroh." Sinnlich und einfühlend wird die Geschichte von Jesu Geburt erzählt, als dieses Kind noch wie alle Neugeborenen war. Der einfache, berührende Text und die zarten, klaren Bilder fangen die Stille der ersten Stunde seines Lebens ein, bevor Engel, Schäfer und die drei Weisen kamen.
Das Buch ist für Kinder ab 3 Jahren geeignet.

Rolf Krenzer: Meine erste Weihnachtsgeschichte. Verlag: Bindlach 2001
Meine erste Weihnachtsgeschichte erzählt in einfachen Worten für die Allerkleinsten von Jesu Geburt. Liebevolle Bilder von Constanza Droop lassen die Geschichte lebendig werden und laden Erwachsenen und Kinder zum gemeinsamen Lesen und Betrachten ein.

Florence Langlois: Weihnachts-Wirrwarr. Elatus: Kaltenkirchen, 1998
Übermorgen ist Weihnachten ... und der Weihnachtsmann ist krank, sehr krank. Ersatz muss unbedingt her. Allerdings ist es gar nicht so einfach: Der erste hat einen viel zu langen Bart. Der zweite hat gar keinen Bart, kein einziges Haar hat ein anderer. Ob da wohl noch was zu retten ist?
Ein witziges Weihnachtsbuch.

Astrid Lindgren / Ilon Wikland: Weihnachten in Bullerbü. Oettinger: Hamburg 1963
Wenn es Weihnachten wird, dann gibt es auch in Bullerbü mehr zu tun als sonst. Dann werden Sterne und Herzen und Schweine aus Pfefferkuchenteig gebacken, Tannenbäume geschmückt und Geschenke verpackt. Und auch in Bullerbü können die Kinder den Heiligen Abend kaum erwarten. Wenn es dann endlich so weit ist, sind sich alle einig: Weihnachten ist es besonders schön in Bullerbü. Wenn doch öfter Weihnachten wäre!

Astrid Lindgren / Lars Klinting: Weihnachten im Stall. Oettinger: Hamburg, 2002
Astrid Lindgrens wunderschöne Weihnachtsgeschichte – neu illustriert von Lars Klinting.
Tiefer Schnee bedeckt das Land, als der Mann und die Frau in der Dunkelheit eine Herberge suchen. Sie finden einen Stall und dort bekommt die Frau ein Kind. Und als das Kind geboren war, leuchteten alle Sterne am Himmel. Der hellste und größte Stern aber strahlte über dem Stall, in dem das neugeborene Kind in der Krippe lag. Denn als dies geschah, war es das allererste Weihnachten.
Das Bilderbuch ist für Kinder ab 4 Jahren geeignet.

Hildegard Müller: Ein Apfel für den Weihnachtsmann. Beltz & Gelberg: Weinheim 2000
Ein leuchtend buntes Weihnachtsbilderbuch für jüngere Kinder. Nora weiß, was sie will und was der Weihnachtsmann auf seiner langen Reise braucht. Zusammen mit Papa schreibt sie ihren Wunschzettel und legt den Brief auf die Fensterbank mit einem dicken, roten Apfel als Reiseproviant.

Sven Nordqvist: Morgen, Findus, wird's was geben. Oettinger: Hamburg 1995
Der alte Petterson steht vor einer schwierigen Aufgabe, da er einen Weihnachtsmann herbeischaffen muss. Seit er seinem Kater Findus von ihm erzählt hat, hat der nur noch einen Wunsch: Der Weihnachtsmann soll unbedingt auch zu ihm kommen. Petterson möchte Findus nicht enttäuschen und am Ende ist Findus auch richtig glücklich.

Hiawyn Oram, Tony Ross: Eine Nachricht für den Weihnachtsmann. Carlsen: Hamburg
Eigentlich freut sich Emily auf Weihnachten. Allerdings findet sie es sehr unheimlich, dass der Weihnachtsmann durch den Kamin ins Wohnzimmer kommen kann. Am Abend vor Weihnachten hat sie den rettenden Einfall: Sie verstopft den Kamin mit allem, was ihr in die Hände fällt. Nur nach langen Diskussionen erreicht Mama, dass Emily den Kamin wieder freigibt. Sie macht das auch nur, weil Mama die Idee hat, dem Weihnachtsmann eine Nachricht zu hinterlassen.

Angelica Rissmann, Christian Kämpf: Julius und der verlorene Wunschzettel. Coppenrath: Münster 2002
Der Eisbär Julius und seine Freunde finden im Schnee einen Wunschzettel von Anna, dem Braunbär-Mädchen. Doch leider ist die letzte Post an das Christkind längst weg. Sie beschließen, sich selbst drum zu kümmern und begeben sich auf eine aufregende Reise nach Kanada, wo die braunen Bären und auch Anna leben.

Günter Spang, Loek Koopmans: Ochs und Esel. Eine Weihnachtsgeschichte. Nord Süd: Konstanz 2001
Schnuff, der Esel, teilt den Stall der Herberge von Bethlehem mit dem groben, ungehobelten Ochsen. Es ist kein leichtes Leben für den sanftmütigen Schnuff. Doch die Geburt des Jesuskindes verändert alles. Plötzlich ist der Ochse fürsorglich und teilt sogar das Heu mit Schnuff. Als Schnuff Maria und ihr Kind nach Ägypten tragen darf, vermisst sein neuer Freund ihn sehr.

Anu Stohner, Henrike Wilson: Der kleine Weihnachtsmann. Hanser: München 2002
Immer ist der kleine Weihnachtsmann der Erste, der die Geschenke eingepackt hat. Aber dann ist es jedes Mal dasselbe: Der Oberweihnachtsmann im Dorf der Weihnachtsmänner sagt, er darf nicht mit, weil er zu klein ist. Doch eines Tages wird er zum der Weihnachtsmann der Tiere.

Erwin Strittmatter: Der Weihnachtsmann in der Lumpenkiste. Aufbau: Berlin 2001
Wer rumpelt, klabastert und werkelt da in der Weihnachtszeit auf dem Dachboden der kleinen Dorfschneiderei, wenn die Kinder schon schlafen? Ist das wirklich der Weihnachtsmann, wie Mutter so geheimnisvoll berichtet?

Brigitte Weninger und Eve Tharlet: Pauli. Fröhliche Weihnachten. Neugebauer: Hamburg 1999
Eine Weihnachtsgeschichte rund um das muntere Kaninchenkind Pauli, dem es auch diesmal wieder gelingt, sich aus der Misere zu befreien und neue Freunde für sich und seine Familie zu gewinnen.

Bücher zum Selber lesen und vorlesen für Kinder ab 8 Jahren

Marliese Arold / Kirsten Boien / Karen-Susan Fessel u.a.: Warten auf Weihnachten. 24 Geschichten bis zum Heiligabend. Oettinger: Hamburg 2003
24 Weihnachtsgeschichten, die das Warten auf Weihnachten zum Vergnügen machen! Das Weihnachtsbuch enthält Geschichten bekannter Autoren und – als besonderes Highlight – den Sensationsfund: Astrid Lindgrens lange verschollene Weihnachtsgeschichte „Pippi feiert Weihnachten".

Achim Bröger Mein 24. Dezember. Eine seltsame Geschichte. Arena: Würzburg 2000
Weihnachten ist ein Fest voller Brauchtümer und Rituale. Für uns Menschen ist das „normal". All die Lichter, der Adventskalender, der geschmückte Baum im Wohnzimmer, das Gebäck, der Festtagsbraten usw. gehören einfach zu Weihnachten. Das Buch beschreibt, wie ein kleiner Welpe den ganzen Rummel um das Weihnachtsfest erlebt.

Jean Van Leeuwen: Wer hat den Weihnachtsmann gemaust?! Sauerländer: Aarau, Frankfurt u. Salzburg
Diese turbulente und mausige Weihnachts-Entführungsgeschichte ist herrlich komisch illustriert von Markus Grolik und enthält jede Menge vom guten Geist der Weihnachtszeit.

Rachel Van Kooij: Jonas, die Gans. Beltz & Gelberg: Weinheim 2002
Das Gänseküken Jonas soll einmal etwas ganz Besonderes werden: Eine Weihnachtsgans! Und darauf ist Jonas mächtig stolz. Aber dann geht zum Glück so einiges schief und Jonas landet ganz unverhofft in der Freiheit statt im Schlachthof. Vertrauensselig begibt er sich in die Obhut eines schlauen Fuchses.

Ingrid Weixelbaumer: Der sprechende Weihnachtsbaum. Gabriel/Thienemanns: Stuttgart 2001
32 AutorInnen erzählen in Wort und Bild, ernst oder heiter, nachdenklich oder herzhaft komisch von ihren Erinnerungen an Weihnachten.

Brigitte Weninger: Engel, Hase, Bommelmütze. Neugebauer: Hamburg 2002
In diesen 24 Adventsgeschichten purzelt eines Abends ein Engel mit einer quietschgelben Bommelmütze vom Himmel. Er ist auf der Suche nach dem Geschenk der Geschenke und der alte Hase könnte vielleicht helfen, es zu finden. Doch die beiden verplaudern sich und reihen eine bunte, fröhlich-freche oder wundersame Geschichte an die andere.

Barbara Zoschke: Hell leuchtet uns ein Stern. ars edition: München 1997
Ihre schönsten Geschichten rund um das Weihnachtsfest erzählen Hans Christian Andersen, Max Bollinger, Janosch u. viele andere. Geschichten von der Adventszeit, Nussknackern und Schneemännern, vom Nikolaus, Weihnachtsbäumen und vom lang ersehnten Heiligen Abend.